Franz Rackl

# Schulknigge
## für die Sekundarstufe 2

Ein Lernkonzept zur Persönlichkeitsbildung
und Werteerziehung für die Praxis

BRIGG Pädagogik

Gedruckt auf umweltbewusst gefertigtem, chlorfrei gebleichtem
und alterungsbeständigem Papier.

1. Auflage 2010
Nach den seit 2006 amtlich gültigen Regelungen der deutschen Rechtschreibung
© by Brigg Pädagogik Verlag GmbH, Augsburg
Alle Rechte vorbehalten.
Das Werk und seine Teile sind urheberrechtlich geschützt. Jede Nutzung in anderen als den gesetzlich zugelassenen Fällen bedarf der vorherigen schriftlichen Einwilligung des Verlages. Hinweis zu § 52a UrhG: Weder das Werk noch seine Teile dürfen ohne eine solche Einwilligung eingescannt und in ein Netzwerk eingestellt werden. Dies gilt auch für Intranets von Schulen und sonstigen Bildungseinrichtungen.

ISBN 978-3-87101-**440**-6					www.brigg-paedagogik.de

# Inhalt

**Vorwort** ................................................................................................................ 4

Grundlegende pädagogische Überlegungen ................................................................ 4
Die Rolle des Schulknigge ........................................................................................... 5
Die Arbeit mit dem Schulknigge .................................................................................. 6

**Schulknigge – Oberstufe: Mein emanzipiertes gesellschaftliches Dasein** ..... 7

I. **Die Weltsicht als Basis der persönlichen Orientierung** ................................ 9
   1. Die Seinsfrage ................................................................................................ 11
   2. Auf der Suche nach Antworten auf die Seinsfrage ........................................ 12
   3. Verschiedene Ansätze zur Betrachtung des Seins ........................................ 13
   4. Die Frage nach dem Geist .............................................................................. 14

II. **Die Notwendigkeit der Persönlichkeits- und Werteentwicklung** ............... 18
   1. Die Persönlichkeit und ihre Veränderung ..................................................... 21
   2. Die Bedeutung von Werten und Glauben ..................................................... 27
   3. Die Notwendigkeit von Persönlichkeitsbildung und Werteentwicklung aus der Sicht individueller Lebensgestaltung .................................................... 38
   4. Notwendigkeit von Persönlichkeitsbildung aus der Sicht einer pluralistisch-individuellen Gesellschaft ................................................................................. 45

III. **Der Blick auf mich selbst** ............................................................................. 60
   1. Von der Fremderziehung zur Selbsterziehung .............................................. 62
   2. Orientierung und Zielsetzung ........................................................................ 70
   3. Organisation des eigenen Lebens .................................................................. 75
   4. Reifung braucht Lebenstiefe .......................................................................... 78
   5. Auf der Suche nach dem Glück ..................................................................... 84
   6. Reifung durch Lebenslauf .............................................................................. 89

IV. **Über den Umgang mit Menschen** ................................................................ 94
   1. Das gesellschaftliche Beziehungsnetz ........................................................... 97
   2. Beziehungsqualitäten ..................................................................................... 105
   3. Die Partnerschaftlichkeit ................................................................................ 114
   4. Spezielle Begegnungsfelder ........................................................................... 121

V. **Die rechte Form des menschlichen Handelns** ............................................. 130
   1. Auf der Suche nach der rechten Form .......................................................... 133
   2. Formen im Wandel ........................................................................................ 141
   3. Bezüge zwischen Lebenskultur und Gesellschaft ......................................... 145
   4. Die Manieren .................................................................................................. 151

VI. **Impulse zur Selbsterziehung** ....................................................................... 156
   1. Menschlicher Wandel durch Erziehung ........................................................ 158
   2. Ansatzmöglichkeiten zur Selbsterziehung .................................................... 163
   3. Das Rad der Verwandlung ............................................................................. 174
   Desiderate ........................................................................................................... 175

# Vorwort

## I. Grundlegende pädagogische Überlegungen

Durch Bildung hat jeder Mensch die Möglichkeit seine Weltsicht und Einstellung sowie die Fähigkeiten und Fertigkeiten zu entwickeln, um im Leben zu bestehen. Mit dem Bildungsstand der vielen Individuen gestaltet Bildung das Erscheinungsbild der ganzen Gesellschaften. Je ganzheitlicher und authentischer Bildung angelegt ist, umso umfassender entfalten sich die einzelnen Menschen wie auch die Gesellschaft! Sie muss einerseits den aktuellen Anforderungen der jeweiligen Zeit entsprechen, andererseits darf sie die fundamentalen humanen Aspekte nicht vernachlässigen, die mit den langen Erfahrungen des Menschseins herangereift sind. Um jedem einzelnen Menschen entsprechend seiner Würde gerecht zu werden, hat Bildung die Aufgabe, ihm zu helfen, sich aus seiner Unmündigkeit zu befreien. So kann dieser zu einem emanzipierten Leben finden. Genauso wie jeden Einzelnen, muss das Bildungssystem auch die ganze Gemeinschaft in ihrem Fokus haben. Eine humane, prosperierende Gesellschaft kann nur bestehen, wenn Bildung das bewusste Denken und Trachten garantiert!

Während sich die humanen Grundbedürfnisse der Einzelnen letztlich kaum verändern, unterliegen die gesellschaftlichen Bedingungen in unserer Zeit einem starken Wandel. Die Globalisierung überdeckt zunehmend lokale Aspekte. Traditionelle Strukturen, mit denen die Werteorientierung weitergetragen wurde, verlieren an Einfluss. Eine wachsende Individualisierung und Privatisierung tritt an ihre Stelle. Diese Verhältnisse ziehen eine Veränderung der sozialen und familiären Bezüge nach sich. Fluktuierende mediale Impulse, basierend auf Interessen unterschiedlichster Intention, überfluten das Denken und Fühlen der Menschen ganzer Gesellschaften.

Jeder Einzelne, vor allem aber der Heranwachsende, gerät in das Dilemma von Orientierungslosigkeit und subtiler Manipulation. Der Zusammenhalt der Gesellschaft droht sich mit dem schleichenden Verlust von Werten und Orientiertheit aufzulösen. Der Ruf nach Rückkehr zu den „alten Werten" wird reflektorisch laut.

Bei differenzierter Betrachtung gibt es aber keine „alten" oder „neuen" Werte. Was es jedoch gibt, ist ein Mangel an humanen Werten. Der Mangel an diesen Werten gibt dem Trachten jedes Einzelnen und dem der gesellschaftlichen Gruppen eine unmenschliche Richtung!

Der Ruf nach den „alten Werten" ist daher eher ein Ruf nach alter hierarchischer Wertevermittlung.

Mit der Auflösung alter, überwiegend hierarchischer Autoritäten bleibt dieser Weg des Wertetransfers verwehrt. Moderne Bildung muss nach neuen Wegen der Wertevermittlung suchen! Die einzige Autorität, die aus der historischen Bildung übernommen werden kann, ist die „Autorität des authentischen Vorbildes"! Das wirkliche Vorbild wirkt nicht durch Druck, Zwang oder Sanktion. Wirkliche Vorbilder überzeugen durch die Echtheit ihrer Erscheinung. Die „Ein-Drücke", die sie in der Vorstellungswelt von Heranwachsenden hinterlassen, wirken wie geistige Attraktoren, um die sich individuelles Trachten kristallisieren kann. Leider führt der Werteverlust in einer Gesellschaft auch zu einem Verlust an wertvollen Vorbildern. Eine humane Degeneration ist die Folge!

Die schulische Bildung hat sich, vor allem unter dem Druck der unmittelbaren Bedürfnisse einer technischen Arbeitswelt, auf die evaluierbaren Fähigkeiten und das abrufbare Wissen konzentriert. Je mehr der Ausbildungsaspekt den Bildungsbegriff beherrschte, wurde jedoch deutlich, dass erst die humanen, sozialen und kulturellen Aspekte von Bildung aus „Vielwissern" Menschen und aus „Interessensgruppen" Gemeinschaften formen.

Moderne ganzheitliche Bildung muss die Persönlichkeit wieder in allen Aspekten ansprechen und zur Reife führen. Eine umfassende Persönlichkeitsbildung schließt aber nicht nur die Werteentwicklung ein. Diese humanen Inhalte bedürfen auch der Form, in der sie sich im individuellen Leben und im gesellschaftlichen Zusammenleben gestalten. Schulische Bildung muss daher neben faktischem Lernen vor allem humane Lebenslehre mit unmittelbaren persönlichen Bezügen vermitteln. Methodisch scheint der kognitivistische Weg wohl der gangbarste Weg zu sein. Indem sich die Heranwachsenden selbst mit altersgemäßen Themen bewusst auseinandersetzen, können sie eigene Erfahrungen und Empfindungen in ursächliche Zusammenhänge stellen. Diese Erfahrungen können zwar in besonderen Projekten punktuell erfahrbar werden, eine zusammenhängende Thematisierung in einer Art Humanistik-Unterricht, in dem altersgemäße Lebensbezüge erarbeitet werden, würde aber sicherstellen, dass nicht nur einzelne Schüler reifende Erfahrungen machen. Persönlichkeitsbildung sollte zu einem

Unterrichtsbestandteil mit gezielten pädagogischen Schwerpunkten werden. Die reifende Erkenntnis individueller wie gesellschaftlicher Bedingtheiten und Notwendigkeiten kann letztlich die Einsicht in ethisch motiviertes Trachten und Handeln nach sich ziehen, die einen emanzipierten Menschen in einer humanen, prosperierenden Gesellschaft ausmacht!

## II. Die Rolle des Schulknigge

In Anlehnung an Freiherrn von Knigge versucht das Lernkonzept den Leser zur bewussten Betrachtung seiner Selbst sowie der gesellschaftlichen Bezüge hinzuführen. Im Gegensatz zu den heute üblichen Gesellschaftsknigges gibt der Schulknigge keine „how to do"- Anweisungen. Vielmehr leisten die einzelnen Thementafeln dem Betrachter Hilfestellung, einzelne Aspekte differenzierter in das eigene Blickfeld zu nehmen. Die Bedingtheiten und ursächlichen Zusammenhänge im persönlichen und zwischenmenschlichen Geschehen erfassbar zu machen, ist eine grundlegende Intention dieses Bildungskonzeptes. Eigene Erfahrungen können so besser eingeordnet und bewertet werden. Der Schulknigge ist so angelegt, dass keine Ergebnisse vorgegeben sind. Durch gezielte Fragestellungen wird der Leser angeregt, eigene Schlüsse für seine individuelle Situation zu ziehen und Folgerungen für sein weiteres Verhalten anzustellen. Die Themen orientieren sich an den altersgemäßen Fragestellungen, die die Entwicklung der Heranwachsenden aufwirft.

In der Sekundarstufe II müssen die Themenfelder für die Oberstufe betrachtet werden. Die nachstehenden Zusammenstellungen geben einen Überblick über mögliche altersgemäße Themen.

| | | | | |
|---|---|---|---|---|
| **Bewusstheit** | Die **Persönlichkeit** und ihre **Veränderung** | Notwendigkeit der **Persönlichkeitsbildung** aus individ. und gesellschaft. Sicht | Die **Entwicklungsphasen** des Menschen | **Lebenskultur** zwischen Tradition und kreativer Offenheit |
| **Selbsterkenntnis** | Die persönliche Suche nach **Lebenszielen und Lebensglück** | Die **Authentizität** zwischen Lebensinhalt und Lebensform | **Stressbewältigung** und **emotionales Gleichgewicht** | Bedeutung von **Glauben, Spiritualität und Religiosität** |
| **Selbst- und Lebensgestaltung** | Die **emanzipative Gestaltung** des Lebens | **Organisierung** und **Rhythmisierung des Lebensablaufs** | Der **Umgang** mit **persönlichen Stärken** und **Schwächen** | Die **Selbstverwirklichung** in eigenständiger, kreativer Tätigkeit |
| **Umgang mit anderen** | Das **gesellschaftliche Beziehungsnetz** | **Beziehungs-qualitäten** | Notwendigkeit und Grenzen von **Toleranz** | Die **Selbstentfaltung** in der **Partnerschaft** |
| **Offenheit und Kommunikation** | Formen im Wandel – die Manieren | Die Gestaltung und Qualität zwischenmensch-licher Kontakte | Die **kritisch-wache Offenheit** | **Selbstpräsentation und Bewerbung** |
| **Persönliche Verantwortlichkeit** | Die **gesellschaftliche Verantwortlichkeit** | Die **Einstellung zur Leistung** | Die **Übernahme** beruflicher **Verantwortung** | Die elterliche Verantwortung als **Erzieher** |

Die Schüler der Oberstufe befinden sich in ihrer persönlichen Entwicklung in der Phase der Adoleszenz. Dieses Entwicklungsstadium ist für die kommende Erwachsenenzeit von grundlegend orientierender Bedeutung. Der Heranwachsende, der die Zeit der körperlichen Geschlechtsreifung bereits hinter sich hat, entwickelt in dieser sensiblen Phase wichtige personale Einstellungen. Diese lebensorientierende Grundhaltung kann und soll sich in dieser Lebenszeit strukturieren, da sie später viel schwieriger zu erwerben oder zu korrigieren ist. Da diese autonomen Orientierungen den weiteren Lebensverlauf in fundamentaler Weise bestimmen, hat die Adoleszenz eine gewisse „Gelenkfunktion" für Art und Qualität des weiteren Lebens.

Wesentliche Themenfelder sind:

a) *Entwicklung der geistigen Geschlechtsreife und Partnerschaftlichkeit*

Die bloße körperliche Geschlechtsreife ermöglicht zwar dem Menschen die sexuelle Fortpflanzung, im Anschluss daran bedarf es jedoch der geistigen Integration der Geschlechtlichkeit in das Leben. Letzteres schließt die bewusste Erfahrung der persönlichen Geschlechtsrolle einerseits und die Entwicklung der geistigen Öffnung zur verantwortlichen Partnerschaft andererseits ein. Diese Fähigkeit zur liebenden Hinwendung und die Bereitschaft zur intimen gemeinsamen Weitung, legt die Grundlage für das Gelingen von Leben im persönlichen Bereich. Die Kultur der personalen Liebe braucht Reifezeit!

b) *Vorbereitung für spätere Elternschaft*

Mit dem bewussten Blick auf ein partnerschaftliches Leben reift erstmals die Vorstellung von einer gewollten, verantwortlichen Elternschaft. Die Erfahrung zeigt, dass mit „Elternschulen" im späteren Leben nur wenige Eltern erreichbar sind. Somit ist der adoleszente Jugendliche der beste Adressat für pädagogische und entwicklungspsychologische Überlegungen. Dies gilt umso mehr, da dieser im Versuch der bewussten Selbsterziehung, die eigene Erziehung und Entwicklung kritisch zu durchleuchten versucht.

c) *Entwicklung der individuellen Werteorientierung*

In den früheren Entwicklungsphasen hat der Heranwachsende Wertvorstellungen und Verhaltensweisen relativ unbewusst von seinem Umfeld übernommen. Beim bewussten Übergang in die Selbsterziehung müssen Inhalte, aber auch Lernmethoden einer kritisch wachen Prüfung unterzogen werden. Auf diese Weise entsteht ein Werte- und Verhaltensinventar, das zur kategorischen Richtschnur des eigenen Handelns werden kann, weiterhin reifen auch die Methoden, mit denen diese Haltung umzusetzen ist. Über-Ich-Strukturen werden zu bewussten Ich-Inhalten. Die Umsetzbarkeit in der Lebenspraxis reift!

d) *Emanzipatorische Lebensgestaltung*

Je mehr ein Mensch in die Fähigkeit versetzt wird, für alle Lebensbereiche seines persönlichen Lebens eine möglichst umfassende Verantwortung zu übernehmen, umso mehr entlastet er die Gesellschaft. Gleichzeitig werden diese Menschen zu Stützen des Gemeinwesens. Emanzipation befreit den Menschen zu sich selbst. Befreite Menschen tragen entkrampfend zum Gemeinwesen bei! Die wesentlichen Lebensbereiche müssen in ihren Zusammenhängen erkannt und die Schritte in das selbstverantwortliche Agieren aufgezeigt werden!

e) *Bewusstere Berufsorientierung*

Mit einer bewussten Lebenssicht, in der die Bezüge zwischen Ursache und Wirkung von Lebenszusammenhängen immer klarer erscheinen, reifen auch Einsichten in eine mögliche eigene Gesellschaftsrolle. Im Erkennen eigener Stärken, Fähigkeiten und Schwächen klären sich Lebensziele und Berufswünsche. Eine Ausrichtung des Engagements auf die angestrebten Ziele wird so eindeutiger möglich.

Die Bildung adoleszenter Heranwachsender muss gleichermaßen für das persönliche, gesellschaftliche und berufliche Leben vorbereiten! Dies trägt der Würde der Person und den allgemeinen gesellschaftlichen Bedürfnissen Rechnung!

## III. Die Arbeit mit dem Schulknigge

Der Schulknigge ist kein Lesebuch, welches den Betrachtern Probleme und Lösungen vorstellt. Vielmehr soll er konzeptioneller Begleiter für die eigenständige Erörterung von altersgemäßen Lebensthemen sein. Das Konzept mit seinen Thementafeln bietet die Möglichkeit zur induktiven und deduktiven Arbeitsmethode in einem Unterricht zur Persönlichkeitsbildung. Die Schüler können eigene Vorstellungen und Erfahrungen zu einem speziellen Thema zusammentragen und sichten. Hierbei bieten die Schaubilder eine allgemeine Grundlage für die Zuordnung der eigenen Gedanken. Die allgemeinen Themenbezüge der Schaubilder können aber auch umgekehrt Impulse geben, um nach individuellen Beispielen und Erfahrungen zu forschen und diese zuzuordnen. In beiden Fällen helfen die ergänzenden Fragestellungen individuelle Schlüsse zu ziehen und aus eigener Einsicht nötige Verhaltensänderungen einzuleiten.

Die gewonnenen Einblicke in Ursachen, Wirkungen und Notwendigkeiten persönlichen Handelns bilden die Grundlage für das Heranreifen von Wertvorstellungen einerseits und die Formung authentischer Verhaltensgewohnheiten andererseits. Letztere können in der Lerngruppe erprobt werden, um sich im Alltag zu bewähren.

# Schulknigge – Oberstufe

**Mein emanzipiertes gesellschaftliches Dasein**

*Erst wer sich selbst erkennt, kann den anderen erkennen! Wer dem anderen hilft, der hilft sich selbst!*

## Themenübersicht

| | | |
|---|---|---|
| I. | Die Weltsicht als Basis der persönlichen Orientierung | (Seite 9) |
| II. | Die Notwendigkeit der Persönlichkeits- und Werteentwicklung | (Seite 18) |
| III. | Der Blick auf mich selbst | (Seite 60) |
| IV. | Über den Umgang mit Menschen | (Seite 94) |
| V. | Die rechte Form des menschlichen Handelns | (Seite 130) |
| VI. | Impulse zur Selbsterziehung | (Seite 156) |

# I. Die Weltsicht als Basis der persönlichen Orientierung

Die vielfältigen Erfahrungen und Einflüsse, die bis zu diesem Zeitpunkt auf uns eingewirkt haben, formen unser Bild von der Welt und von uns selbst. Somit hat jeder von uns ein ganz individuelles Wahrnehmungsfilter, mit dem alles, was er um und in sich sieht erfasst und bewertet. Dieses Muster filtert jeweils das aus, was uns unmittelbar anspricht und betrifft. Unsere Vorstellungen schaffen Erwartungen und unsere Erwartung steuern unsere Wahrnehmungen. Wenn wir uns also bewusst machen, wie sehr unser Erkennen und im Gefolge unser Wollen und Handeln von den grundlegenden Vorstellungen abhängen, ist es nicht unwesentlich, einen kritischen Blick auf unsere Weltsicht zu werfen.

Dieser inneren Grundorientierung können wir uns am besten fragend nähern. Allein die Bemühung um die richtigen Fragen schärft unseren Fokus, weckt vorbewusste Vorstellungsbilder, die unerkannt Einfluss auf uns nehmen. Oft wird uns durch die Suche nach der rechten Frage erst klar, was uns wirklich bewegt. Nicht selten sind wir durch die vordergründigen Eindrücke, durch unsere Empfindungen und die Reaktionen darauf, so abgelenkt, dass wir den kritisch wachen Blick auf unsere inneren „Beweger" verlieren! Die rechte Frage provoziert uns geradezu zu den notwendigen Antworten. Vordergründige Antworten werden dadurch relativiert und überprüft!

Auch die Quellen für diese unbewussten Inhalte treten in Erscheinung und relativieren sich.

Unter all den existentiellen Fragestellungen spielt die Frage nach dem „Geist" eine ganz wesentliche Rolle. Die Reifung des Menschen vollzieht sich zuvorderst auf geistiger Ebene. Diese geistigen Grenzen, innerhalb derer wir uns bewegen, werden aber wiederum durch unser Weltbild festgelegt. Vor allem auf diesen Vorstellungen basiert unser Trachten. Andere Aspekte verlieren an Einfluss, je weniger wir ihnen Bedeutung beimessen.

Jede Suche nach Gestaltung der eigenen Person bzw. nach Gestaltung der Beziehung einer Person zur anderen und zur Gesellschaft wird letztlich in Art und Ausrichtung von der Weltsicht des Gestalters bestimmt. Oft beeinflussen diese unreflektiert die Entscheidungen und das Verhalten. Letztere würden sich anders gestalten, wenn der weltanschauliche Hintergrund einer bewussteren Betrachtung und individuellen Klärung zugeführt worden wäre.

Vielleicht können dir die folgenden Seiten Anregungen geben, diese grundlegenden Fragestellungen bewusster zu beleuchten. Du selbst musst erkennen, welches Weltbild als Basis deiner Vorstellungen wirkt und auch zukünftig wirken soll!

Jede Suche nach Gestaltung der eigenen Person bzw. nach Gestaltung der Beziehung einer Person zu anderen und zur Gesellschaft wird letztlich in Art und Ausrichtung von der Weltsicht des Gestalters bestimmt. Oft beeinflusst diese unreflektiert die Entscheidungen und das Verhalten. Letztere würden sich anders gestalten, wenn der weltanschauliche Hintergrund einer bewussten Betrachtung und individuellen Klärung zugeführt worden wäre!

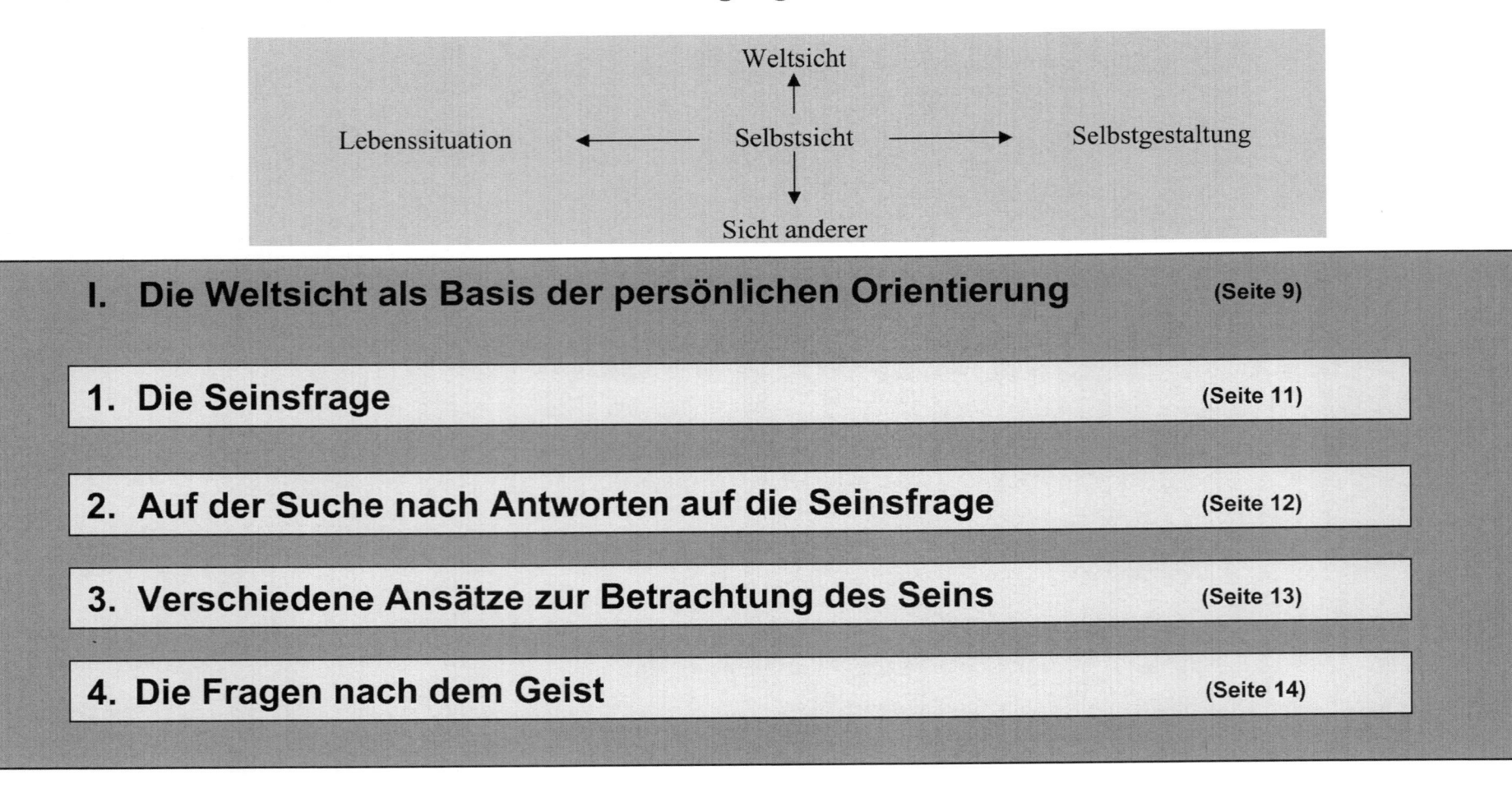

Weltsicht

Selbstsicht ↔ Selbstgestaltung

Sicht anderer

Lebenssituation

## I. Die Weltsicht als Basis der persönlichen Orientierung (Seite 9)

**1. Die Seinsfrage** (Seite 11)

**2. Auf der Suche nach Antworten auf die Seinsfrage** (Seite 12)

**3. Verschiedene Ansätze zur Betrachtung des Seins** (Seite 13)

**4. Die Fragen nach dem Geist** (Seite 14)

## 1. Die Seinsfrage

*Die Seinsfrage ist so alt wie die Menschheit.*

*Je nach Perspektive der Betrachtung des Seins, kann sie in verschiedene Teilfragen gegliedert werden.*

**Mögliche Teilfragen:**
– Was ist der Ursprung des Seins?
– Wie hat sich der Kosmos entwickelt?
– Wie ist die Evolution abgelaufen?
– Ist der Mensch ausschließlich ein Produkt der materiellen Evolution?
– Welche Dimensionen umfasst das menschliche Sein?
– Was ist Seele?
– Was ist Geist?
– Was bedeutet Gott?

**Suche nach deinen persönlichen Fragen!**

**Was sind deine derzeitigen Antworten?**

**Notwendige Folgefragen:**
– Was ist der Sinn des Lebens?
– Wann ist der Mensch „gut"?
– Wozu ist es gut, wenn der Mensch gut ist?
– Gibt es ein „Leben" nach dem Tod?
– Hat die Lebensweise Bedeutung für eine nachirdische Existenz?
– Gibt es geistige Hilfe?
– Greift Gott in das irdische Leben ein?

*Überlege, wie deine derzeitigen Antworten deine Lebensführung beeinflussen!*

## 2. Auf der Suche nach Antworten auf die Seinsfrage

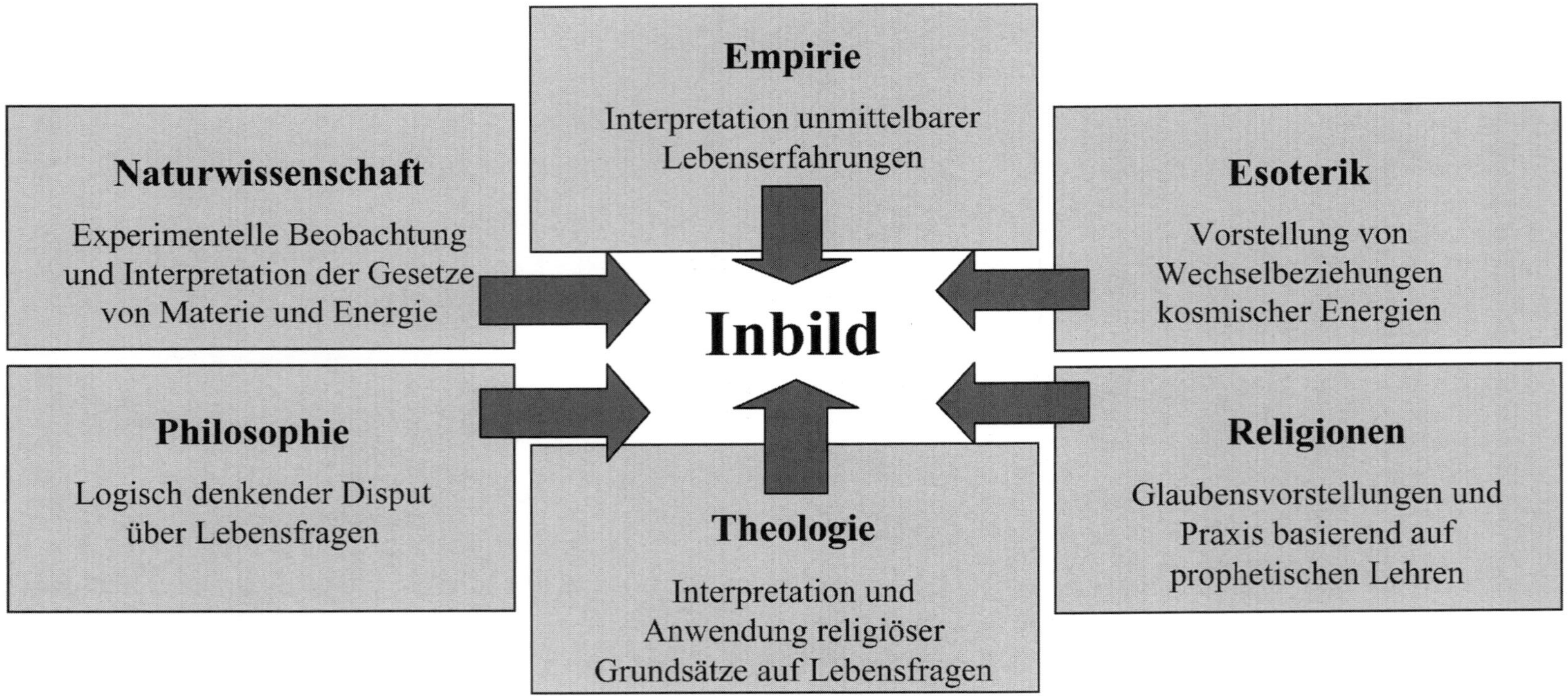

**Naturwissenschaft**
Experimentelle Beobachtung und Interpretation der Gesetze von Materie und Energie

**Empirie**
Interpretation unmittelbarer Lebenserfahrungen

**Esoterik**
Vorstellung von Wechselbeziehungen kosmischer Energien

**Inbild**

**Philosophie**
Logisch denkender Disput über Lebensfragen

**Theologie**
Interpretation und Anwendung religiöser Grundsätze auf Lebensfragen

**Religionen**
Glaubensvorstellungen und Praxis basierend auf prophetischen Lehren

*Stelle einen Vergleich der verschiedenen Vorstellungen an! Suche Gemeinsamkeiten und Unterschiede!*

**Aufgaben:**
- Stelle wesentliche Gesetze der naturwissenschaftlichen Betrachtungsweisen zusammen!
- Suche nach grundlegenden Aussagen bekannter Philosophen zu Seinsfragen!
- Was sagen die großen Weltreligionen zu den wichtigen Seinsfragen?
- Was sind die Grundaussagen der esoterischen Seinsbetrachtungen?
- Welche Vorstellungen haben die Naturvölker entwickelt?

I. Die Weltsicht als Basis der persönlichen Orientierung

## 3. Verschiedene Ansätze zur Betrachtung des Seins

Aus der Vielzahl von Seinsvorstellungen seien grundlegende Positionen aufgezeigt. Wohin tendieren deine Vorstellungen?

<u>Seinsvorstellungen</u>

**Alles Sein basiert letztlich auf Materie und Energie**

**Das materielle menschliche Sein wird von einem immateriellen Sein erfüllt**

### Materialismus

– Urenergie als Basis der kosmischen Welt
– Alle Entwicklung gehorcht den Gesetzen von Materie und Energie
– Allein der Zufall entscheidet über die Entwicklung
– Der Mensch ist ausschließlich ein Produkt der Evolution
– Der menschliche Geist ist ein Produkt neuronaler Prozesse
– Bewusstes Erkennen von Zusammenhängen klärt den Menschen
– Mit dem Tod endet das individuelle menschliche Sein

### Spiritualismus

– Einem unfassbaren göttlichen Allsein entspringt unbewusstes materielles Sein und bewusstes geistiges Sein
– Die getrennten Seinsformen wirken als gegenseitige Attraktoren steuernd auf den Zufall
– Der Mensch wird zur „Brücke" zwischen Geist und Materie
– Das Leben dient der Erlösung in der bewussten Öffnung zur geistigen Ganzheit
– Der tierische Körper geht in den Materiekreislauf zurück, das geistige Sein hat Bestand

### Theismus

– Ein wesenhaft, unfassbarer ewiger Gott ist Urheber und Lenker der Schöpfung
– Gott schafft und lenkt die materielle wie die geistige Welt
– Der Mensch ist ein von Gott geschaffenes Wesen aus Materie und Geist
– Gott wirkt lenkend auf das Schicksal des Menschen
– Gott erlöst den Menschen aus dem irdischen Sein
– Der Körper wird wieder zu unbelebter Materie (Staub); der Geist tritt in die richtende geistige Welt ein

Der Begriff „Geist" ist extrem vielschichtig in seiner Bedeutung. Soll die geistige Dimension des Menschen erfasst werden, bedarf es einer differenzierteren Betrachtung dieser verwirrenden Begrifflichkeit und der damit verbundenen Vorstellungen.

## 4. Die Fragen nach dem Geist

**4.1 Der Geist aus menschlicher Sicht** (Seite 15)

**4.2 Weltanschauliche Dimensionen von Geist** (Seite 16)

**4.3 Geistige Entwicklungsmöglichkeiten** (Seite 17)

I. Die Weltsicht als Basis der persönlichen Orientierung

## 4.1 Der Geist aus menschlicher Sicht

**Der „Geist" kann als die Atmosphäre betrachtet werden, in der sich das Sein im Denken, Fühlen, Trachten und Handeln entfalten kann! Jeder Einzelne, aber auch jede Gemeinschaft agiert aus einem bestimmten Geist!**

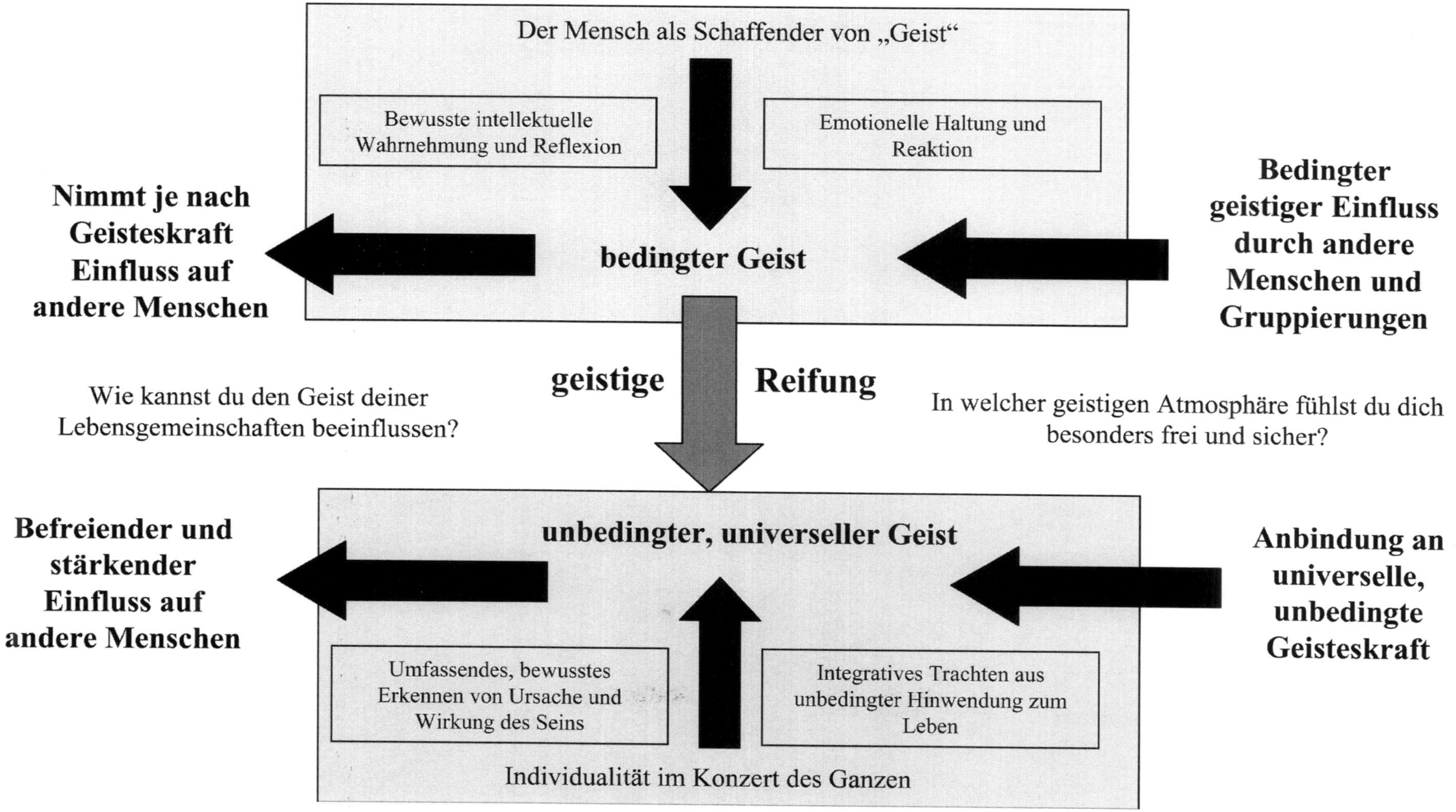

Der Mensch als Schaffender von „Geist"

- Emotionelle Haltung und Reaktion
- Bewusste intellektuelle Wahrnehmung und Reflexion

**bedingter Geist**

**Bedingter geistiger Einfluss durch andere Menschen und Gruppierungen**

**Nimmt je nach Geisteskraft Einfluss auf andere Menschen**

Wie kannst du den Geist deiner Lebensgemeinschaften beeinflussen?

→ geistige **Reifung** →

In welcher geistigen Atmosphäre fühlst du dich besonders frei und sicher?

**unbedingter, universeller Geist**

- Integratives Trachten aus unbedingter Hinwendung zum Leben
- Umfassendes, bewusstes Erkennen von Ursache und Wirkung des Seins

Individualität im Konzert des Ganzen

**Anbindung an universelle, unbedingte Geisteskraft**

**Befreiender und stärkender Einfluss auf andere Menschen**

## 4.2 Weltanschauliche Dimensionen von Geist

**Materialistische Betrachtung**
Geist ist ausschließlich Ergebnis von neuronalen Prozessen!

**Intellektualität**

Denken und emotionale Empfindung

Kommunikation als unmittelbarer verbaler Austausch mit anderen Menschen

**Vitalistische Betrachtung**
Geist hat Dimensionen, die den Bereich von Materie und Energie übersteigen!

**Spiritualität**

*individuell bedingte geistige Dimension*

Wechselbeziehung mit geistigen Impulsen anderer Menschen und Wesen

**Problem:** – Spiritismus!
– Okkultismus!

**Religiosität**

gerichtete geistige Wiederanbindung

Bezug zum ewig göttlichen „heiligen Geist"

Klärender Einfluss aus ewiger Geisteskraft    Steuernder Einfluss aus ewiger Geisteskraft

– Von welchen Geistesvorstellungen gehst du aus?
– Informiere dich über Spiritismus und Okkultismus!
– Worin liegt der Unterschied zwischen gerichteter und ungerichteter geistiger Öffnung?
– Geist und Gebet – Welchen Zusammenhang siehst du?

I. Die Weltsicht als Basis der persönlichen Orientierung

## 4.3 Geistige Entwicklungsmöglichkeiten

**Bedingter geistiger Zustand**

Eingeengte innere Geisteshaltung durch Anhaftung an eingeschränkte Vorstellungen von Ursache und Wirkung sowie unbewusste Getriebenheit

**Egoistischer Geist** → **Bedingtes Glück**

*Geistige Öffnung*
*Weitung durch bewusste Hinwendung*

**unbedingter geistiger Zustand**

Offene innere Geisteshaltung durch Hinwendung in Liebe

Ursache und Wirkung des Geschehens werden im Fluss des Lebens als Ganzheit erfahren.

**Befreiter Geist** → **unbedingte Glückseligkeit**

# II. Die Notwendigkeit der Persönlichkeits- und Werteentwicklung

Wir haben im vorherigen Kapitel Überlegungen angestellt, die uns zeigen, wie sehr unser persönlicher Weg von weltanschaulichen Bildern beeinflusst wird. Durch den Weg, den wir einschlagen, bestimmen wir die Art und Intensität, in der sich das Leben in uns und um uns entfaltet. Weder die Artung unserer Persönlichkeit noch die Orientierung der Motive und Verhaltensweisen sind natürlicherweise fixiert. Jeder von uns verfügt zwar über körperliche, charakterliche und seelische Grundgegebenheiten, welche die Entwicklungsmöglichkeiten in gewisser Weise einschränken bzw. vorjustieren, trotzdem steht uns eine Vielfalt an Entfaltungsweisen offen.

Obwohl prägende Erfahrungen aus der frühen Kindheit unsere Einstellungen in gewisse Bahnen lenken, hat es jeder von uns noch in der eigenen Hand, seine Persönlichkeit durch bewusste Einsichten und Zielorientierungen, vor allem aber durch überlegtes, konsequentes Handeln, weiterzugestalten.

Aus diesem Grund ist es hilfreich, wenn wir uns der Möglichkeiten bewusst werden, mit denen wir unsere Persönlichkeit aktiv weitergestalten können. Aus der Einsicht in die verschiedenen Möglichkeiten der Selbstgestaltung können sich individuelle Persönlichkeitsziele herauskristallisieren. Hinter allen Zielen, die wir uns setzen, stehen jedoch immer Wertvorstellungen, die sich in uns manifestierten. Durch die Werte gewichten wir alle Reize und Antriebsimpulse. Dinge oder Ereignisse werden dadurch für uns mehr oder weniger wertvoll. Daraus speist sich unser persönlicher Willensantrieb, der uns letztlich agieren lässt. Auf diese Weise werden die Werte zu einem Regulativ für unser Leben. Tief im kollektiven Unbewussten liegen bei jedem Menschen universelle Werteimpulse verankert. Einerseits handelt es sich um die animalen Triebe. Das Besitz-, Gewinn- sowie das Macht- und Luststreben sind Formen des tierischen Überlebenstriebes.

Da bei uns Menschen die Triebe kaum noch einer naturgegebenen Instinktregulation unterliegen, bedürfen wir eines geprägten bzw. bewusst gesetzten Motivfilters, der dem Spiel der spontanen inneren und äußeren Antriebsimpulse eine gewollte Richtung gibt. Persönliche Reife schließt somit ganz wesentlich die Fähigkeit zum ethisch orientierten Trachten und Handeln ein! Die Basis dafür legen die Seelentriebe. Sie erheben den Menschen als geistige Werteimpulse über das Tier und geben ihm die Möglichkeit und die Orientierung zur Regulation tierischer Antriebe. Im tiefsten seelischen Trachten sucht der Mensch danach, sich selbst als Teil des großen ewigen Seins zu erfassen, dies ist die Basis für jede Form von Religiosität!

Dem Streben nach individueller, kreativer Teilhabe am Lebensfluss entspringt letztlich der künstlerisch schaffende Lebensimpuls, der allen Kulturen zugrunde liegt. Das Verlangen nach gemeinschaftlicher Harmonie treibt uns genauso an, wie die ewige Sehnsucht danach, geliebt zu werden und lieben zu können. Letztlich resultiert doch das „Böse" aus der Aggression, die der Enttäuschung entspringt, nicht in die Harmonie der Gemeinschaft eingebunden zu sein und weder geliebt zu werden noch lieben zu können! Welcher dieser grundlegenden Antriebe letztlich das Motivationsmuster eines Menschen als Werte bestimmen, hängt von den Lernprozessen ab, die durch die Umwelteinflüsse in der Kindheit an den eigenen Motiven aktiviert wurden.

Aus diesen Lernprozessen resultieren die Inhalte und die Verhaltensformen, die wir Menschen im Alltag zeigen. Als Impulsgeber wirken Vorbilder, die auf uns einwirken. All ihre Ansprüche und Zumutungen, die uns herausforderten, sowie alle bewussten Einsichten und unmittelbaren Erfahrungen haben diese Lernprozesse befördert. Im späteren Leben sind es nicht selten Lebenskrisen, die uns zeigen, dass unser Wille zu sehr den animalen Trieben erlegen ist, statt auf die subtileren Seelentriebe zu achten. Im Rahmen dieses Trachtens und Handelns hat die Glaubensfähigkeit eine große Bedeutung. Der dynamische Glaube, als die bedingungslose innere Überzeugung vom richtigen Weg, basierend auf den persönlichen Wertvorstellungen, verleiht unserem Willen eine Sicherheit und Stärke, die all unsere Kräfte zur Entfaltung bringen lässt.

Diese Glaubensstärke ist somit eine wichtige Grundlage für eine starke Persönlichkeit. Sie muss sich durch ein stabilisierendes Umfeld und durch eigene Leistung entwickeln. Sie bedarf aber auch einer klaren ethischen Orientiertheit. Diese ethische Ausrichtung entsteht jedoch nicht allein aus sich selbst. In jedem Menschen sind, wie oben dargestellt, grundlegende humane Impulse tief verankert. Dieses „Gute" im Menschen muss aber im Laufe der persönlichen Entwicklung freigelegt, aktiviert und differenziert werden. Dies ist das zentrale Thema jeder Individuation und Sozialisation. Aus der Sicht der Individuation gibt die Entwicklung von Wertvorstellungen uns selbst als Person innere Klarheit und menschliche Würde. Wertebewusstsein gibt uns die Orientierung, um innerhalb unserer Möglichkeiten sinnhaft zu leben. Dieser innere Wegweiser unterstützt uns bei unserem eindeutigen „Ja" oder „Nein" gegenüber den Lebensmöglichkeiten. Der Sinn des Lebens resultiert letztendlich aus dem bewussten Handeln im Sinne unserer höheren Werte. Die kreative, engagierte Umsetzung macht das Leben inhaltsvoll und interessant.

Die Erfüllung des Lebens kann aber nicht im Alleingang geschehen. Als soziale Lebewesen sind wir auf den Bezug zu anderen angelegt. Eine humane Entfaltung braucht die personale Beziehung zu den Mitmenschen. Persönliche Werte müssen notwendigerweise gemeinschaftliche Werte sein. Diese Notwendigkeit zu erkennen, ist eine wesentliche humane Einsicht, die uns hilft, eine naive Egozentrik zu überwinden. Je unreifer sich die individuellen Werte darstellen, umso egoistischer und somit trennender erscheint das Handeln. Mit dem Blick auf sich selbst kann man sich in emphatischer Weise die Situation des anderen erschließen. Dieser offene Blick schließt auch die Wirkung mit ein, die das eigene Verhalten bei anderen Menschen hinterlässt. Diese erweiterte Sichtweise lässt somit das individuelle Trachten zu einem ganzheitlichen Trachten werden, das auch das Wohl der anderen Menschen einschließt.

Die Werte einer Gesellschaft resultieren letztendlich aus den Wertvorstellungen und Verhaltensweisen seiner Mitglieder. Allzu leicht werden eigene Unzulänglichkeiten mit den Nachlässigkeiten anderer entschuldigt. Diese Negativvergleiche verstärken die Problematik des schleichenden Werteverlustes, der sich in der Verallgemeinerung ergeben muss. Du kannst dir selbst und der Gemeinschaft keinen größeren Dienst erweisen, als deine persönliche Haltung verantwortlich zur Reife zu führen. Bei allen Divergenzen zwischen den gesellschaftlichen Vorstellungen ist ein Wertekonsens unbedingt erforderlich, um ein humanes Zusammenleben zu sichern. Der Beitrag eines jeden zählt!

Das Bemühen aller vorhergehenden Generationen hat grundlegende Wertvorstellungen geformt. Diese „Grundwerte" sind somit das humane Vermächtnis der Menschheit. In allen Gesellschaften, in denen sich Menschen ihrem Wesen gemäß entfalten können, treten diese humanen Grundwerte zum Vorschein. Sie sind das tragende Bindeglied, das alle Menschen und Völker „guten Willens" vereint. Sie bilden die Basis für Toleranz und für Verstehen trotz unterschiedlich tradierter Lebensformen. Diese „wahren Werte" sind universell und zeitlos wie große Kunst. Beide basieren auf vertieftem menschlichen Sehen. Vordergründige menschliche Sicht führt dagegen stets zu Dilettantismus, Kitsch und „falschen" Werten. Die Werte jedes Einzelnen und die jeder Gesellschaft brauchen Reife und Tiefe. Sie müssen vor Veroberflächlichung bewahrt werden.

Durch Tradierung und Erziehung werden die Wertvorstellungen von Generation zu Generation weitergegeben. Jede Nachlässigkeit verursacht einen Werteverlust. Der Wandel der Lebensbedingungen mit der Zeit verlangt nach veränderten Ausdrucksformen. Ein Festhalten an überholten Formen gefährdet aber auch die Inhalte. Somit ist jede Generation aufgerufen, die hohen universellen Werte immer wieder neu ins Bewusstsein zu führen und Formen zu finden, mit denen die Werte sich in der jeweiligen Zeit zeigen.

Die Beschäftigung mit den folgenden Bildtafeln soll Anregung geben, über die aktuelle Wertehaltung im individuellen und gesellschaftlichen Leben nachzudenken und verantwortlich eigene Folgerungen anzustellen.

*Weder die Artung einer Persönlichkeit noch die Orientierung der Motive und Verhaltensweisen einer Person sind natürlicherweise gegeben. Vorgegeben sind die Möglichkeiten zu deren Entwicklung. Leben bedeutet daher eine seinsgerechte Entfaltung der grundlegenden Möglichkeiten!*

## II. Die Notwendigkeit der Persönlichkeits- und Werteentwicklung

1. **Die Persönlichkeit und ihre Veränderung** (Seite 21)

2. **Die Bedeutung von Werten und Glauben** (Seite 27)

3. **Die Notwendigkeit von Persönlichkeitsbildung und Werteentwicklung aus der Sicht individueller Lebensgestaltung** (Seite 38)

4. **Notwendigkeit von Persönlichkeitsbildung aus der Sicht einer pluralistisch-individuellen Gesellschaft** (Seite 45)

*Es gibt verschiedene Betrachtungsweisen, um die Dimensionen einer Persönlichkeit zu erfassen!*

*Aus der Gestaltung und dem Gefüge der Persönlichkeitsdimensionen resultiert das Trachten und Verhalten!*

*Aus der Einsicht in die Zusammenhänge kann eine gezielte Weiterentwicklung der Persönlichkeit erwachsen!*

## 1. Die Persönlichkeit und ihre Veränderung (Seite 20)

1.1 Was versteht man unter Persönlichkeit? (Seite 22)

1.2 Wovon wird eine Persönlichkeit bestimmt? (Seite 23)

1.3 Vielfältige Aspekte einer gereiften Persönlichkeit (Seite 24)

1.4 Wichtige Saaten der Persönlichkeitsentwicklung (Seite 25)

1.5 Der zeitliche Verlauf der Persönlichkeitsentwicklung (Seite 26)

## 1.1 Was versteht man unter Persönlichkeit?

**Definition:** Die Persönlichkeit ist eine einzigartige, komplexe Struktur von relativ stabilen Merkmalen, die durch Anlagen sowie durch Umwelt und deren Wechselwirkung entstanden ist. Die Merkmale sind Verhaltensdispositionen, die durch Lebenserfahrung weiterentwickelt bzw. verändert werden können.

Informiere dich über verschiedene Modelle!

z.B. – typologische Modelle
– faktoranalytische Modelle
– Struktur- u. Schichtenmodelle

Es gibt verschiedene Persönlichkeitsmodelle, mit denen versucht wird, Persönlichkeiten zu beschreiben und Vorhersagen über das Verhalten in bestimmten Situationen zu machen!

### Wichtige Bereiche der Persönlichkeit
(abgeändert nach Guilford)

**Einstellungen und Motivationen**

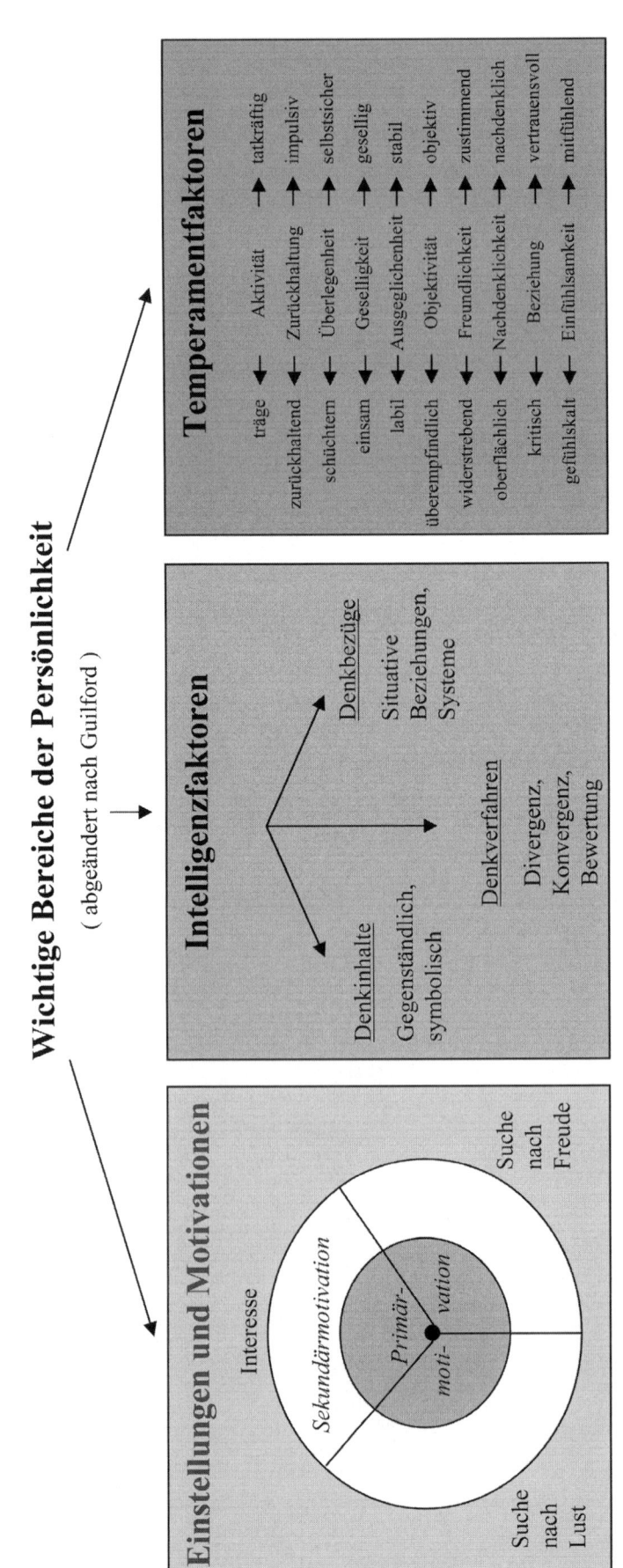

Interesse
Sekundärmotivation
Primärmotivation
Suche nach Freude
Suche nach Lust

**Intelligenzfaktoren**

Denkinhalte
Gegenständlich, symbolisch

Denkbezüge
Situative Beziehungen, Systeme

Denkverfahren
Divergenz, Konvergenz, Bewertung

**Temperamentfaktoren**

| | |
|---|---|
| träge ↔ Aktivität ↔ tatkräftig | |
| zurückhaltend ↔ Zurückhaltung ↔ impulsiv | |
| schüchtern ↔ Überlegenheit ↔ selbstsicher | |
| einsam ↔ Geselligkeit ↔ gesellig | |
| labil ↔ Ausgeglichenheit ↔ stabil | |
| überempfindlich ↔ Objektivität ↔ objektiv | |
| widerstrebend ↔ Freundlichkeit ↔ zustimmend | |
| oberflächlich ↔ Nachdenklichkeit ↔ nachdenklich | |
| kritisch ↔ Beziehung ↔ vertrauensvoll | |
| gefühlskalt ↔ Einfühlsamkeit ↔ mitfühlend | |

*Beurteile dich selbst!*

II. Die Notwendigkeit der Persönlichkeits- und Werteentwicklung

## 1.2 Wovon wird eine Persönlichkeit bestimmt?

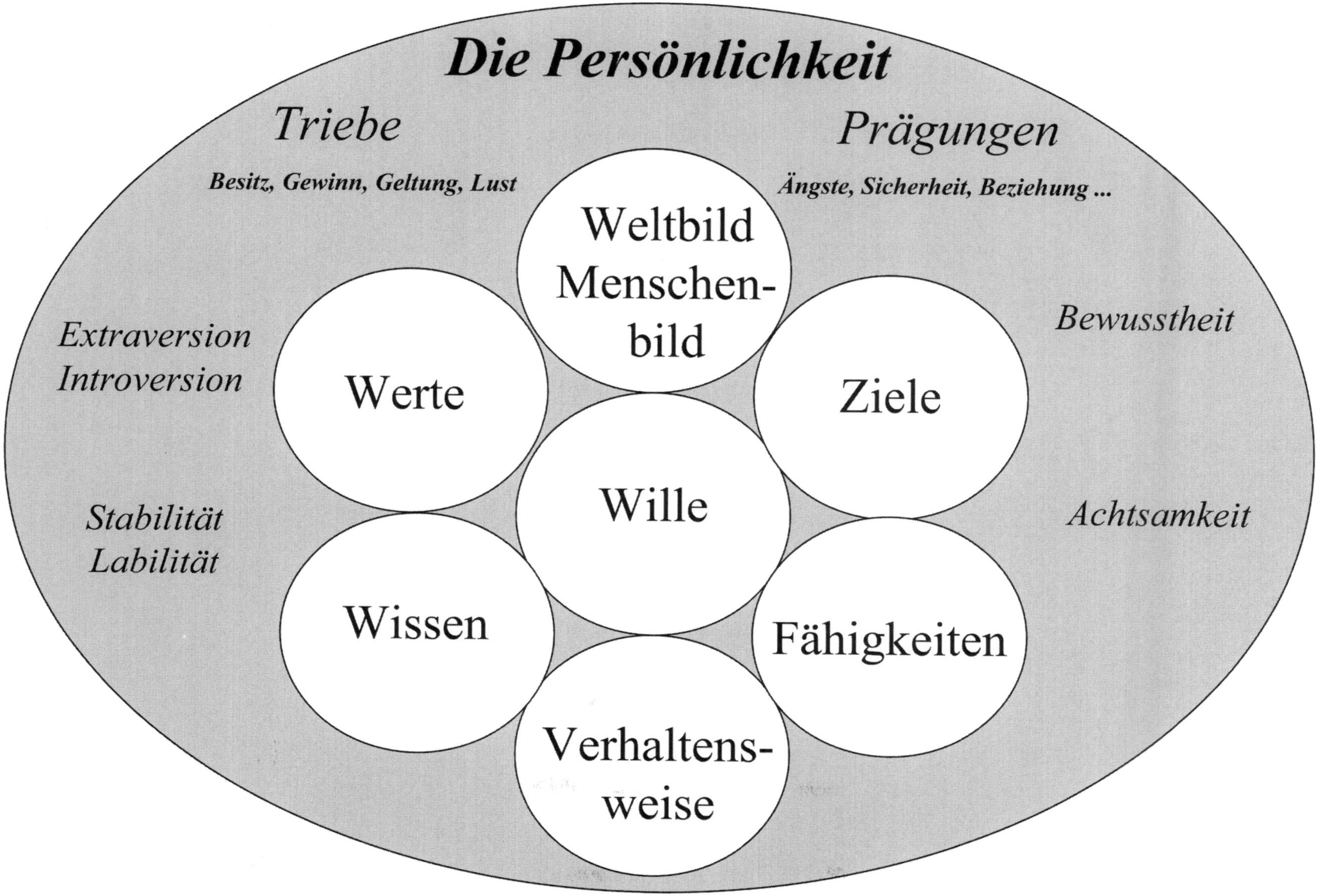

**Die Persönlichkeit**

*Triebe*
Besitz, Gewinn, Geltung, Lust

*Prägungen*
Ängste, Sicherheit, Beziehung ...

*Bewusstheit*

*Achtsamkeit*

- Ziele
- Fähigkeiten
- Weltbild Menschenbild
- Wille
- Verhaltensweise
- Werte
- Wissen

*Extraversion / Introversion*

*Stabilität / Labilität*

## 1.3 Vielfältige Aspekte einer gereiften Persönlichkeit

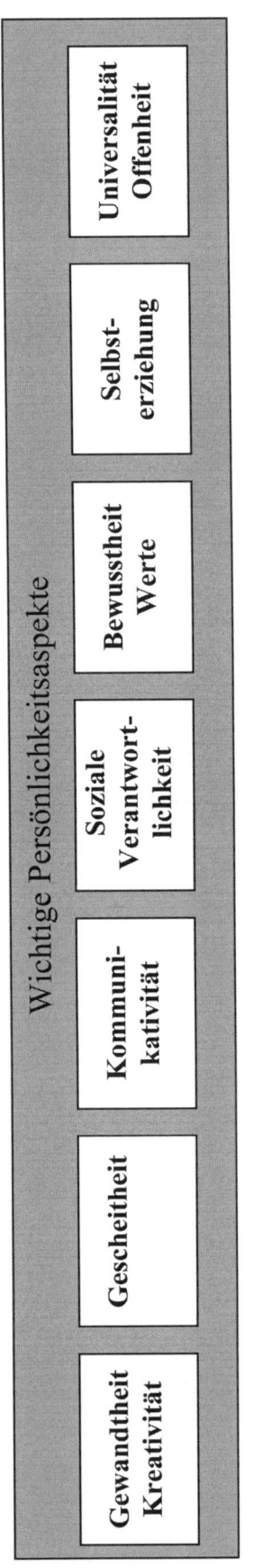

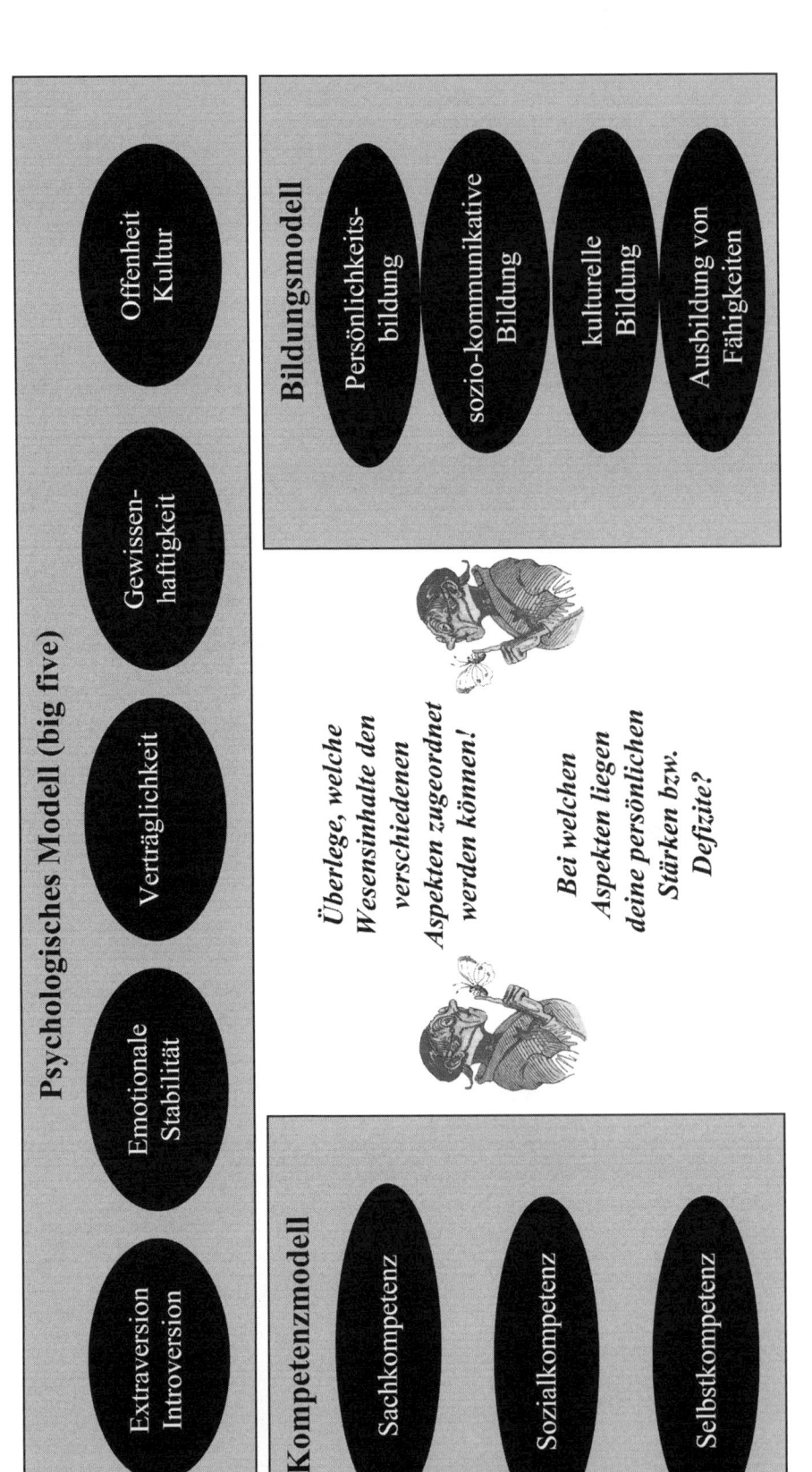

### Wichtige Persönlichkeitsaspekte

| Gewandtheit Kreativität | Gescheitheit | Kommunikativität | Soziale Verantwortlichkeit | Bewusstheit Werte | Selbsterziehung | Universalität Offenheit |

### Psychologisches Modell (big five)

- Extraversion Introversion
- Emotionale Stabilität
- Verträglichkeit
- Gewissenhaftigkeit
- Offenheit Kultur

### Bildungsmodell

- Persönlichkeitsbildung
- sozio-kommunikative Bildung
- kulturelle Bildung
- Ausbildung von Fähigkeiten

*Überlege, welche Wesensinhalte den verschiedenen Aspekten zugeordnet werden können!*

*Bei welchen Aspekten liegen deine persönlichen Stärken bzw. Defizite?*

### Kompetenzmodell

- Sachkompetenz
- Sozialkompetenz
- Selbstkompetenz

II. Die Notwendigkeit der Persönlichkeits- und Werteentwicklung

## 1.4 Wichtige Saaten der Persönlichkeitsentwicklung

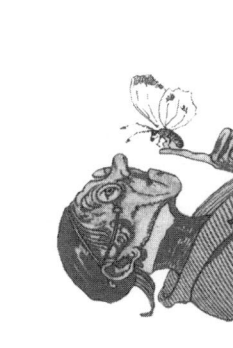

1. Die Saat der Selbstsicherheit und Selbstachtung
2. Die Saat der Aufgeschlossenheit
3. Die Saat der Anpassungsfähigkeit
4. Die Saat der Kreativität und persönlichen Weitung
5. Die Saat der Verinnerlichung
6. Die Saat der Anschauung und Wertvorstellung
7. Die Saat der Zielgerichtetheit
8. Die Saat von Vertrauen und Glauben
9. Die Saat von Ausdauer, Disziplin und Konsequenz
10. Die Saat der Kommunikation

*Überlege:*

*Was bedeuten „Saaten" in der Persönlichkeitsentwicklung?*

*Wie werden Saaten in der Fremderziehung und in der Selbsterziehung gelegt?*

*Wie können sich Bildungssaaten entwickeln?*

*Welche Bedeutung haben diese Aspekte für das Leben des Menschen?*

*Welche Bedeutung haben die verschiedenen Aspekte für eine Gesellschaft?*

## 1.5 Der zeitliche Verlauf der Persönlichkeitsentwicklung

Vergleichbar zur Ontogenie (=Individualentwicklung) des Menschen, in der sich der Verlauf der biologischen Evolution widerspiegelt, zeigt sich die Persönlichkeitsentwicklung. In jedem Neugeborenen entfaltet sich ein inneres Entwicklungsprogramm, das die sensomotorische, intellektuelle, emotionale und geistige Entwicklung des Menschen erfasst.

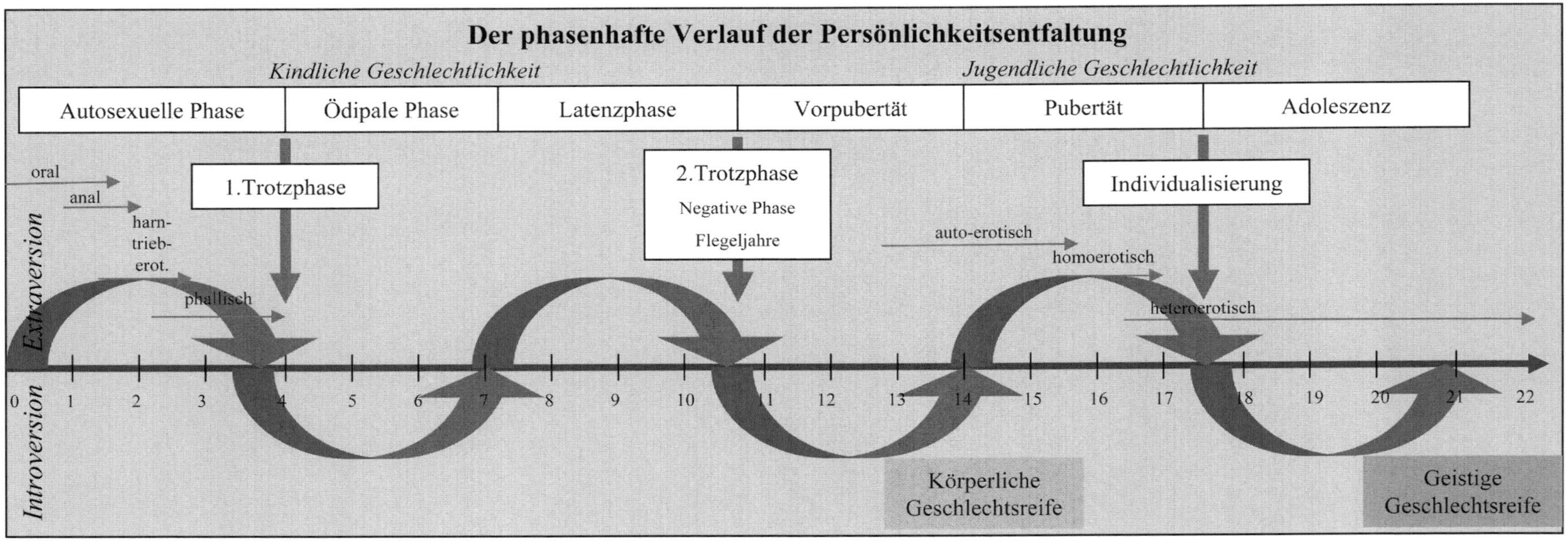

### Der phasenhafte Verlauf der Persönlichkeitsentfaltung

*Kindliche Geschlechtlichkeit* | *Jugendliche Geschlechtlichkeit*

| Autosexuelle Phase | Ödipale Phase | Latenzphase | Vorpubertät | Pubertät | Adoleszenz |

Phasen: oral, anal, harntrieb-erot., phallisch, auto-erotisch, homoerotisch, heteroerotisch

1. Trotzphase
2. Trotzphase – Negative Phase – Flegeljahre
Individualisierung

Körperliche Geschlechtsreife — Geistige Geschlechtsreife

Extraversion / Introversion

— Sowohl östliche als auch westliche Betrachtungen gehen von Phasen aus, die einen Wechsel zwischen extravertierter Offenheit und introvertierter Empfindsamkeit annehmen.

— Die Lebensfragen jeder Phase werden durch das individuelle Erleben beantwortet. Klärung oder Belastung, Offenheit oder Fixierung können die Folge sein.

— Gerade das individuelle Erleben und die Empfindungen entwickeln die spezielle Persönlichkeitsstruktur. Das Umfeld prägt, so wie die individuelle Abstammung formt!

**Formuliere die grundlegenden Fragen der Psyche junger Menschen in Latenz, Pubertät und Adoleszenz!**

**Überlege, was verschiedene Umwelteinflüsse in diesen Phasen bewirken können!**

Franz Rackl: Schulknigge für die Sekundarstufe 2 · Best.-Nr. 440
© Brigg Pädagogik Verlag GmbH, Augsburg

II. Die Notwendigkeit der Persönlichkeits- und Werteentwicklung

*Kein Mensch lebt ohne Glaube!*

*Wir alle tragen Vorstellungen und Bilder in uns, die unserem Wollen und Handeln eine Richtung geben! Bewusstes Leben verlangt nach einer bewussten Reflexion der Vorstellungen an die wir glauben!*

## 2. Die Bedeutung von Werten und Glauben

| | | |
|---|---|---|
| 2.1 | Was heißt Glauben? | (Seite 28) |
| 2.2 | Was sind Werte? | (Seite 29) |
| 2.3 | Die Wertepyramide | (Seite 30) |
| 2.4 | Dimensionen der Werteentwicklung | (Seite 31) |
| 2.5 | Die individuelle Entwicklung von Tugend | (Seite 32) |
| 2.6 | Die Lebendigkeit von Werten | (Seite 33) |
| 2.7 | Die Tugend braucht Inhalt und Form | (Seite 34) |
| 2.8 | Wichtige Bezüge für Werteentwicklung | (Seite 35) |
| 2.9 | Wertewandel | (Seite 36) |
| 2.10 | Wertekonsens | (Seite 37) |

## 2.1 Was heißt Glauben?

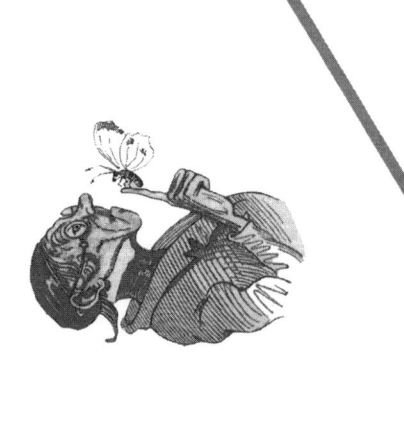

**Glaube**

Eine zweifelsfreie innere Überzeugung, die das Fühlen und Trachten des Menschen durchdringt und seine Lebenskräfte mobilisieren kann.

### Glaubensinhalte

**Allgemeiner persönlicher Glaube**
- Glaube an sich selbst
- Glaube an das Gelingen des Tuns
- Glaube an andere Menschen
- Glaube an das Gute, das Schöne

**Religiöser Glaube**
- Glaube an das geistige Sein
- Glaube an geistige Helfer
- Glaube an den „Heiligen Geist"
- Glaube an Gott

### Glaubenswirkung

Auswirkung auf psychischen Zensor

Auswirkung auf bewusste und unbewusste Willenskräfte

Ein starker Glaube versetzt Berge!

Dir geschehe nach deinem Glauben!

*Die Wirksamkeit des Glaubens ist unabhängig von Inhalt und Qualität!*

### Glaubensqualität

**„negativer" Glaube**
- Abtrennung
- Versagen
- bedingte Unität
- Abtrennung vom Lebensfluss

**„positiver" Glaube**
- Verbindung
- Gelingen
- bedingte Universalität
- Einbindung in den Lebensfluss

## Der Zweifel ist der Gegner des Glaubens!

## 2.2 Was sind Werte?

### Definitionsversuche

- Situationsbezogene Glaubensausdrücke
- Normen zur Triebsteuerung an Stelle der instinktiven Triebregulation
- Bewertungs- und Handlungsaxiome
- Fundamente des Lebenszusammenhangs
- Aspekte zur Überwindung der alleinigen Weltbehauptung

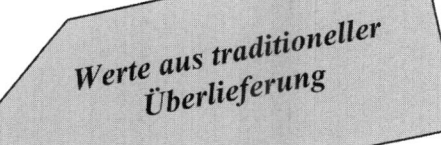

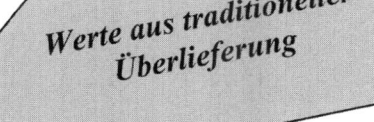

*Werte aus traditioneller Überlieferung*

*Werte aus bewusster Einsicht*

### Individuelle und gesellschaftliche Werte

Werte können stark nach Bewusstheit, Offenheit, Integrativität und Universalität variieren!

*Unbewusst geprägte Werte*

*Werte aus individueller Erfahrung*

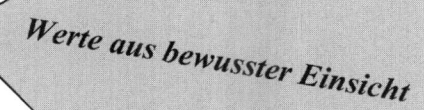

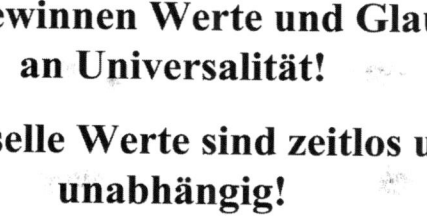

**Mit zunehmender Bewusstheit und Reife gewinnen Werte und Glaube an Universalität!**

**Universelle Werte sind zeitlos und unabhängig!**

## 2.3 Die Wertepyramide

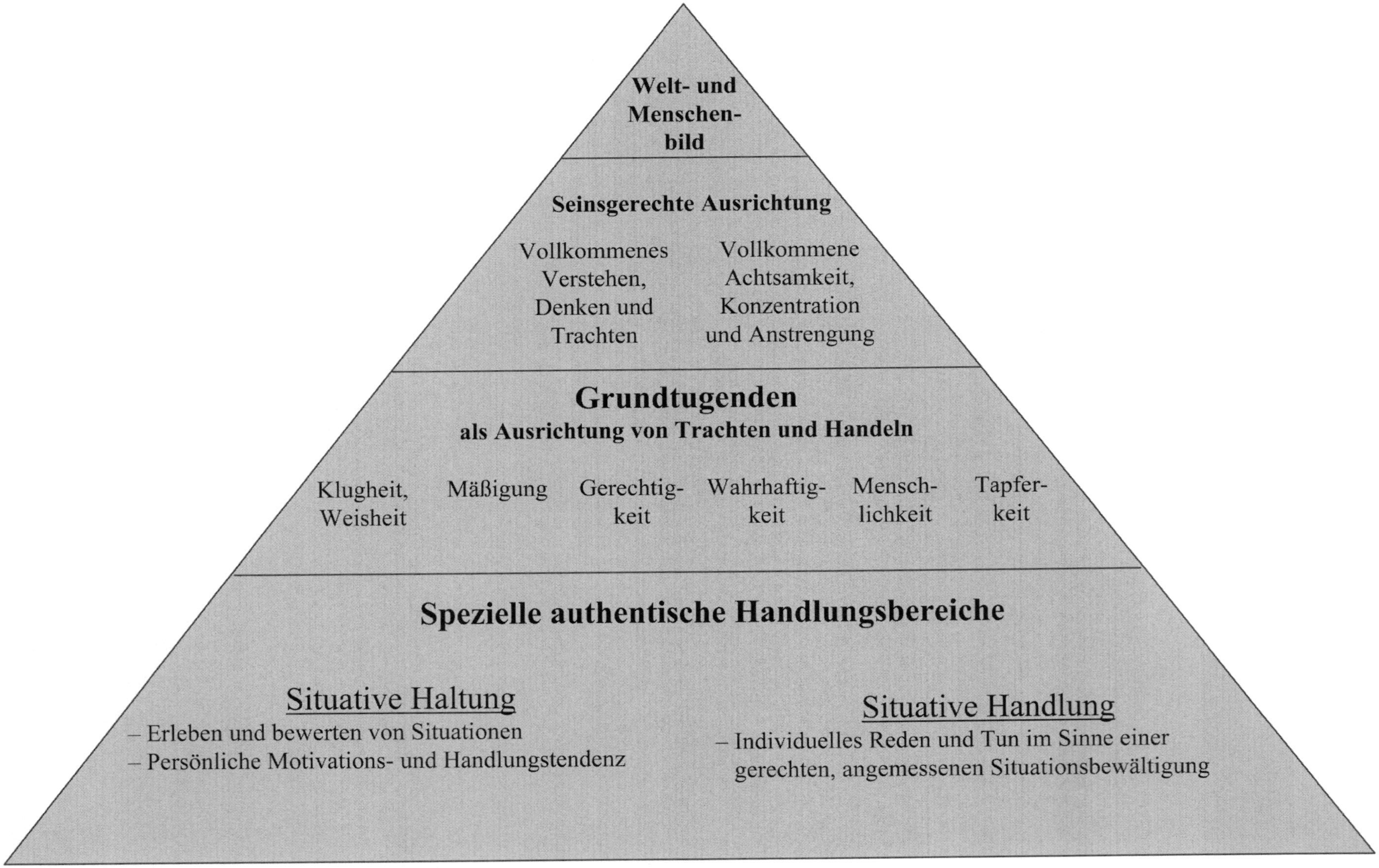

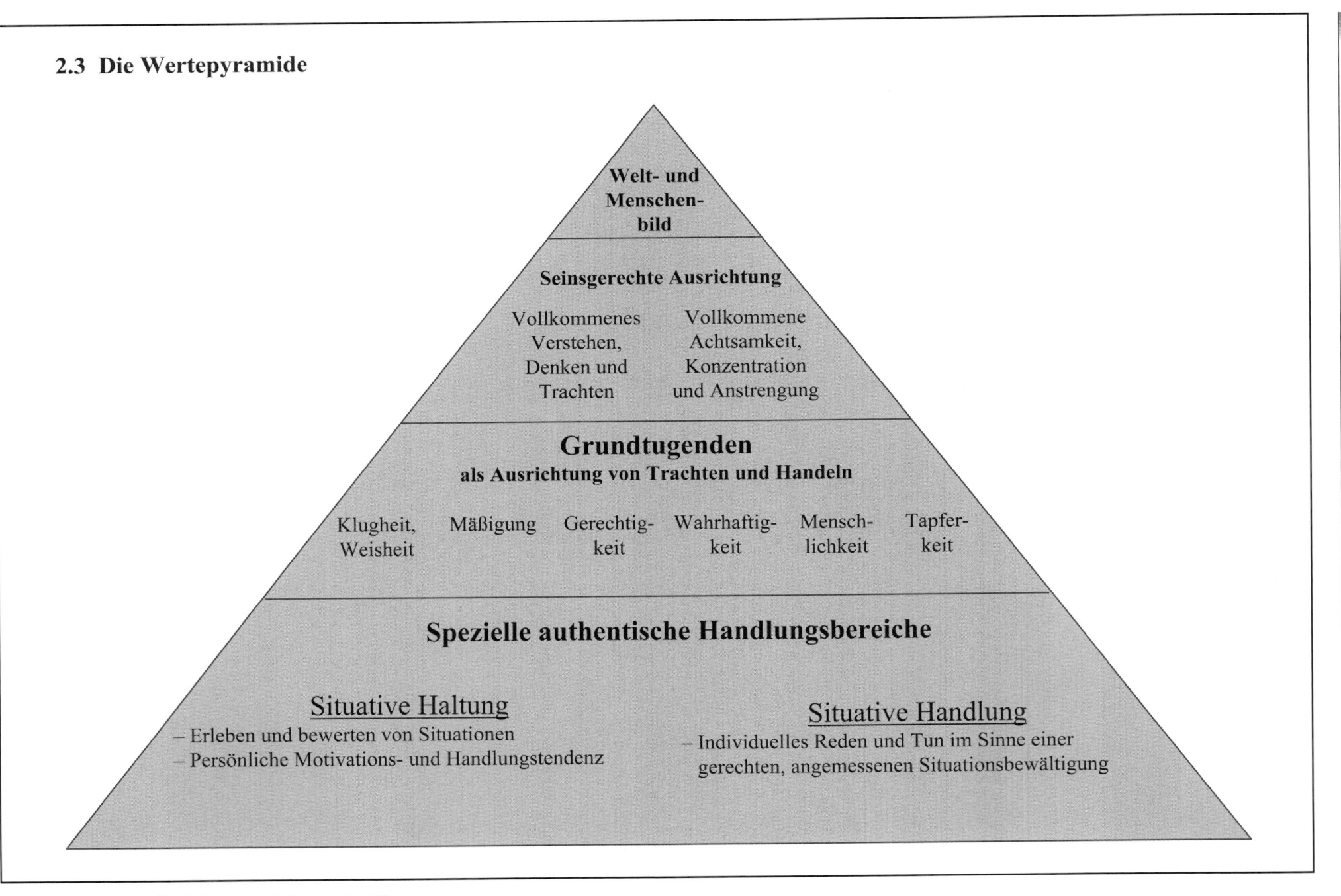

**Welt- und Menschenbild**

**Seinsgerechte Ausrichtung**
Vollkommenes Verstehen, Denken und Trachten
Vollkommene Achtsamkeit, Konzentration und Anstrengung

**Grundtugenden**
als Ausrichtung von Trachten und Handeln
Klugheit, Weisheit — Mäßigung — Gerechtigkeit — Wahrhaftigkeit — Menschlichkeit — Tapferkeit

**Spezielle authentische Handlungsbereiche**

**Situative Haltung**
– Erleben und bewerten von Situationen
– Persönliche Motivations- und Handlungstendenz

**Situative Handlung**
– Individuelles Reden und Tun im Sinne einer gerechten, angemessenen Situationsbewältigung

## 2.4 Dimensionen der Werteentwicklung

**Transzendentierung von Werten**

**Universalität von Wertvorstellungen**

**Egozentrik:** ausschließlicher Selbstbezug

**Sozialisation:** Einbeziehung anderer

**Liebe:** unbedingte Hinwendung

**Vordergründige, egozentrische Wertvorstellung**

**Über-Ich:** Vorbild, erzieherische Einforderung

**Ich:** Erleben in Lebenssituation, bewusste Reflexion

**Selbst:** Verinnerlichung

**Personalisierung von Werten**

**Verinnerlichung von Wertvorstellung**

*Die Werte Einzelner können stark variieren!*

*Die Werte einer Gesellschaft müssen einen Werterahmen für alle Mitglieder schaffen!*

**Woran sollen sich gesellschaftliche Werte orientieren?**

## 2.5 Die individuelle Entwicklung von Tugend

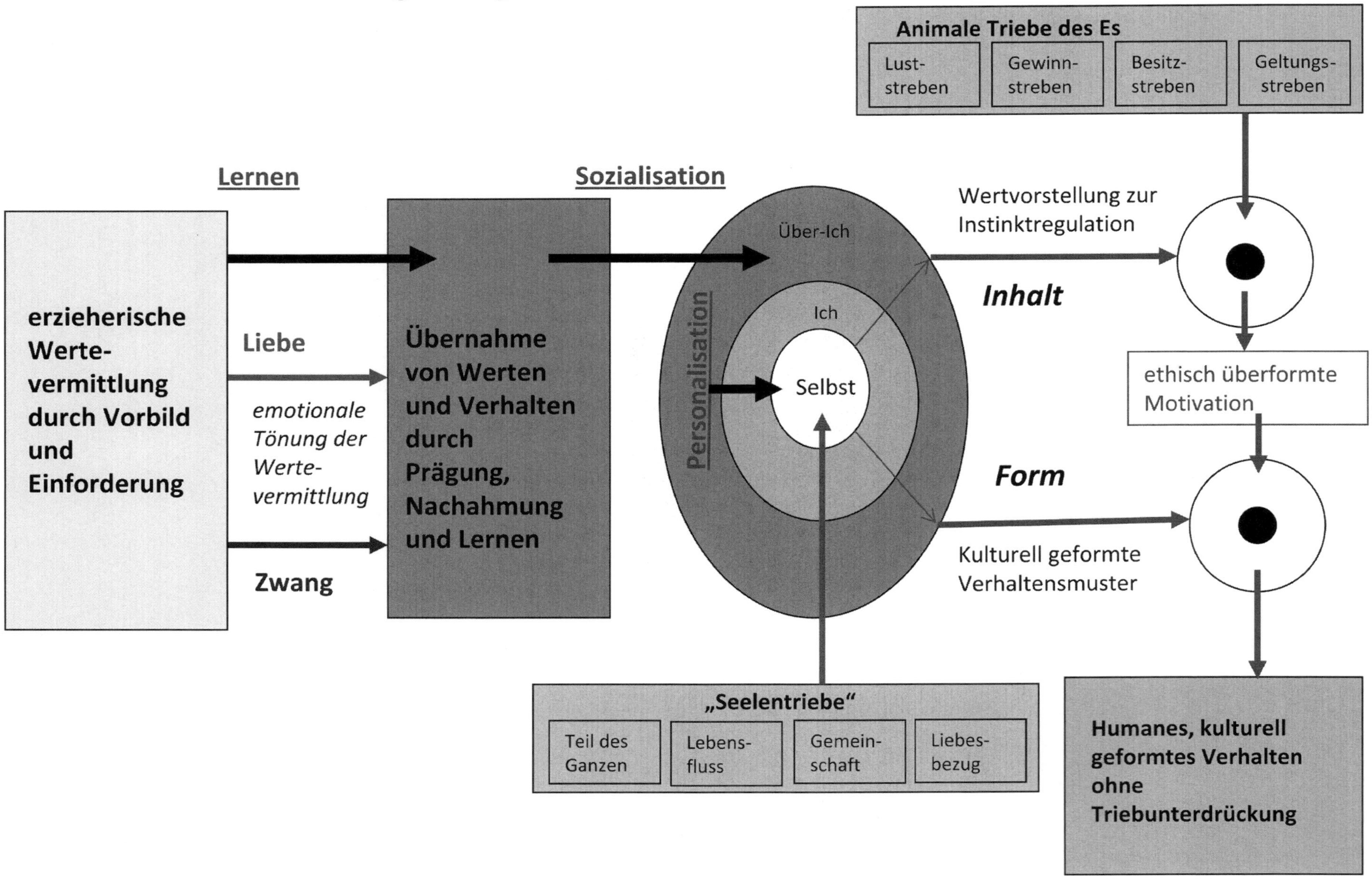

**Animale Triebe des Es**
- Lust-streben
- Gewinn-streben
- Besitz-streben
- Geltungs-streben

Wertvorstellung zur Instinktregulation

*Inhalt* → ethisch überformte Motivation → *Form* → **Humanes, kulturell geformtes Verhalten ohne Triebunterdrückung**

Kulturell geformte Verhaltensmuster

**„Seelentriebe"**
- Teil des Ganzen
- Lebens-fluss
- Gemein-schaft
- Liebes-bezug

Über-Ich – Ich – Selbst

Personalisation

**Sozialisation**

**Lernen**

Liebe — *emotionale Tönung der Werte-vermittlung* — Zwang

**erzieherische Werte-vermittlung durch Vorbild und Einforderung**

**Übernahme von Werten und Verhalten durch Prägung, Nachahmung und Lernen**

II. Die Notwendigkeit der Persönlichkeits- und Werteentwicklung

## 2.6 Die Lebendigkeit von Werten

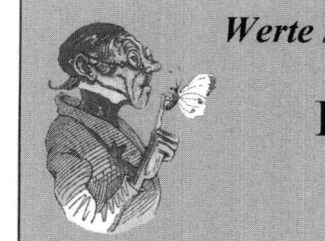

*Werte sind bedeutungslos, wenn sie nicht Einfluss nehmen auf das Verhalten des Menschen!*

## Das Wort (innere Haltung) muss Fleisch (Verhaltensweise) werden!

## In der Tugend begegnen sich Inhalt und Form!

In den verschiedenen Kulturen wurden verschiedene Grundtugenden der Menschen herausgestellt.

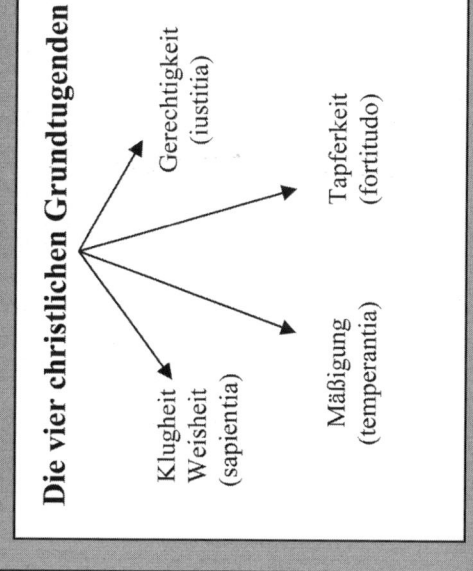

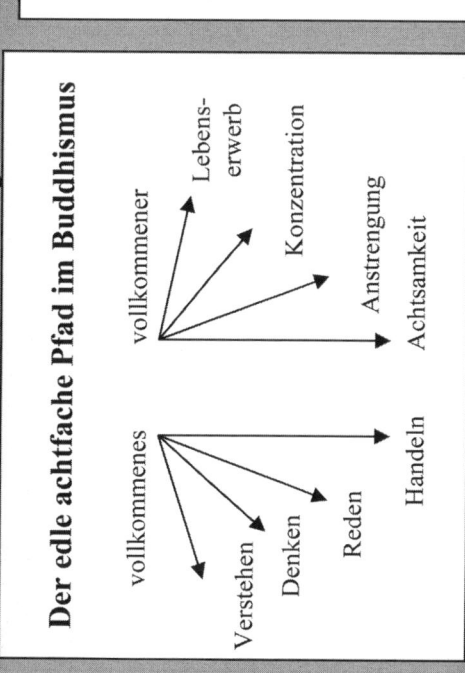

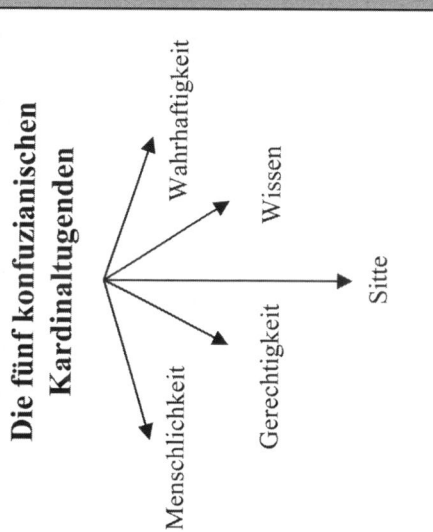

### Die vier christlichen Grundtugenden

- Klugheit Weisheit (sapientia)
- Gerechtigkeit (iustitia)
- Tapferkeit (fortitudo)
- Mäßigung (temperantia)

### Der edle achtfache Pfad im Buddhismus

vollkommenes
- Verstehen
- Denken
- Reden
- Handeln

vollkommener
- Lebenserwerb
- Konzentration
- Anstrengung
- Achtsamkeit

### Die fünf konfuzianischen Kardinaltugenden

- Menschlichkeit
- Wahrhaftigkeit
- Wissen
- Gerechtigkeit
- Sitte

### Beispiel für Tugend: **Menschlichkeit**

Suche nach Wertvorstellungen und passenden Verhaltensweisen, in denen sich die Tugend „Menschlichkeit" ausdrückt!

Überlege Gleiches für weitere Tugenden!

## 2.7 Die Tugend braucht Inhalt und Form

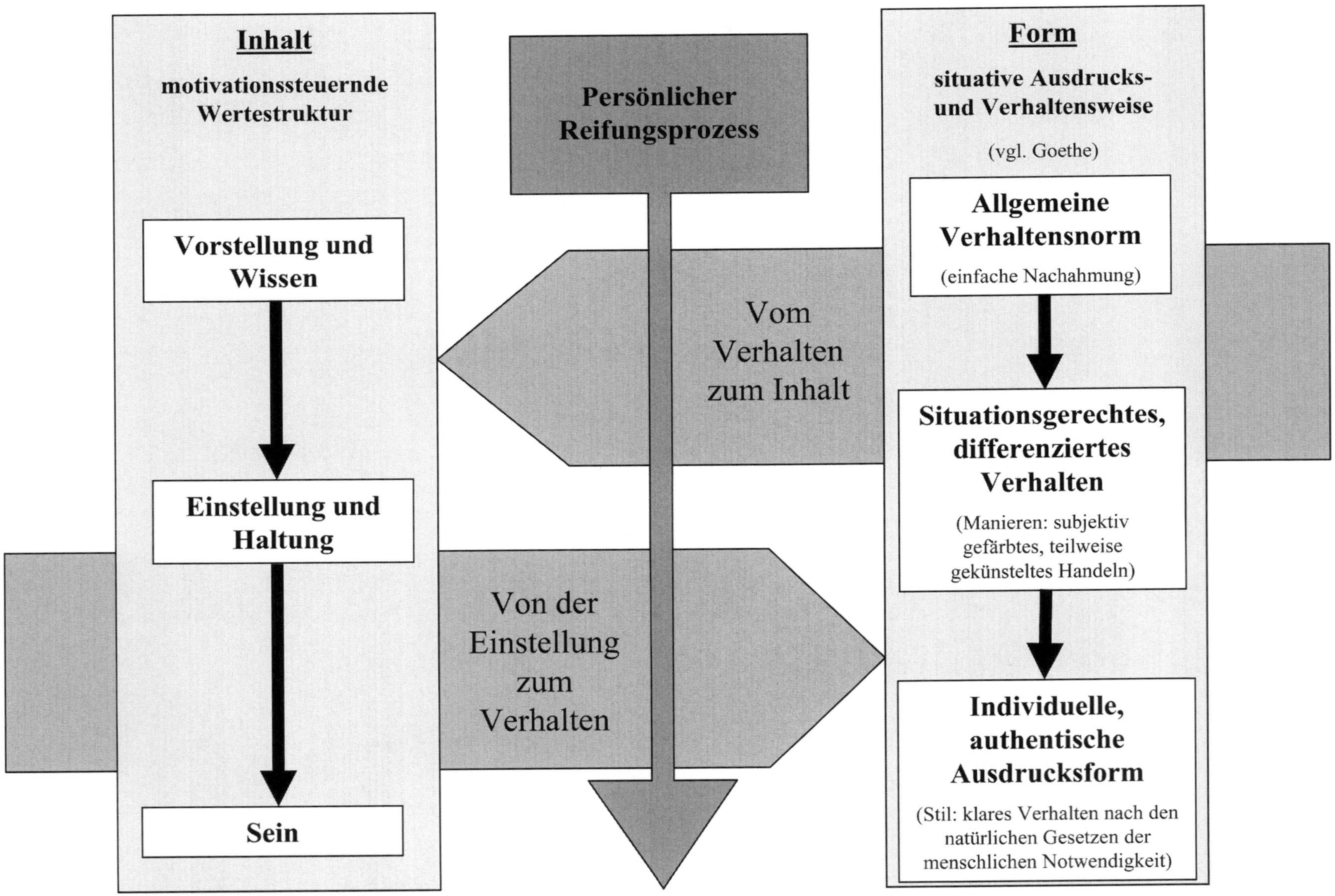

**Form**
situative Ausdrucks- und Verhaltensweise
(vgl. Goethe)

- **Allgemeine Verhaltensnorm** (einfache Nachahmung)
  → **Situationsgerechtes, differenziertes Verhalten** (Manieren: subjektiv gefärbtes, teilweise gekünsteltes Handeln)
  → **Individuelle, authentische Ausdrucksform** (Stil: klares Verhalten nach den natürlichen Gesetzen der menschlichen Notwendigkeit)

**Persönlicher Reifungsprozess**

Vom Verhalten zum Inhalt

Von der Einstellung zum Verhalten

**Inhalt**
motivationssteuernde Wertestruktur

- **Vorstellung und Wissen** → **Einstellung und Haltung** → **Sein**

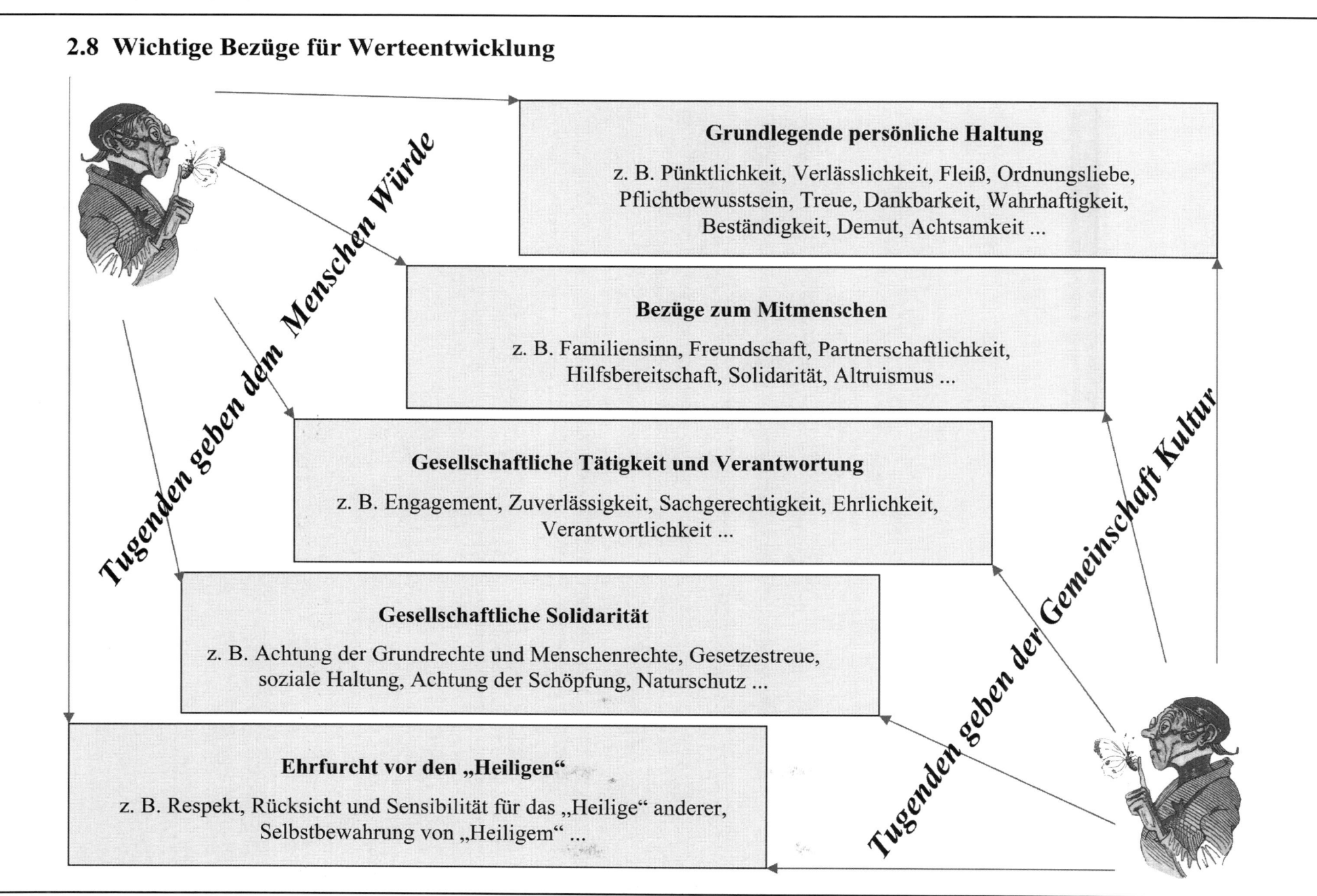

II. Die Notwendigkeit der Persönlichkeits- und Werteentwicklung

## 2.8 Wichtige Bezüge für Werteentwicklung

**Tugenden geben der Gemeinschaft Kultur**

**Tugenden geben dem Menschen Würde**

**Grundlegende persönliche Haltung**

z. B. Pünktlichkeit, Verlässlichkeit, Fleiß, Ordnungsliebe, Pflichtbewusstsein, Treue, Dankbarkeit, Wahrhaftigkeit, Beständigkeit, Demut, Achtsamkeit …

**Bezüge zum Mitmenschen**

z. B. Familiensinn, Freundschaft, Partnerschaftlichkeit, Hilfsbereitschaft, Solidarität, Altruismus …

**Gesellschaftliche Tätigkeit und Verantwortung**

z. B. Engagement, Zuverlässigkeit, Sachgerechtigkeit, Ehrlichkeit, Verantwortlichkeit …

**Gesellschaftliche Solidarität**

z. B. Achtung der Grundrechte und Menschenrechte, Gesetzestreue, soziale Haltung, Achtung der Schöpfung, Naturschutz …

**Ehrfurcht vor den „Heiligen"**

z. B. Respekt, Rücksicht und Sensibilität für das „Heilige" anderer, Selbstbewahrung von „Heiligem" …

## 2.9 Wertewandel

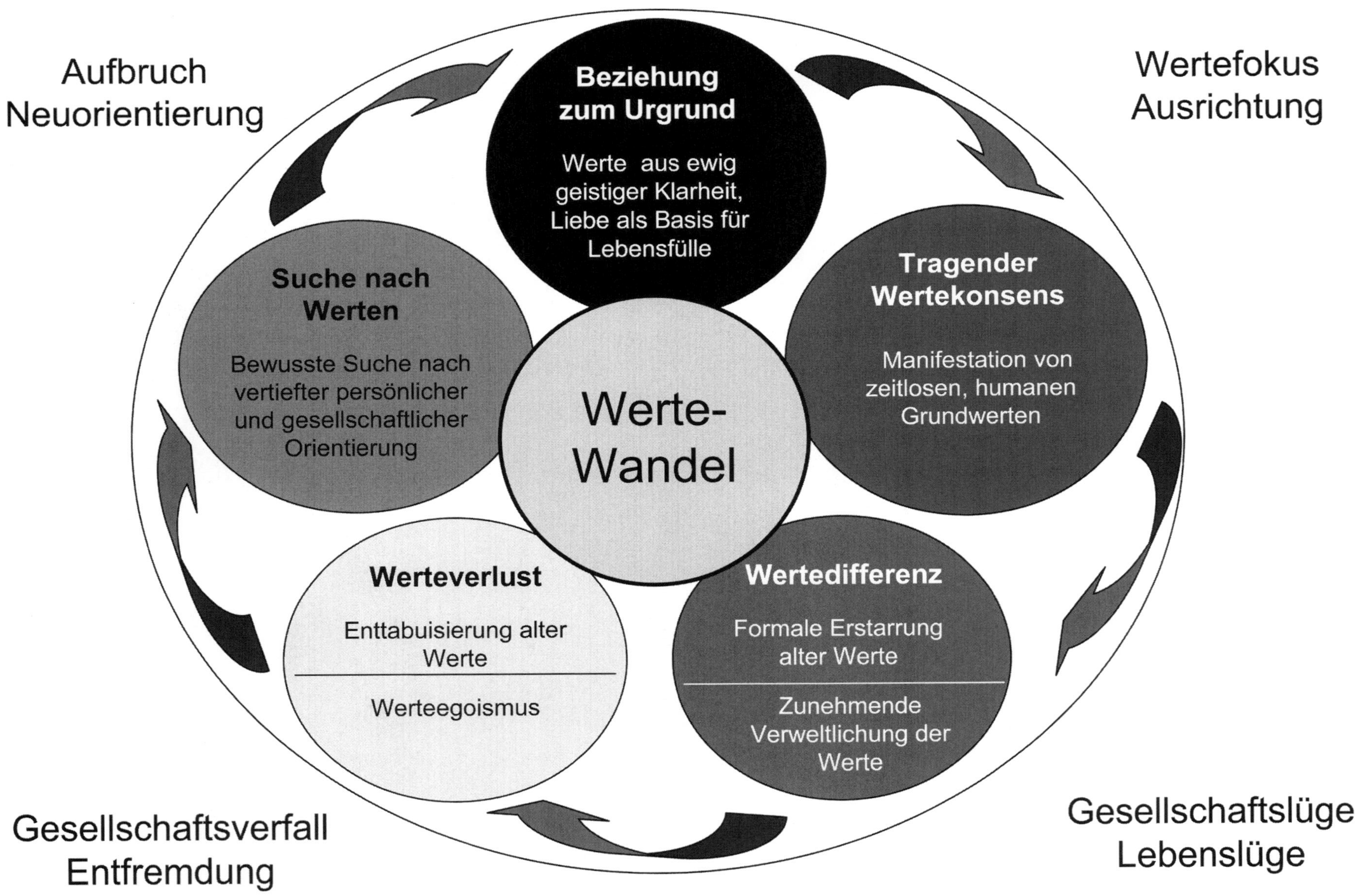

**Aufbruch
Neuorientierung**

**Wertefokus
Ausrichtung**

**Gesellschaftslüge
Lebenslüge**

**Gesellschaftsverfall
Entfremdung**

- **Tragender Wertekonsens** — Manifestation von zeitlosen, humanen Grundwerten
- **Wertedifferenz** — Formale Erstarrung alter Werte / Zunehmende Verweltlichung der Werte
- **Werteverlust** — Enttabuisierung alter Werte / Werteegoismus
- **Suche nach Werten** — Bewusste Suche nach vertiefter persönlicher und gesellschaftlicher Orientierung
- **Beziehung zum Urgrund** — Werte aus ewig geistiger Klarheit, Liebe als Basis für Lebensfülle

**Werte-Wandel**

II. Die Notwendigkeit der Persönlichkeits- und Werteentwicklung

## 2.10 Wertekonsens

**integrativer Wertewandel**

*Zeitgemäße Formung der Werte*

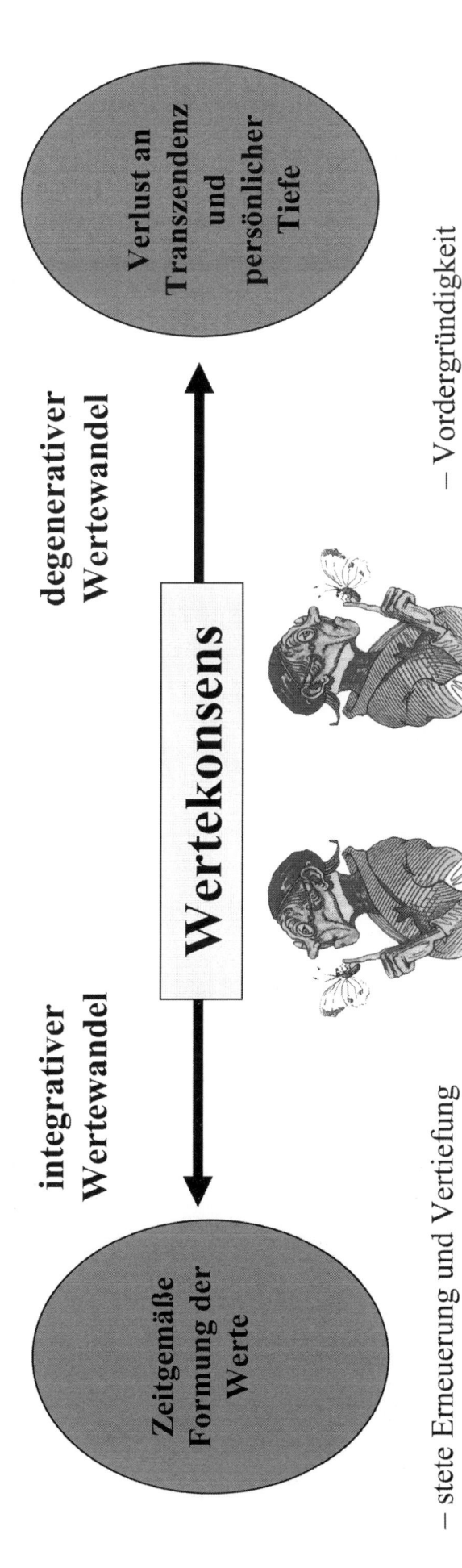

- stete Erneuerung und Vertiefung durch individuelle und gesellschaftliche Achtsamkeit
- Anpassungen der Formen an die Zeit ohne Verlust der Inhalte
- Reflexion der Inhalte im Wandel der Zeit

**Wertekonsens**

**degenerativer Wertewandel**

*Verlust an Transzendenz und persönlicher Tiefe*

- Vordergründigkeit gesellschaftlicher Ziele
- Dominanz unreifer Tendenzen
- Mangel an Erziehung
- Verlust von Lebenskultur
- Dissens zwischen Inhalt und Form

*Suche nach Beispielen von notwendiger Formanpassung bzw. von Werteverlust durch Formlosigkeit!*

*Die Art der Gestaltung von persönlichen Vorstellungen, Motiven und Verhaltensweisen entscheidet über unsere Lebensführung und unser Lebensglück. Aus der Intensität und Orientiertheit erwächst der Lebenssinn. Die Suche nach einem erfüllten Leben verlangt nach persönlicher Reife!*

## 3. Die Notwendigkeit von Persönlichkeitsbildung und Werteentwicklung aus der Sicht individueller Lebensgestaltung

| | | |
|---|---|---|
| 3.1 | Wichtige persönliche Entwicklungsaspekte | (Seite 39) |
| 3.2 | Wertebezüge | (Seite 40) |
| 3.3 | Das Erlernen von Tugend | (Seite 41) |
| 3.4 | Der Weg der Entwicklung | (Seite 42) |
| 3.5 | Gestaltungsschichten | (Seite 43) |
| 3.6 | Geistige Entwicklungsmöglichkeiten | (Seite 44) |

II. Die Notwendigkeit der Persönlichkeits- und Werteentwicklung

## 3.1 Wichtige persönliche Entwicklungsaspekte

### Individuelle Wertestruktur

**Ethisch-religiöser Bezug**

Integration des „Ewig Geistigen" in das individuelle Leben

„Erlösung" durch Befreiung von irdischer Bedingtheit in der Hinwendung zum Ewigen

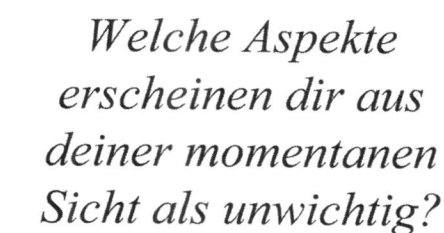

Auflösung der Angst vor dem Tod

*Welche Aspekte erscheinen dir aus deiner momentanen Sicht als unwichtig?*

**Individueller Lebensbezug**

Integration eigener Probleme und Anhaftungen

Kreative, ästhetische Lebensgestaltung

Erhalt des körperlichen und psychischen Gleichgewichts

Lebensgeschick, Lebensfreude

**Gesellschaftlicher Bezug**

Möglichst konfliktfreie Integration in die Gemeinschaft

Selbsterleben in Gemeinschaft mit anderen

Tragendes Mitglied der Gemeinschaft

Stabilität gegen fluktuierende negative Einflüsse

*Welche Aspekte sind dir in deiner jetzigen Lebenssituation besonders wichtig?*

## 3.2 Wertebezüge

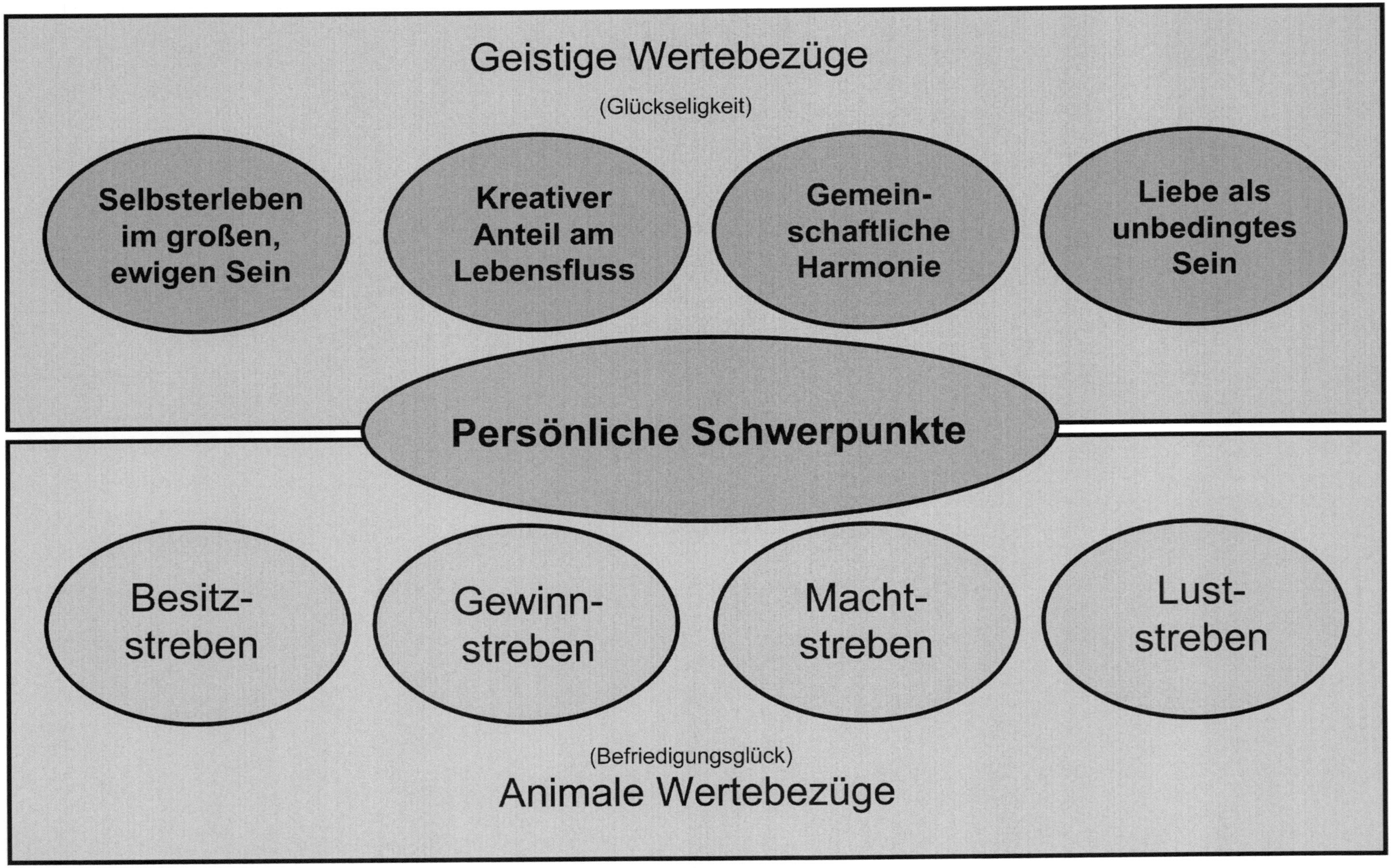

**Geistige Wertebezüge**
(Glückseligkeit)

- Selbsterleben im großen, ewigen Sein
- Kreativer Anteil am Lebensfluss
- Gemeinschaftliche Harmonie
- Liebe als unbedingtes Sein

**Persönliche Schwerpunkte**

**Animale Wertebezüge**
(Befriedigungsglück)

- Besitzstreben
- Gewinnstreben
- Machtstreben
- Luststreben

## 3.3 Das Erlernen von Tugend

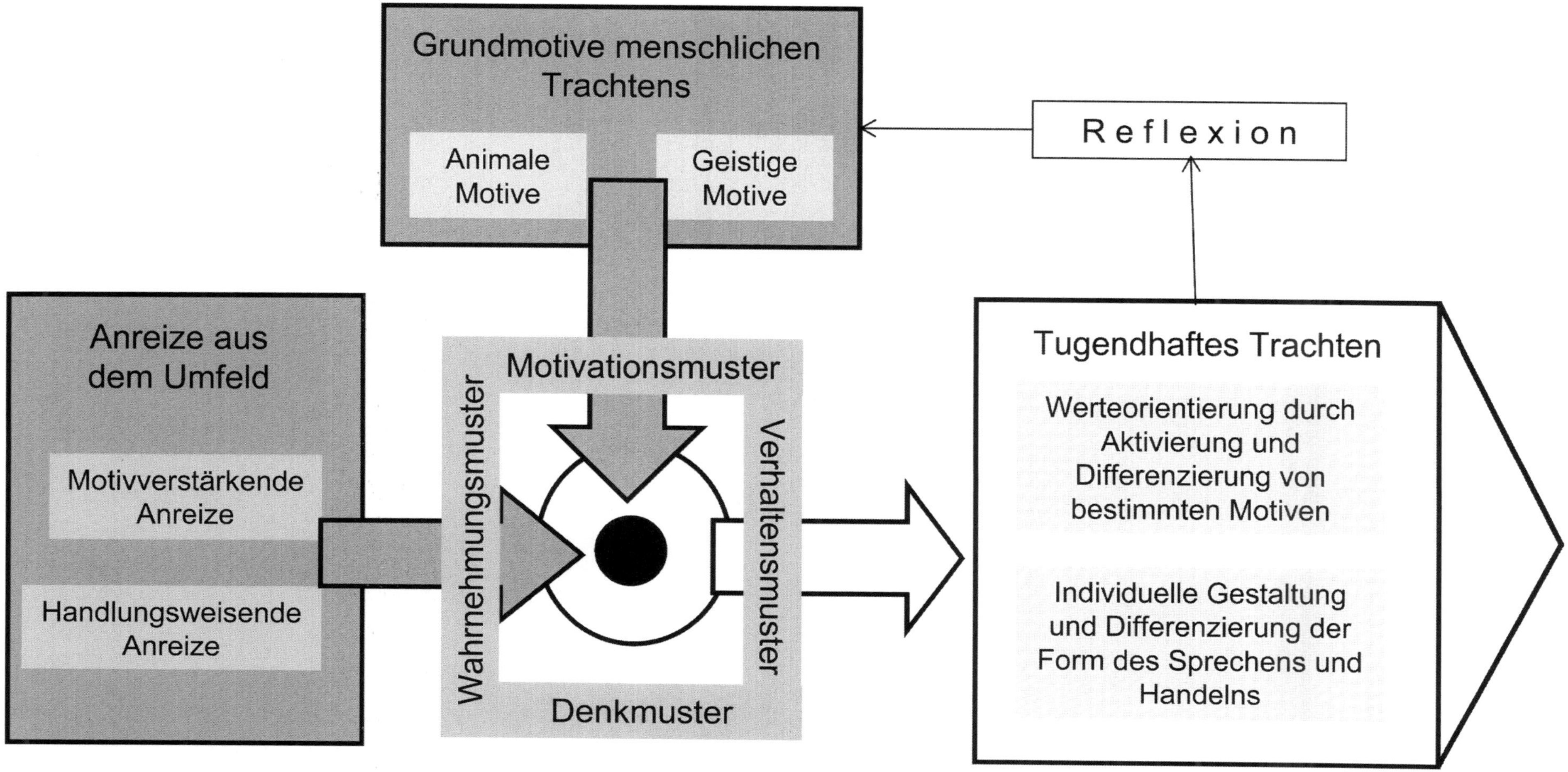

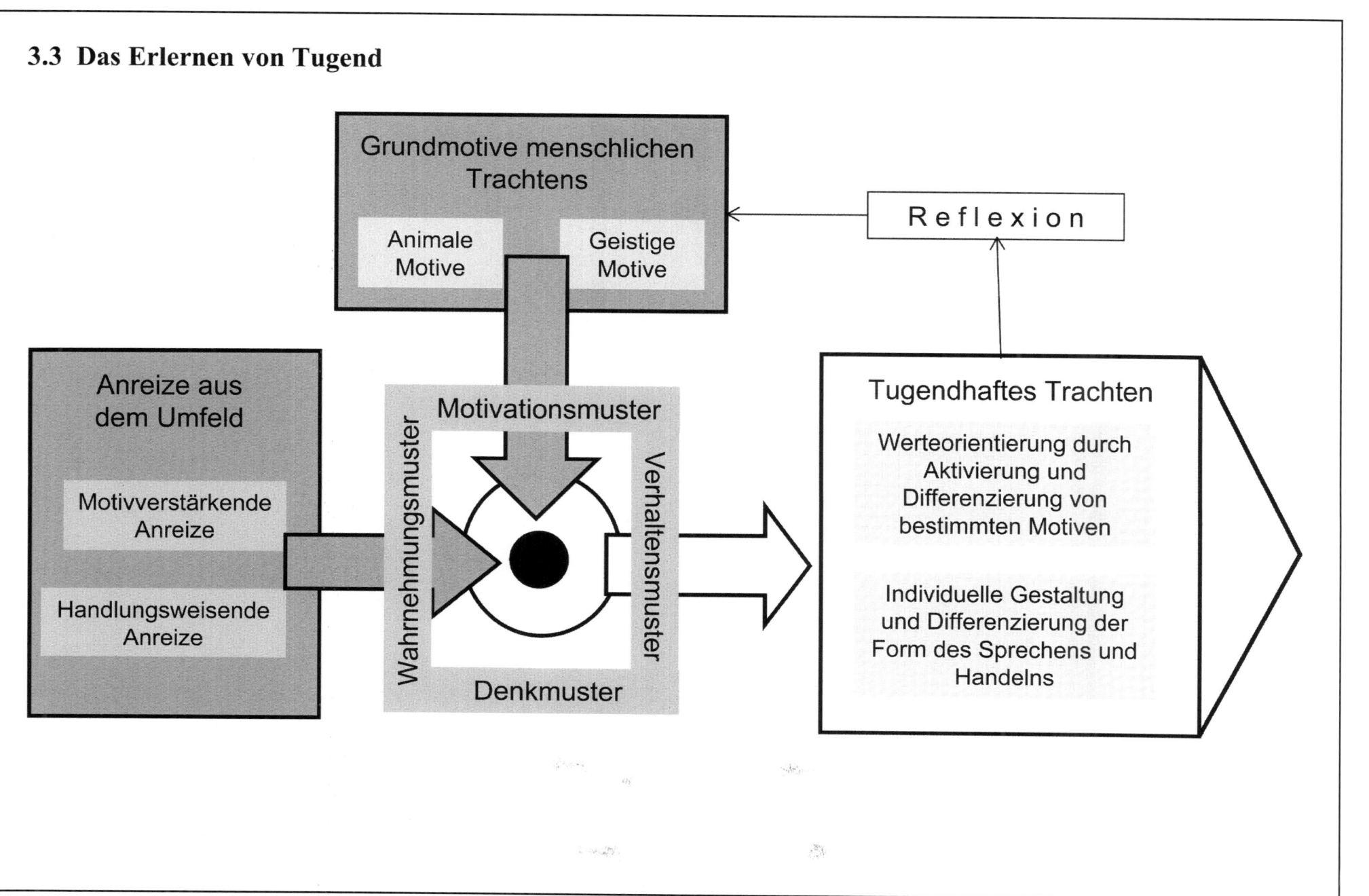

**Tugendhaftes Trachten**
- Werteorientierung durch Aktivierung und Differenzierung von bestimmten Motiven
- Individuelle Gestaltung und Differenzierung der Form des Sprechens und Handelns

**Reflexion**

**Grundmotive menschlichen Trachtens**
- Geistige Motive
- Animale Motive

**Verhaltensmuster**
- Motivationsmuster
- Denkmuster
- Wahrnehmungsmuster

**Anreize aus dem Umfeld**
- Motivverstärkende Anreize
- Handlungsweisende Anreize

## 3.4 Der Weg der Entwicklung

**Unreifer Mensch**

Einengende, egozentrische Sicht mit grenzenlosen Ansprüchen

Ängste, Unsicherheit, Zwänge, Unbewusstheit

*Öffnung* →

**Überwindung der Selbstbegrenzung durch emanzipative Selbstgestaltung**

*Weltbezug*

**Befreiter Zugang zur Gemeinschaft**

Entscheidung in der sozial-politischen Frage

Sozialisation als erlerntes Sozialverhalten

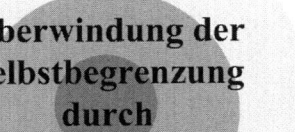

Emanzipierte Hinwendung zur Gemeinschaft

*Religion*

**Befreiter Zugang zum ewigen Geist**

Entscheidung der Seinsfrage

Konfessionell geführte Hinwendung

Individuelle, geistige Transzendenz

*Selbsterziehung* →

**Reifer Mensch**

Bewusstes Erfassen der Zusammenhänge von Ursache und Wirkung

Eindeutige Bestimmung von „ja" und „nein" in Echtheit

Emotionale Stabilität in heiterer Gelassenheit mit entspanntem, dynamischem Körperspiel

Lebenskultur mit Ästhetik und Kreativität bei der Gestaltung von Lebensglück

II. Die Notwendigkeit der Persönlichkeits- und Werteentwicklung

## 3.5 Gestaltungsschichten

**personale Grundlagen**
(vielfältige Vorstellungen)

### Körper
- **Genetische Grundlagen:** Triebaktivität, Konstitution, Begabung
- **Feinenergetische Prägung:** Grundkonstellation der Meridianaktivität

### Seele
- **Morphogenetische Übertragung:** Realisierungsbild
- **Seelische Assoziationen:** übernommene Seelenkräfte

### Geist
- **Höheres Selbst:** ewig geistiger Bewusstseinskern

⇩

**unbewusste Prägungen**
- Geburtserlebnisse
- Verdrängungen / Zwänge
- Minderwertigkeitsgefühle
- Urvertrauen / Urangst

⇕

**Tradiertes und Erlerntes**
- Gewohnheiten und Verhaltensformen
- Vorstellungen / Einstellungen
- Tugenden
- Gewissensbildung

⇕

**Bewusst Reflektiertes**
- Kategorischer Imperativ — bewusst akzeptierte Vorstellungen und Ziele
- bewusste Lebenswahrnehmung
- Lebenskultur und Würde — bewusst gestaltete Verhaltensform

## 3.6 Geistige Entwicklungsmöglichkeiten

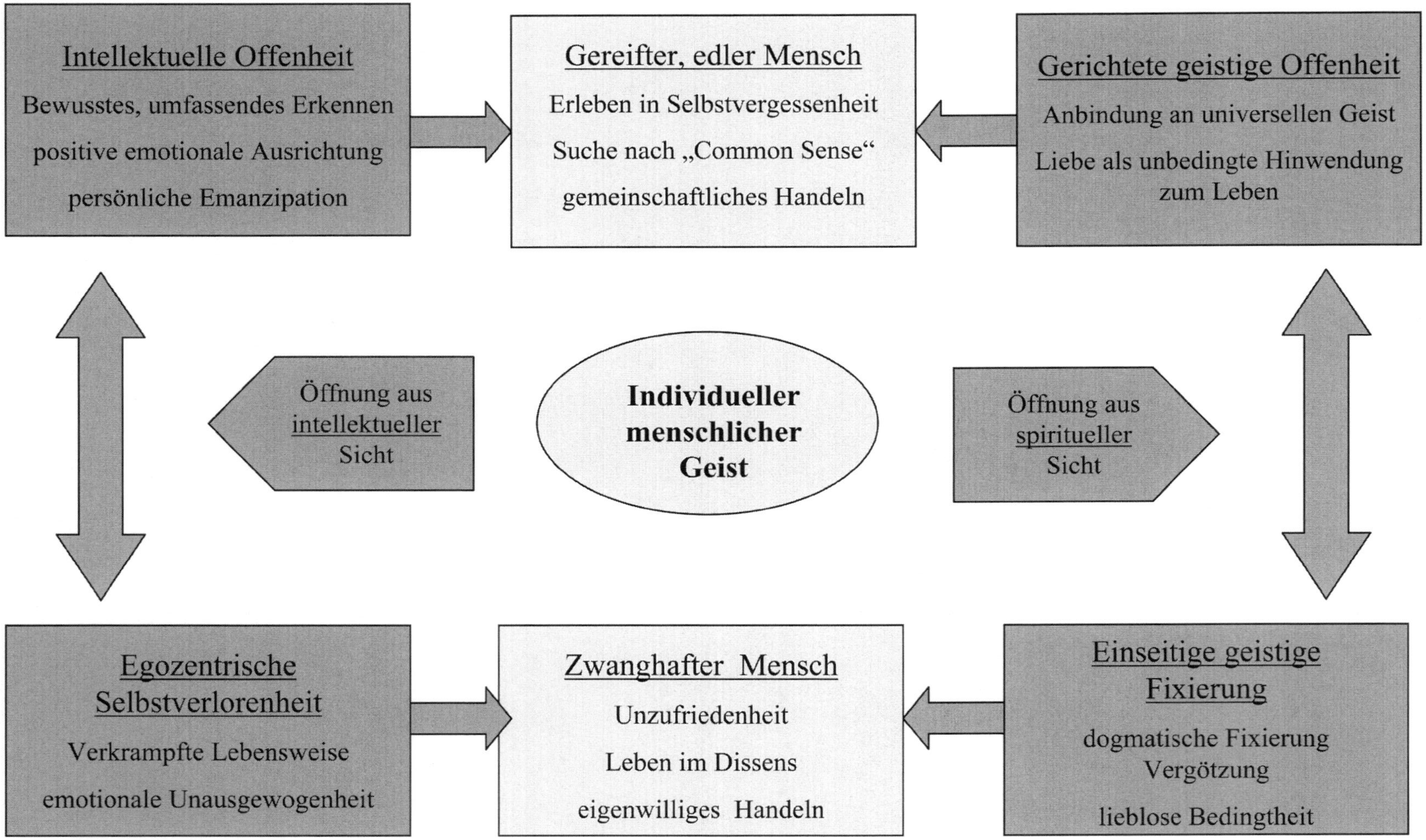

**Intellektuelle Offenheit**
Bewusstes, umfassendes Erkennen
positive emotionale Ausrichtung
persönliche Emanzipation

↓

**Gereifter, edler Mensch**
Erleben in Selbstvergessenheit
Suche nach „Common Sense"
gemeinschaftliches Handeln

↑

**Gerichtete geistige Offenheit**
Anbindung an universellen Geist
Liebe als unbedingte Hinwendung zum Leben

↔

**Einseitige geistige Fixierung**
dogmatische Fixierung
Vergötzung
lieblose Bedingtheit

↓

**Zwanghafter Mensch**
Unzufriedenheit
Leben im Dissens
eigenwilliges Handeln

↑

**Egozentrische Selbstverlorenheit**
Verkrampfte Lebensweise
emotionale Unausgewogenheit

↔

**Öffnung aus spiritueller Sicht**

**Öffnung aus intellektueller Sicht**

**Individueller menschlicher Geist**

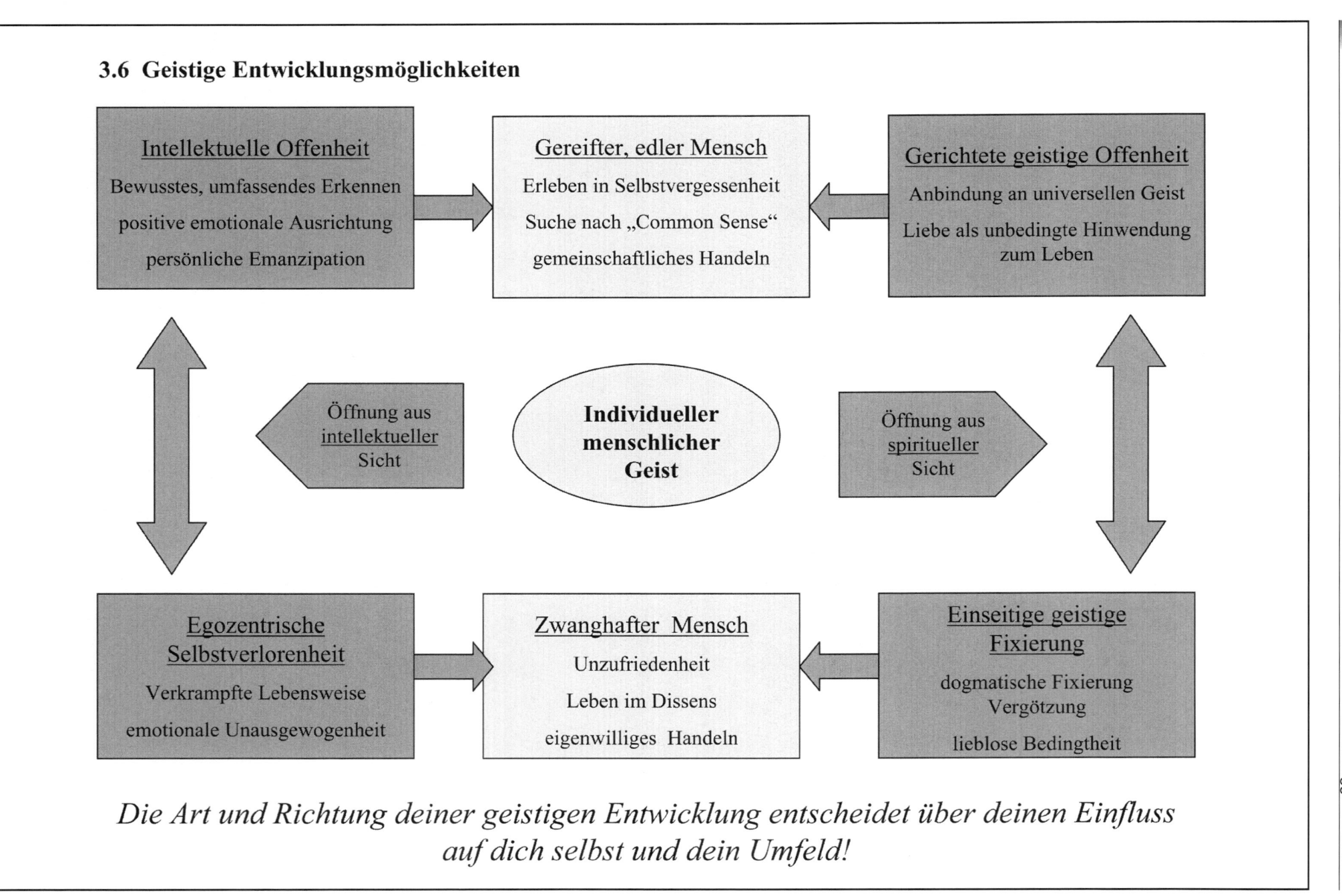

*Die Art und Richtung deiner geistigen Entwicklung entscheidet über deinen Einfluss auf dich selbst und dein Umfeld!*

Franz Rackl: Schulknigge für die Sekundarstufe 2 · Best.-Nr. 440
© Brigg Pädagogik Verlag GmbH, Augsburg

II. Die Notwendigkeit der Persönlichkeits- und Werteentwicklung

*Die Gesellschaft ist eine Sozietät vieler Einzelindividuen. Das Trachten dieser Einzelindividuen erzeugt Impulse, die einer Gesellschaft Inhalt und Richtung verleihen. Diese gesellschaftlichen Impulse wirken wiederum formend auf die Einzelnen zurück. Politik, Bildung und Kulturleben brauchen einen Konsens in der Vielfalt.*

## 4. Notwendigkeit von Persönlichkeitsbildung aus der Sicht einer pluralistisch-individuellen Gesellschaft

| | | |
|---|---|---|
| 4.1 | Der Einzelne und die Gesellschaft | (Seite 46) |
| 4.2 | Persönlichkeitsbildung aus individueller und gesellschaftlicher Sicht | (Seite 47) |
| 4.3 | Die Entwicklungsrichtungen von Gesellschaften | (Seite 48) |
| 4.4 | Die Werte einer modernen zivilen Gesellschaft | (Seite 49) |
| 4.5 | Entwicklungsimpulse in einer Gesellschaft | (Seite 50) |
| 4.6 | Degenerative Wechselbeziehung zwischen Gesellschaft und Individuum | (Seite 51) |
| 4.7 | Menschliche Reife und Gesellschaft | (Seite 52) |
| 4.8 | Der Einfluss von Wesenstypen auf die Gemeinschaft | (Seite 53) |
| 4.9 | Der gesellschaftliche Konsens | (Seite 54) |
| 4.10 | Integrative Persönlichkeitserziehung im Sinne einer multikulturellen Gesellschaft | (Seite 55) |
| 4.11 | Regeln als Ausdruck des Common Sense | (Seite 56) |
| 4.12 | Grundwerte und Grundpflichten | (Seite 57) |
| 4.13 | Die Menschenrechte der Vereinten Nationen vom 10. Dezember 1948 | (Seite 58) |
| 4.14 | Die Menschenpflichten | (Seite 59) |

## 4.1 Der Einzelne und die Gesellschaft

*Der „Geist" der Gesellschaft wird durch den „Geist" der Gruppen und Individuen bestimmt, welche die Gemeinschaft bilden!*

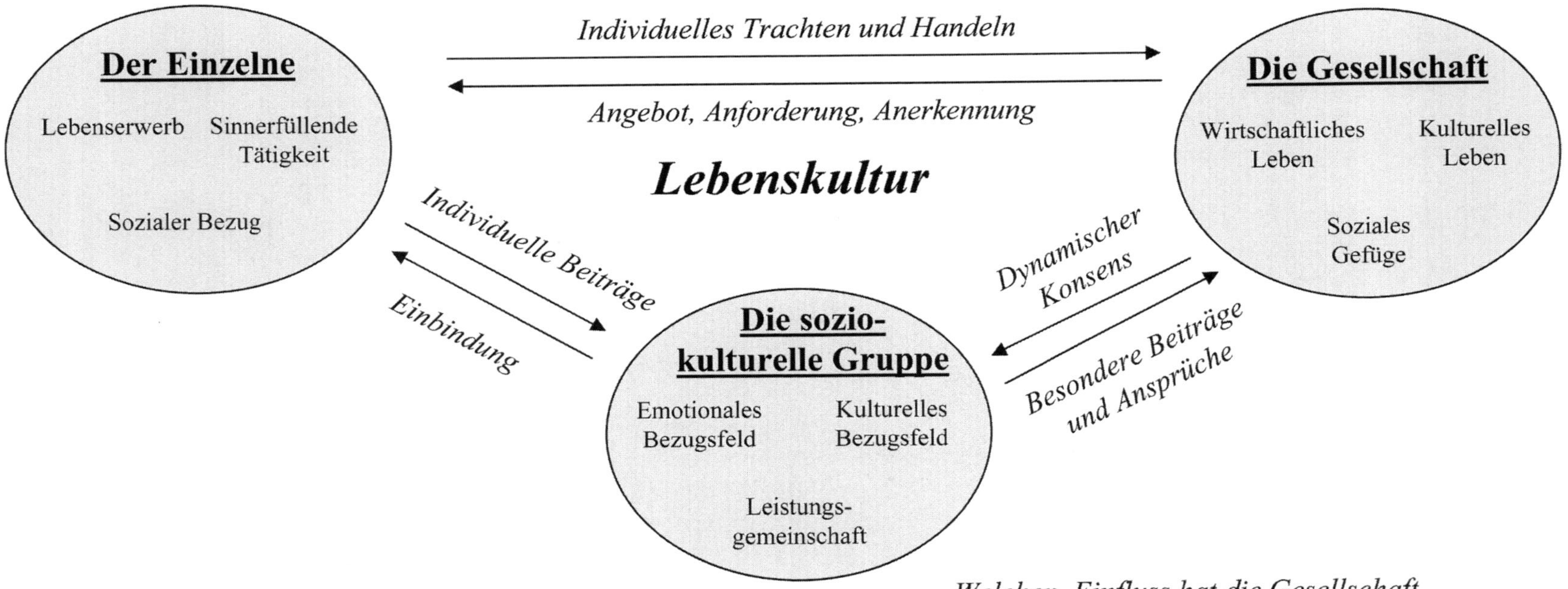

**Die Gesellschaft**

- Wirtschaftliches Leben
- Kulturelles Leben
- Soziales Gefüge

**Die sozio-kulturelle Gruppe**

- Emotionales Bezugsfeld
- Kulturelles Bezugsfeld
- Leistungsgemeinschaft

**Der Einzelne**

- Lebenserwerb
- Sinnerfüllende Tätigkeit
- Sozialer Bezug

Individuelles Trachten und Handeln

Angebot, Anforderung, Anerkennung

Dynamischer Konsens

Besondere Beiträge und Ansprüche

Individuelle Beiträge

Einbindung

**Lebenskultur**

*Welchen Einfluss hat die Gesellschaft auf dich?*
*Welche Ansprüche der Gesellschaft empfindest du?*
*Inwieweit profitierst du von der Gesellschaft?*
*Was kannst du derzeit zur Gesellschaft beitragen?*

*Welchen soziokulturellen Gruppen gehörst du an?*
*Was trägst du zu den Gruppen bei?*
*Was verlangt die Gruppe von dir?*
*Was gibt dir die Gruppe?*

II. Die Notwendigkeit der Persönlichkeits- und Werteentwicklung

## 4.2 Persönlichkeitsbildung aus individueller und gesellschaftlicher Sicht

**aus gesellschaftlicher Sicht**

- vielfältige gesellschaftliche Tendenzen
  - zunehmende Eigenverantwortlichkeit
  - zunehmende kulturelle Beliebigkeit
  - abnehmende soziale Bindungen
  - flexiblere Anforderungen

→ **Notwendigkeit der Persönlichkeits- und Werteentwicklung** →

- Common Sense
- soziale Verantwortlichkeit
- bewusste Partnerschaftlichkeit
- sachgerechte Leistungsbereitschaft

→ prosperierende, humane Gesellschaft

**aus persönlicher Sicht**

- vielfältige Einflüsse
- Orientierungsprobleme
- abnehmende Familienbindung
- mediale Vereinsamung

→ vielfältige persönliche Möglichkeiten →

- klare Wertestruktur
- selbstsichere Leistungsfähigkeit
- formgerechte Kommunikation
- emanzipierte Lebensgestaltung

→ vertieftes persönliches Lebensglück

## 4.3 Die Entwicklungsrichtungen von Gesellschaften

### Individualismus

Die Interessen von Einzelnen oder von Gruppen sollen möglichst optimal verwirklicht werden. Gemeinsamkeit ist Ergebnis der Übereinstimmung von Einzelinteressen. Gesellschaft wird zur „Börse" von Egoismen.

**Problem:**

Gefahr von Regellosigkeit, Chaos, Recht des Stärkeren

### Sozialismus

Die Interessen von Einzelnen und Gruppen sind ganzheitlich Gesellschaftsidealen unterworfen. Sozialisation ist das zentrale Anliegen der Gesellschaft.

**Problem:**

Gefahr von strenger Reglementierung, Erstarrung, Mangel an Dynamik, Gleichmacherei

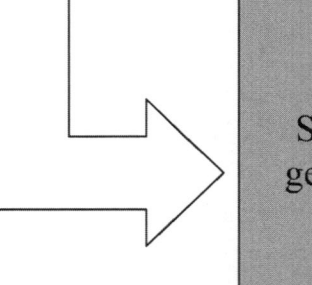

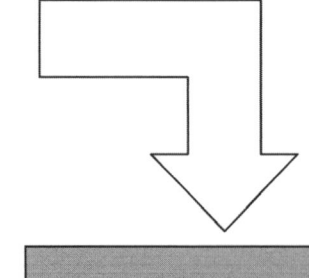

### Humane Solidargemeinschaft

Die Individuen haben die Pflicht, sich soweit möglich zur Selbstverantwortung zu emanzipieren. Die gereiften Personen wirken gestaltend und verantwortlich in der Gesellschaft mit. Die Gesellschaft unterstützt den Menschen bei der emanzipativen Selbst- und Lebensgestaltung. Sie hilft bei unverschuldeten Problemen.

**Ziel:**

Volle Entfaltung des Menschen mit seinen Fähigkeiten, ethisch-toleranter Verständniskonsens

II. Die Notwendigkeit der Persönlichkeits- und Werteentwicklung

## 4.4 Die Werte einer modernen zivilen Gesellschaft

**Kultur**

Der bewusstere, verfeinerte Umgang mit Einstellungen, Ausdrucks- und Verhaltensweisen

- *Werteorientierung in Wahrnehmen und Trachten*
- *Situationsgerechtes Reden und Handeln*

**Wohlstand**

Allgemeine Lebensumstände, die dem Wesen des Menschen gerecht werden

- *Sicherung der Grundversorgung (Kleidung, Nahrung, Wohnung, sozialer Bezug, Bildung, sinnerfüllende Tätigkeit)*
- *freie persönliche Entfaltung*
- *gesellschaftlicher Friede*

**Technik**

Der verfeinerte Umgang mit den Dingen

- *Schonung der Ressourcen*
- *Schonung der Umwelt*
- *Effektivierung der Arbeit*
- *Humanisierung der Arbeit*

**Abgestimmtheit durch Bildung**

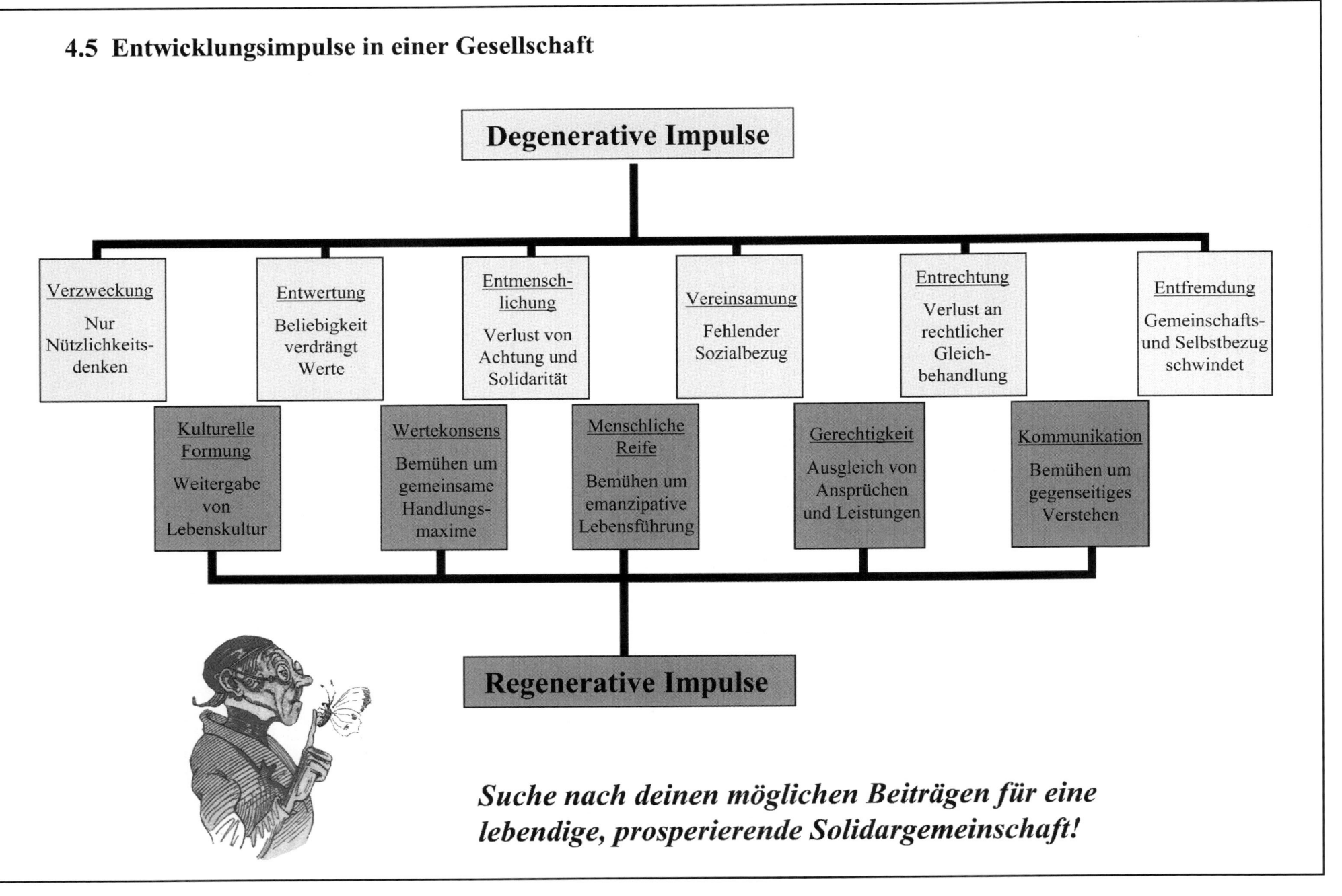

## 4.5 Entwicklungsimpulse in einer Gesellschaft

**Degenerative Impulse**

- **Verzweckung** – Nur Nützlichkeitsdenken
- **Entwertung** – Beliebigkeit verdrängt Werte
- **Entmenschlichung** – Verlust von Achtung und Solidarität
- **Vereinsamung** – Fehlender Sozialbezug
- **Entrechtung** – Verlust an rechtlicher Gleichbehandlung
- **Entfremdung** – Gemeinschafts- und Selbstbezug schwindet

**Regenerative Impulse**

- **Kulturelle Formung** – Weitergabe von Lebenskultur
- **Wertekonsens** – Bemühen um gemeinsame Handlungsmaxime
- **Menschliche Reife** – Bemühen um emanzipative Lebensführung
- **Gerechtigkeit** – Ausgleich von Ansprüchen und Leistungen
- **Kommunikation** – Bemühen um gegenseitiges Verstehen

*Suche nach deinen möglichen Beiträgen für eine lebendige, prosperierende Solidargemeinschaft!*

II. Die Notwendigkeit der Persönlichkeits- und Werteentwicklung

## 4.6 Degenerative Wechselbeziehung zwischen Gesellschaft und Individuum

**Degenerative Erscheinungen**

- Abnahme von Kreativität und Motivation
- Verlust von Konzentration und Ausdauer
- Keine Entwicklung von Werten
- Verlust von Dankbarkeit und Achtsamkeit
- Mehr Schein als Echtheit
- Suche nach raschem Reizwechsel
- Egoismus ohne Mäßigung und Grenzen
- Frustration und Aggression
- Desinteresse an Gemeinschaft
- Geringe Empathie und Lieblosigkeit

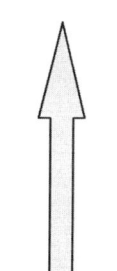

**Bedingungen verändern Personen**

**Personen verändern Bedingungen**

**Mögliche Ursachen für Degeneration**

- Beliebiges Medienangebot
- Wertebeliebigkeit
- Einseitige Betonung von Materie und Intellekt
- Permanente Animation der Triebe
- Verwöhnung
- Unsichere Lebensperspektive
- Konkurrenz mit sozialer Schieflage
- Falscher Gebrauch von Autorität
- Unsichere Familienstruktur
- Verlust tragender Sozialgefüge
- Konsumdenken

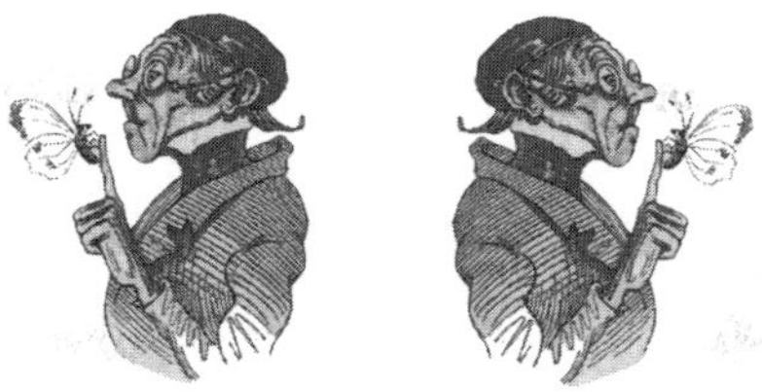

*Eine selbstkritische Betrachtung des eigenen Verhaltens ist nötig!*

*Die eigene Lebensführung verlangt nach steter Achtsamkeit!*

## 4.7 Menschliche Reife und Gesellschaft

| Unreifer Mensch<br>- labil - | → | sozialisierter Mensch<br>- normativ stabil - | → | Emanzipierter Mensch<br>- personal stabil - |
|---|---|---|---|---|
| Vordergründiger Bezug zu Religion und Kultur; nur bedingter Beitrag zur prosperierenden Gesellschaft; Gesellschaft wirkt formend und unterstützend | Normative Reifung<br>Tradition | Stark traditioneller, normativer Bezug zu Religion und Kultur; traditionell funktionierender und stabilisierender Bestandteil der Gesellschaft; Sicherheit der Position durch gesellschaftliches Gefüge | Kreative Reifung<br>Individuation | Kulturelle und religiöse Individualität; individueller, bewusster Beitrag zur Gesellschaftsgestaltung; Gesellschaft als verantwortetes Aktionsfeld |

*Wo liegen die Grenzen gesellschaftlicher Verantwortlichkeit bei Jugendlichen?*

*Was sind die Unterschiede zwischen Wissen, Können und Reife?*

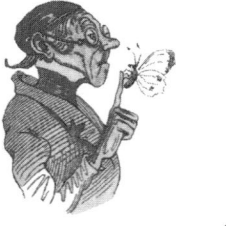

*Welche Verbindung besteht zwischen Sozialisation und psychischem Zensor?*

*Welche Einstellungen können den sozialisierten Menschen leicht zum „Spießbürger" machen?*

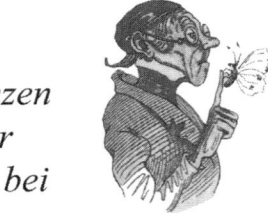

*Warum kommt es ohne gelungene Sozialisation kaum zu einer wirklichen Emanzipation?*

*Inwiefern kann sich ein emanzipierter Mensch den Herausforderungen einer globalisierten Gesellschaft am besten stellen?*

II. Die Notwendigkeit der Persönlichkeits- und Werteentwicklung

## 4.8 Der Einfluss von Wesenstypen auf die Gemeinschaft

*Idealist*

Der Einsatz für Ideen bestimmt die gesellschaftlichen Aktivitäten, die Realität wird teilweise ausgeblendet. Nachteile oder Schwierigkeiten werden für die Verwirklichung der Idee in Kauf genommen; Suche nach Veränderung im Sinne der Ideale.

*Altruist*

Die Bedürfnisse anderer Menschen sind wichtiger als die eigenen Belange. Alles Trachten geschieht in selbstvergessenem Einsatz für die Bedürfnisse anderer oder für die Gemeinschaft.

**Wesens-typen**

*Realist*

Allein die Tatsachen und die momentane Realität zählt. Die Sachzwänge bestimmen das Handeln. Die Zustände werden eher stabilisiert als verändert. Der Pragmatismus dominiert über die Ideale.

*Egoist*

Allein die eigenen Interessen und Bedürfnisse bestimmen das Denken, Fühlen und Handeln. Beeinträchtigungen und Benachteiligungen anderer werden ignoriert oder billigend in Kauf genommen. Die Triebbefriedigung dominiert!

*Erörtere die Auswirkung der verschiedenen Wesenstypen auf die Gemeinschaft und die langfristige Rückwirkung auf den Einzelnen!*

*Welche Position sollte ein Mensch idealerweise einnehmen?*

*Überlege, wohin du selbst tendierst!*

## 4.9 Der gesellschaftliche Konsens

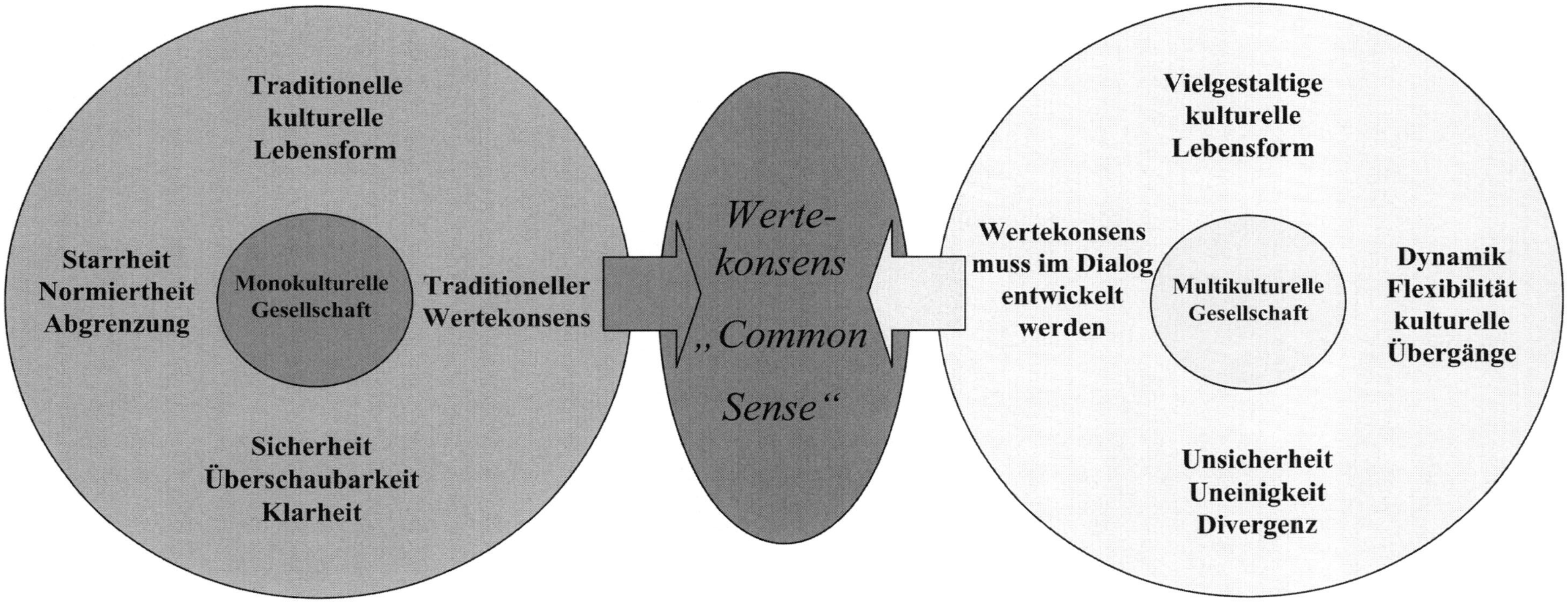

**Traditioneller Wertekonsens**
- Traditionelle kulturelle Lebensform
- Monokulturelle Gesellschaft
- Starrheit / Normiertheit / Abgrenzung
- Sicherheit / Überschaubarkeit / Klarheit

**Wertekonsens „Common Sense"**

**Wertekonsens muss im Dialog entwickelt werden**
- Vielgestaltige kulturelle Lebensform
- Multikulturelle Gesellschaft
- Dynamik / Flexibilität / kulturelle Übergänge
- Unsicherheit / Uneinigkeit / Divergenz

*Erörtere die Vor- und Nachteile der Gesellschaften!*

*Suche nach einem Wertekonsens für alle Mitglieder der Lerngruppe!*

*Suche nach gravierenden Werteunterschieden und erörtere deren Auswirkungen!*

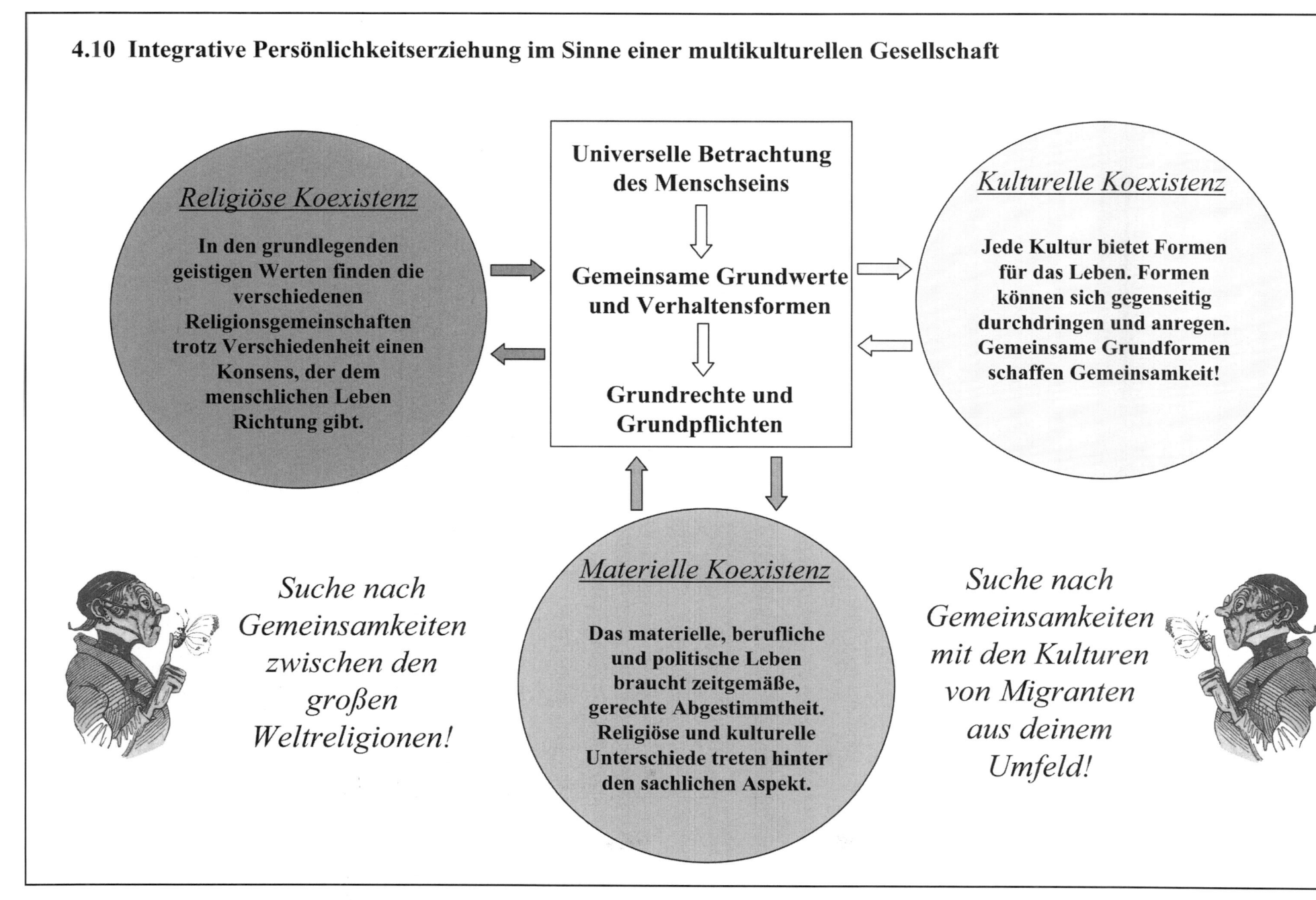

II. Die Notwendigkeit der Persönlichkeits- und Werteentwicklung

## 4.10 Integrative Persönlichkeitserziehung im Sinne einer multikulturellen Gesellschaft

**Kulturelle Koexistenz**

Jede Kultur bietet Formen für das Leben. Formen können sich gegenseitig durchdringen und anregen. Gemeinsame Grundformen schaffen Gemeinsamkeit!

*Suche nach Gemeinsamkeiten mit den Kulturen von Migranten aus deinem Umfeld!*

**Universelle Betrachtung des Menschseins**

⇒ **Gemeinsame Grundwerte und Verhaltensformen** ⇒ **Grundrechte und Grundpflichten**

**Materielle Koexistenz**

Das materielle, berufliche und politische Leben braucht zeitgemäße, gerechte Abgestimmtheit. Religiöse und kulturelle Unterschiede treten hinter den sachlichen Aspekt.

**Religiöse Koexistenz**

In den grundlegenden geistigen Werten finden die verschiedenen Religionsgemeinschaften trotz Verschiedenheit einen Konsens, der dem menschlichen Leben Richtung gibt.

*Suche nach Gemeinsamkeiten zwischen den großen Weltreligionen!*

## 4.11 Regeln als Ausdruck des Common Sense

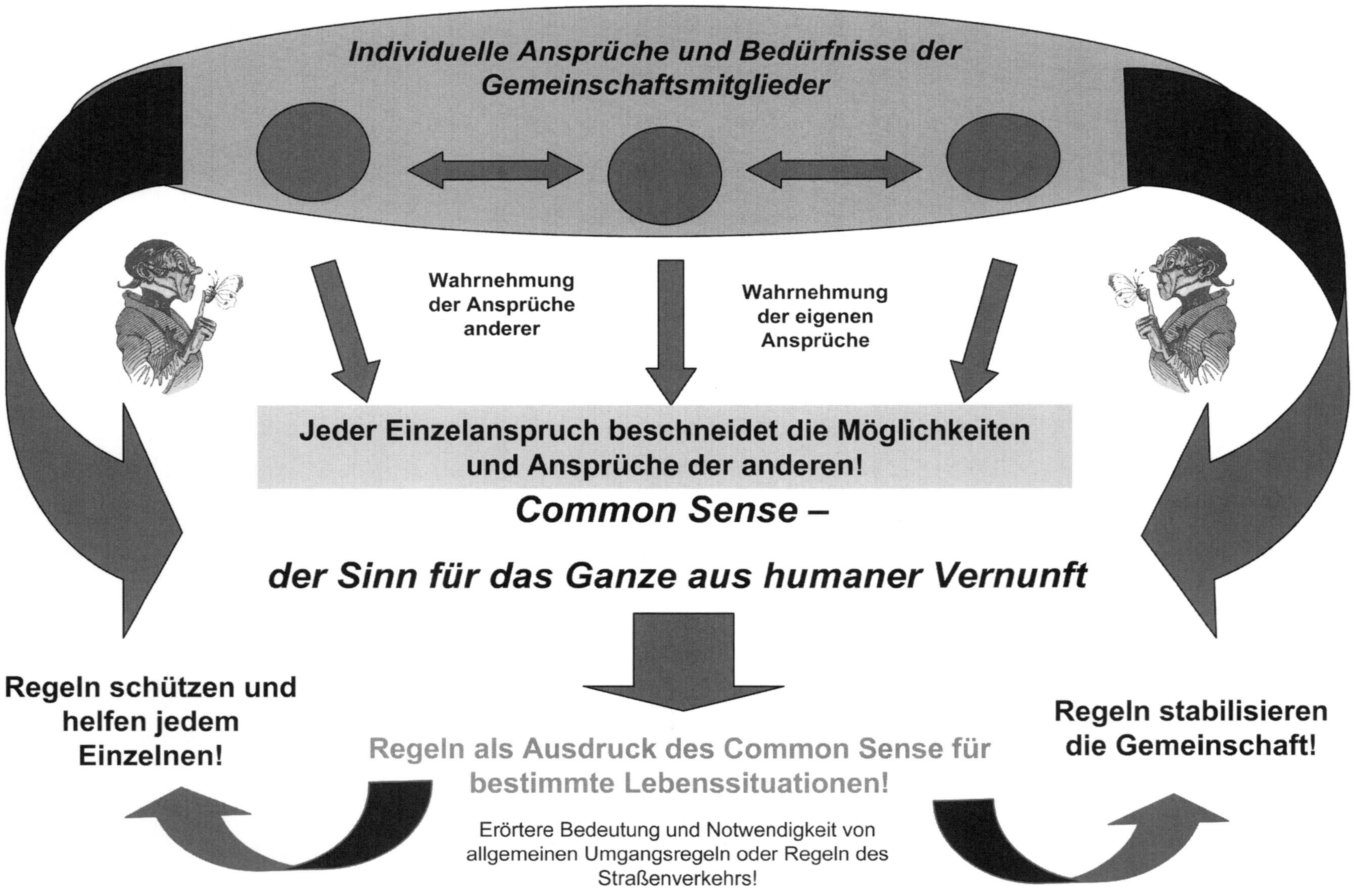

**Individuelle Ansprüche und Bedürfnisse der Gemeinschaftsmitglieder**

Wahrnehmung der eigenen Ansprüche

Wahrnehmung der Ansprüche anderer

**Jeder Einzelanspruch beschneidet die Möglichkeiten und Ansprüche der anderen!**

**Common Sense –**
*der Sinn für das Ganze aus humaner Vernunft*

**Regeln als Ausdruck des Common Sense für bestimmte Lebenssituationen!**

Erörtere Bedeutung und Notwendigkeit von allgemeinen Umgangsregeln oder Regeln des Straßenverkehrs!

Regeln stabilisieren die Gemeinschaft!

Regeln schützen und helfen jedem Einzelnen!

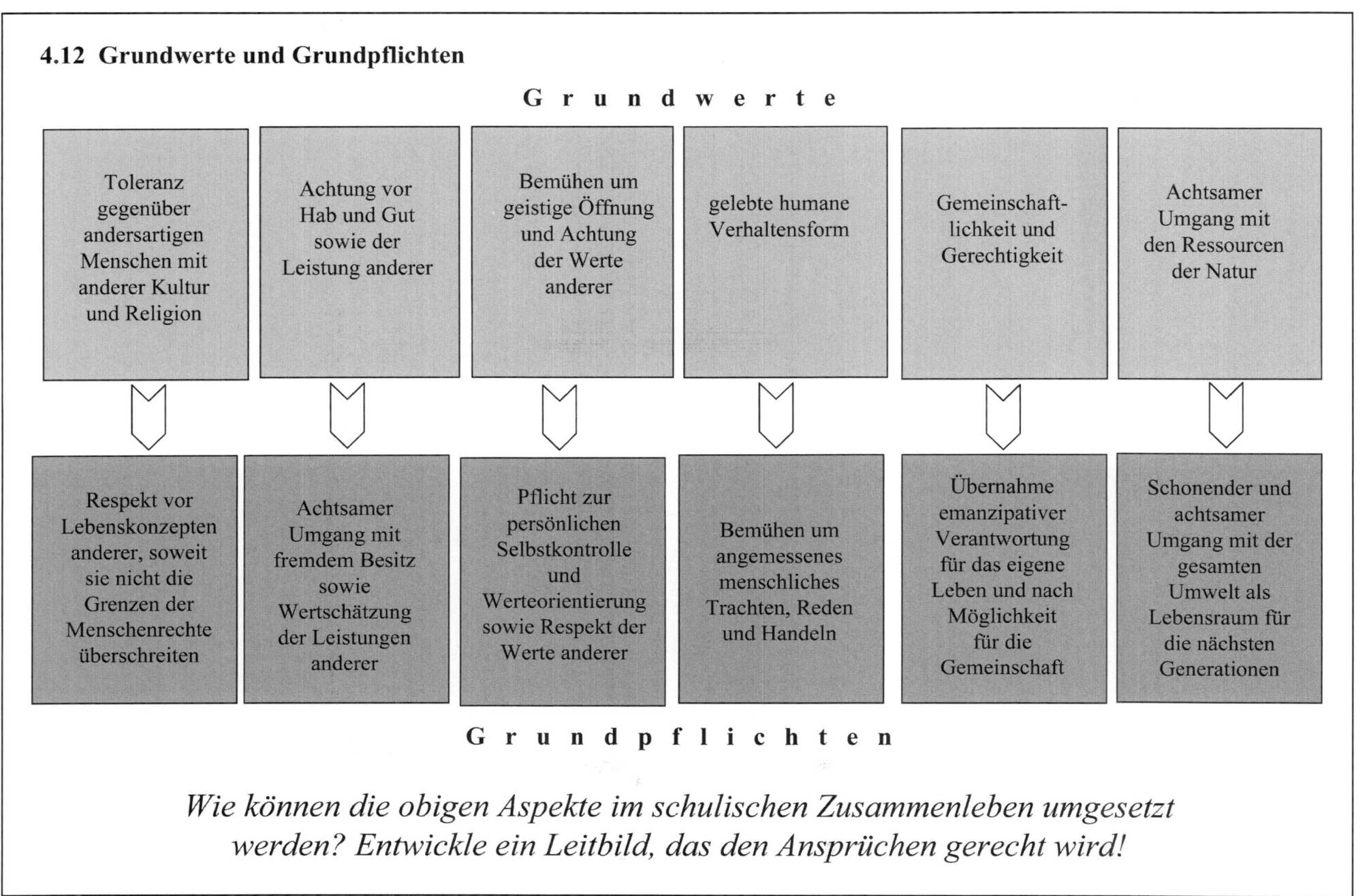

## 4.12 Grundwerte und Grundpflichten

**Grundwerte**

- Toleranz gegenüber andersartigen Menschen mit anderer Kultur und Religion
- Achtung vor Hab und Gut sowie der Leistung anderer
- Bemühen um geistige Öffnung und Achtung der Werte anderer
- gelebte humane Verhaltensform
- Gemeinschaftlichkeit und Gerechtigkeit
- Achtsamer Umgang mit den Ressourcen der Natur

**Grundpflichten**

- Respekt vor Lebenskonzepten anderer, soweit sie nicht die Grenzen der Menschenrechte überschreiten
- Achtsamer Umgang mit fremdem Besitz sowie Wertschätzung der Leistungen anderer
- Pflicht zur persönlichen Selbstkontrolle und Werteorientierung sowie Respekt der Werte anderer
- Bemühen um angemessenes menschliches Trachten, Reden und Handeln
- Übernahme emanzipativer Verantwortung für das eigene Leben und nach Möglichkeit für die Gemeinschaft
- Schonender und achtsamer Umgang mit der gesamten Umwelt als Lebensraum für die nächsten Generationen

*Wie können die obigen Aspekte im schulischen Zusammenleben umgesetzt werden? Entwickle ein Leitbild, das den Ansprüchen gerecht wird!*

## 4.13 Die Menschenrechte der Vereinten Nationen vom 10. Dezember 1948

1) Der Mensch besitzt eine Würde
2) Gleiches Recht für alle Menschen
3) Recht auf Leben in Freiheit und Sicherheit
4) Keine Sklaverei
5) Keine Folter oder unmenschliche Strafe
6) Allgemeine Rechtsfähigkeit

7) Schutz vor Diskriminierung
8) Anspruch auf wirksamen Rechtsbehelf
9) Schutz vor Willkür
10) Recht auf öffentliches Gerichtsverfahren
11) Recht auf Unschuld vor bewiesener Schuld
12) Recht auf Privatsphäre

13) Recht auf freie Ortswahl
14) Asylrecht bei politischer Verfolgung
15) Recht auf Staatsangehörigkeit
16) Schutz der Familie
17) Recht auf Eigentum
18) Recht auf Gedanken-, Gewissens- und Religionsfreiheit

19) Recht auf freie Meinungsäußerung
20) Recht auf friedliche Versammlung und Vereinigung
21) Recht auf passive und aktive politische Aktivität
22) Recht auf angemessene soziale und wirtschaftliche Sicherheit
23) Recht auf Arbeit und angemessenen Lohn
24) Recht auf Freizeit und Erholung

25) Recht auf sozialen Schutz
26) Recht auf Bildung entsprechend der Fähigkeit
27) Recht auf Teilhabe an Kultur und Wissenschaft
28) Anspruch auf eine menschengerechte Gesellschaftsordnung
29) Achtung der Rechte und Freiheiten anderer
30) Kein Recht auf Beseitigung der Menschenrechte

## 4.14 Die Menschenpflichten

**Individualpflichten**
- Pflicht zum Bemühen um Emanzipation durch Selbstkontrolle und Selbstgestaltung
- Pflicht zur Orientierung des Trachtens und Handelns an universellen Grundwerten
- Verpflichtung zur möglichst individuellen Sicherung der Lebensgrundlagen
- Verzicht auf unangemessene Vorteilsnahme entgegen dem Gesetz des Ausgleichs

**Humanpflichten**
- Pflicht zur Anerkennung anderer als gleichberechtigte Menschen mit Würde
- Pflicht zur angemessenen Anerkennung des Andersseins von Mitmenschen in gebotenen Grenzen
- Pflicht zur Rücksicht auf Gefühle und Überzeugungen anderer
- Pflicht zur Hilfeleistung in Notsituationen

**Gesellschaftspflichten**
- Pflicht zur kritisch-wachen Anteilnahme am Gemeinwesen entsprechend der Möglichkeiten
- Pflicht zur Orientierung an gemeinschaftlichen Regeln und Aufgaben
- Pflicht zur Rücksicht auf Recht, Besitz und die Belange von Mitmenschen
- Pflicht zu einem angemessenen Beitrag für die Gestaltung des Gemeinwesens

**Ökologische Pflichten**
- Pflicht zum achtsamen Umgang mit Naturräumen und Lebewesen
- Pflicht zur nachhaltigen Schonung der Ressourcen
- Pflicht zur Eindämmung der verschiedenen Emissionen
- Pflicht zur geordneten Entsorgung von Abfallstoffen

# III. Der Blick auf mich selbst

Oberstes Ziel des persönlichen Reifungsprozesses sollte die Integration aller persönlichen Prozesse in ein harmonisches Ganzes sein! Dieses wache Bemühen um eine innere Klarheit ist der wertvollste Dienst, den sich jeder von uns selbst und seinen Mitmenschen erweisen kann. Die innere Klarheit schenkt die wirkliche Freiheit. Sie besteht viel mehr in der Möglichkeit einer bewussten Entscheidung, unabhängig von inneren Zwängen, als in der Unabhängigkeit von äußeren Bedingungen.

Wie schon in den Kapiteln I. und II. dargestellt, bedarf dieser Reifungsprozess einer offenen Orientierung mit Blick auf die Welt, den Menschen und auf sich selbst. Daraus erwächst letztlich eine Werteorientierung, die unserem Trachten seine Richtung weist. Wenn wir von der Integration persönlicher Aspekte sprechen, so sollten wir uns darüber klar werden, auf welche Themen wir uns zu konzentrieren haben. F. Nietzsche bezeichnet den Mensch als „Seil, geknüpft zwischen Tier und Übermensch". Dieser Spannungsbogen im Menschsein äußert sich in unseren animalischen und geistig-seelischen Bestrebungen. Die Zerrissenheit unseres Wollens in ein harmonisches Ganzes zu lenken, ist die große persönliche Aufgabe, der wir uns nicht entziehen können!

Eine andere Art von Ambivalenz empfinden wir im geschlechtlichen Spannungsfeld. In der sensiblen Begegnung der Geschlechter im Körperlichen wie im Geistigen erschließt sich eine humane Einheit, auf die alles Leben zustrebt. Diesem Bemühen um geschlechtliche Einigung entspringt jede wahre Partnerschaftlichkeit.

Ein dritter Aspekt zur Integration bezieht sich auf die Meisterung der „Schatten", wie sie C. G. Jung bezeichnet. Alle unausgewogenen psychischen und seelischen Aspekte, die unsere Person im Unbewussten durchdringen, versetzen uns in Unruhe. Sie drängen uns aus dem Gleichgewicht einer harmonischen inneren Mitte. Wenn wir es nicht schaffen, die „Schatten" bewusst zu betrachten und so allmählich einer Klärung zuzuführen, bleiben wir ihnen ohnmächtig ausgeliefert. Dies ist die wahre Unfreiheit, die uns ein erfülltes Leben verschließt! Jedes „Ich-bin-eben-so" lässt uns vor diesen unbewussten Persönlichkeitsanteilen resignieren. Die Einsicht in die Möglichkeit der freien Gestaltung unseres Wollens und Handelns sollte uns Hoffnung verleihen. Wir sollten daraus Mut und Willen schöpfen, um uns auf den Weg zu machen, diesen kreativen Lernprozess voranzutreiben.

Bei diesem Entwicklungsprozess müssen wir uns allmählich aus den geprägten Dimensionen der Fremderziehung lösen. Der Weg der Selbsterziehung, den wir nun beschreiten, ist ein emanzipativer Akt, der natürlich Selbstverantwortung und Entschlossenheit verlangt. Viele Ängste und Anhaftungen sind dabei zu überwinden. Umsicht ist gefragt, bis wir unsere eigene Lebensorientierung finden. Eine gute Fremderziehung kann eine hilfreiche Basis für diesen Reifungsprozess sein. Je bewusster wir unsere Orientierung gestalten, desto klarer werden sich auch die Ziele abzeichnen, die unserem weiteren Leben eine Richtung weisen. Jede Ziellosigkeit bedeutet letztlich Ohnmacht. Klare Ziele machen unser Handeln sinnhaft. Wir können unser Leben danach ausrichten und organisieren. Die Organisation verlangt jedoch nach einem Rhythmus, der uns selbst und unserem Umfeld entspricht. Es sollte ein Pulsieren sein, das uns voranschreiten lässt, ohne die verschiedenen Bereiche des Menschseins zu vernachlässigen und sich krampfhaft an ein isoliertes Drängen zu verlieren.

Der Weg zu unseren Zielen entspricht letztlich einer ewigen Glückssuche, der unsere Ziele entspringen. Ohne uns bewusst zu machen, wo und wie wir unser Glück zu finden glauben, bleiben auch die Ziele unreflektiert. Dies alles sollte uns aber nicht in den Glauben verfallen lassen, alles im Leben sei planbar. Nicht selten sind es anscheinend zufällige Situationen oder Ereignisse, die uns spontan herausfordern und unserem Leben eine neue Richtung geben. Anpassungsfähigkeit bedeutet hier nicht Unbeständigkeit, sondern Offenheit für einen flexiblen Umgang mit den veränderten Gegebenheiten.

Die folgenden Tafelbilder sollen uns helfen, verschiedene Aspekte unseres persönlichen Seins bewusster und distanzierter zu betrachten. Eigene Bedingtheiten können so offensichtlicher werden. Diese neue Sicht der Dinge, erleichtert den Weg zu einer überlegten Selbstgestaltung!

*Bevor du deinen Blick auf die anderen Menschen lenkst, ist es wichtig, dass du dich selbst kennenlernst!*

*Alle Eindrücke, die wir von anderen Menschen gewinnen und alle Reaktionen, die wir zeigen, hängen von unseren inneren Zuständen, Wahrnehmungs- und Verhaltensmustern ab!*

*Die Selbstkenntnis und die Fähigkeit, die eigenen Reaktionen einzuordnen sowie zu gestalten, ist die Basis jeder humanen Kommunikation! Unser Blick wird differenzierter und toleranter!*

*Du kannst den Menschen keinen größeren Dienst erweisen, als mit dir selbst ins Reine zu kommen und dein Leben selbst in die Hand zu nehmen!*

## III. Der Blick auf mich selbst

1. **Von der Fremderziehung zur Selbsterziehung** (Seite 62)

2. **Orientierung und Zielsetzung** (Seite 70)

3. **Organisation des eigenen Lebens** (Seite 75)

4. **Reifung braucht Lebenstiefe** (Seite 78)

5. **Auf der Suche nach dem Glück** (Seite 84)

6. **Reifung durch Lebenslauf** (Seite 89)

## Das Leben ist eine ständige Suche nach Erziehung!

*Die sich entwickelnde Psyche der Kinder sucht nach erzieherischer Formung.*

*Eltern suchen nach den rechten Inhalten und Formen, um ihre Kinder zu erziehen.*

*Jeder Erwachsene sollte danach suchen, sich selbst formend zu entwickeln und so zu reifen.*

### 1. Von der Fremderziehung zur Selbsterziehung

| | |
|---|---|
| 1.1 Die Fremderziehung in der Kindheit | (Seite 63) |
| 1.2 Nobody is perfect | (Seite 64) |
| 1.3 Schritte zur verantwortlichen Selbsterziehung | (Seite 65) |
| 1.4 Aspekte der Selbsterziehung | (Seite 66) |
| 1.5 Selbstbewusstsein | (Seite 67) |
| 1.6 Angst als Persönlichkeitsbegleiter | (Seite 68) |
| 1.7 Der Umgang mit Ängsten | (Seite 69) |

III. Der Blick auf mich selbst

## 1.1 Die Fremderziehung in der Kindheit

**Vorbild, Informationen und Ansprüche durch Umfeld**

**Familie:**
Eltern, Geschwister, Großeltern, Verwandte, Bekannte

**Bildungsstätten:**
Kindergarten, Schule, Kirche, Vereine, Kurse

**Freunde:**
Spielgefährten, Freundeskreis, Vereinsmitglieder

**Medien:**
Fernsehen, PC, Filme, Musik

↑ ↓

**Individuelle Anlagen und Bedürfnisse**

Entsprechend den kindlichen Entwicklungsphasen stellt das Kind unbewusst durch sein Verhalten und seine Aufmerksamkeit „Fragen" an sein Umfeld.

**Individuelle Wahrnehmungen und Lernergebnisse werden zu Persönlichkeitsaspekten**

Prägungen, Sicherheit und Unsicherheit, Ängste, emotionale Reaktionsmuster, Lebendigkeit und Verdrängung, Kompensationsmuster, Verhaltensgewohnheiten, individuelle Motive und Ziele, Welt- und Wertvorstellungen

*Überlege, wie unterschiedlichste Lebens- und Erfahrungssituationen die Struktur einer jungen Persönlichkeit beeinflussen können!*

*Welchen Einfluss hat die Fremderziehung auf die Gewissensbildung?*

*Welche Möglichkeiten hat ein Kind den Einflüssen der Fremderziehung auszuweichen?*

## 1.2 Nobody is perfect

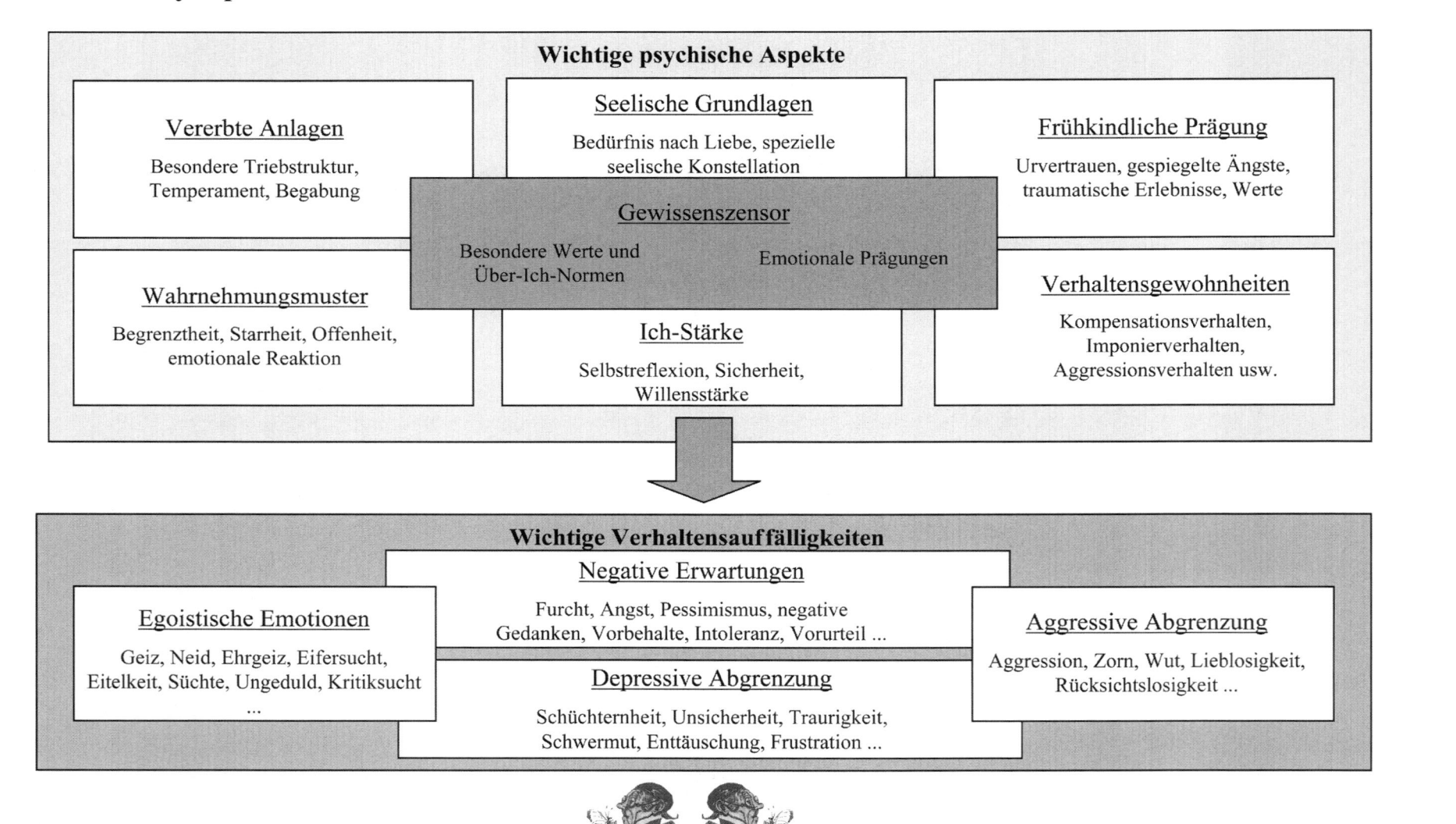

### Wichtige psychische Aspekte

**Vererbte Anlagen**
Besondere Triebstruktur, Temperament, Begabung

**Seelische Grundlagen**
Bedürfnis nach Liebe, spezielle seelische Konstellation

**Frühkindliche Prägung**
Urvertrauen, gespiegelte Ängste, traumatische Erlebnisse, Werte

**Wahrnehmungsmuster**
Begrenztheit, Starrheit, Offenheit, emotionale Reaktion

**Ich-Stärke**
Selbstreflexion, Sicherheit, Willensstärke

**Verhaltensgewohnheiten**
Kompensationsverhalten, Imponierverhalten, Aggressionsverhalten usw.

**Gewissenssensor**
Besondere Werte und Über-Ich-Normen — Emotionale Prägungen

→

### Wichtige Verhaltensauffälligkeiten

**Aggressive Abgrenzung**
Aggression, Zorn, Wut, Lieblosigkeit, Rücksichtslosigkeit ...

**Negative Erwartungen**
Furcht, Angst, Pessimismus, negative Gedanken, Vorbehalte, Intoleranz, Vorurteil ...

**Depressive Abgrenzung**
Schüchternheit, Unsicherheit, Traurigkeit, Schwermut, Enttäuschung, Frustration ...

**Egoistische Emotionen**
Geiz, Neid, Ehrgeiz, Eifersucht, Eitelkeit, Süchte, Ungeduld, Kritiksucht ...

*Stelle Beziehungen zwischen psychischen Schatten und Verhaltensauffälligkeit her!*

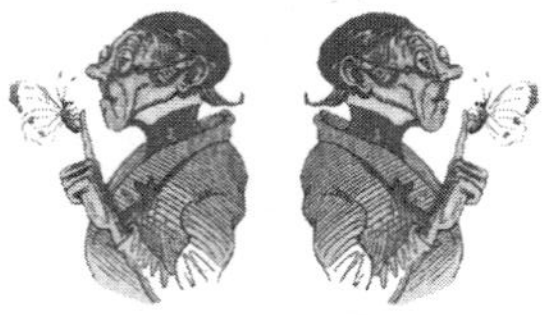

*Wie wirken sich spezielle Verhaltensauffälligkeiten auf den Einzelnen bzw. auf das Umfeld aus?*

*Frage dich, wo deine Problemfelder liegen!*

III. Der Blick auf mich selbst

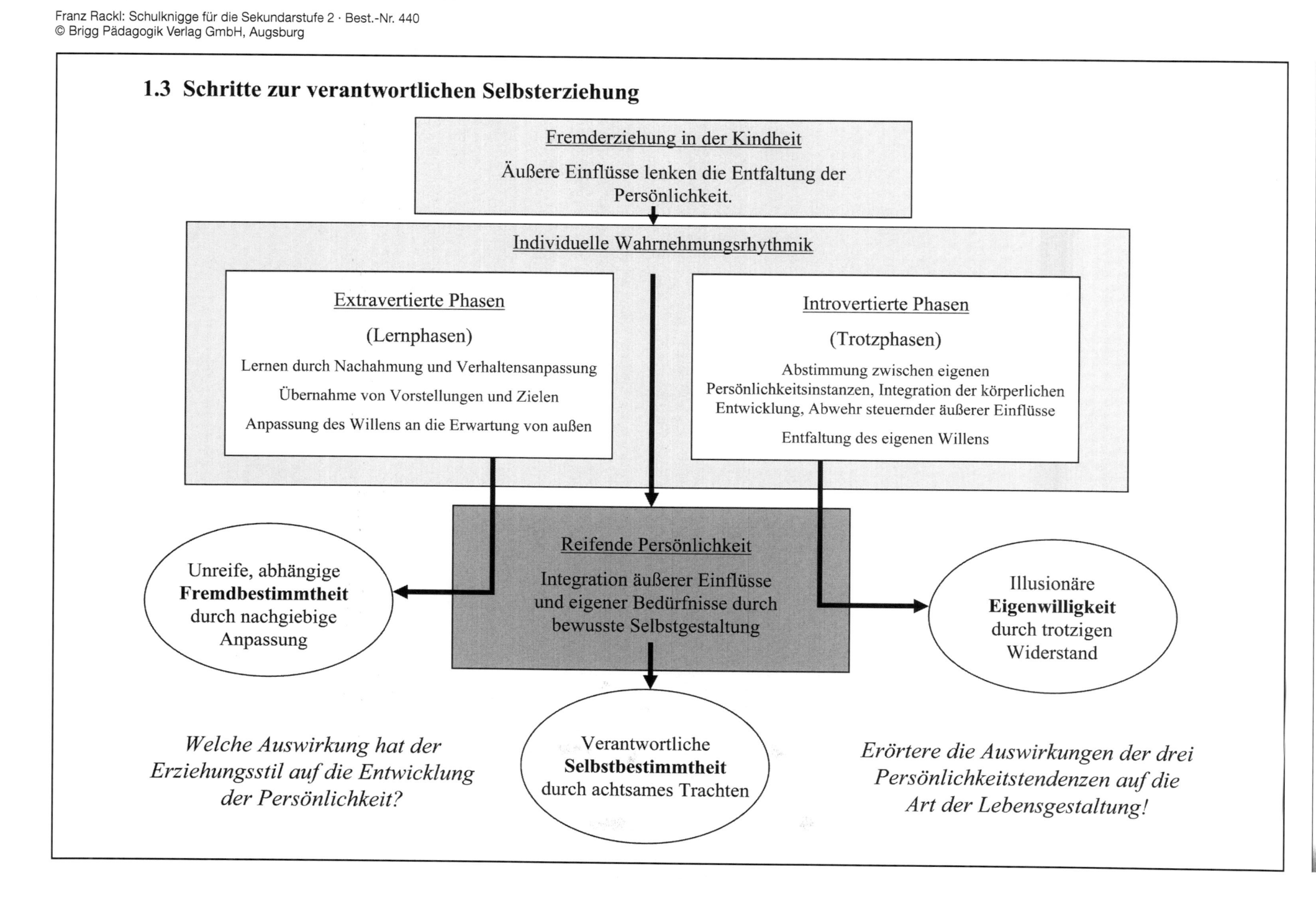

## 1.3 Schritte zur verantwortlichen Selbsterziehung

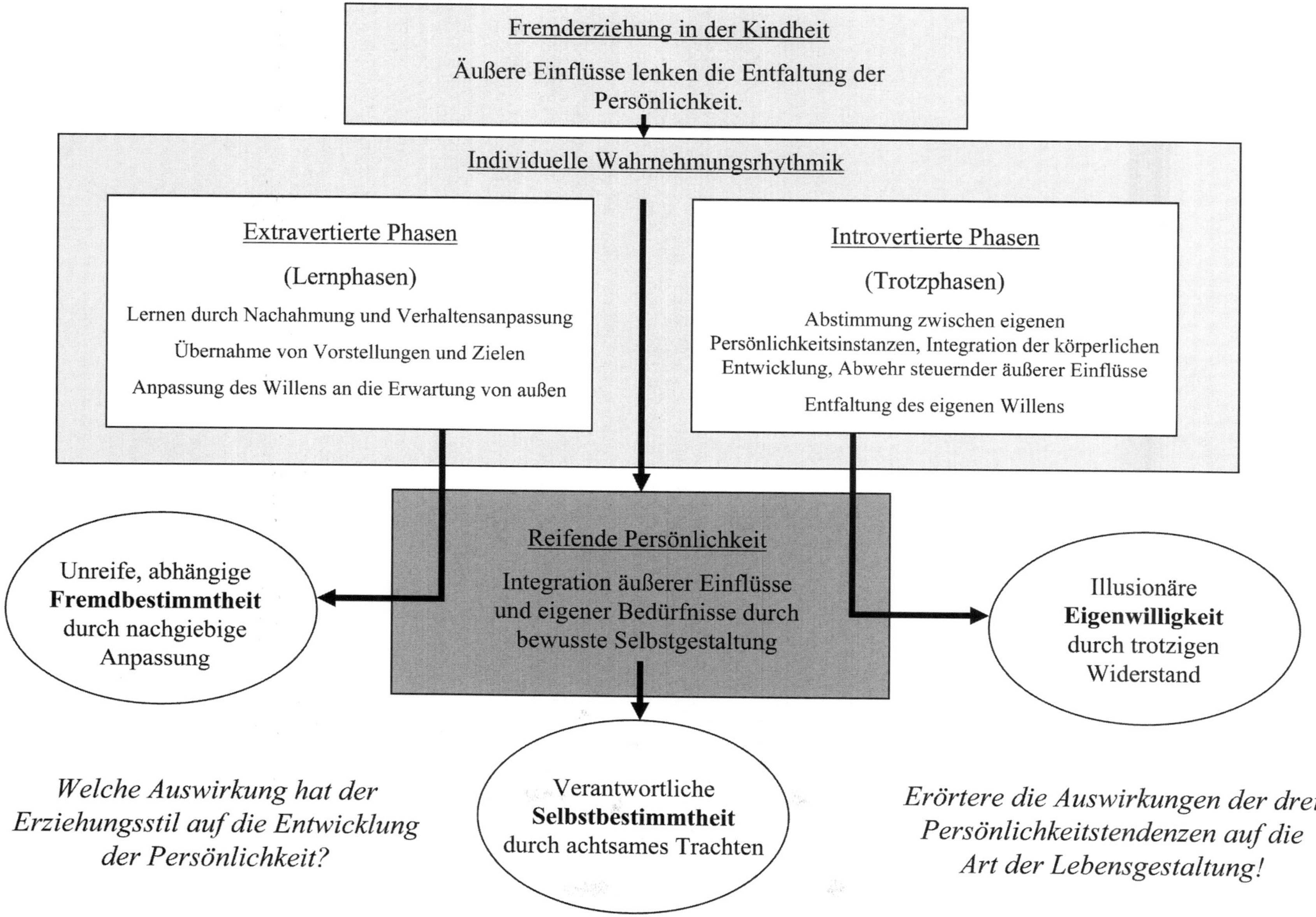

**Fremderziehung in der Kindheit**
Äußere Einflüsse lenken die Entfaltung der Persönlichkeit.

**Individuelle Wahrnehmungsrhythmik**

**Extravertierte Phasen**
(Lernphasen)
Lernen durch Nachahmung und Verhaltensanpassung
Übernahme von Vorstellungen und Zielen
Anpassung des Willens an die Erwartung von außen

**Introvertierte Phasen**
(Trotzphasen)
Abstimmung zwischen eigenen Persönlichkeitsinstanzen, Integration der körperlichen Entwicklung, Abwehr steuernder äußerer Einflüsse
Entfaltung des eigenen Willens

**Reifende Persönlichkeit**
Integration äußerer Einflüsse und eigener Bedürfnisse durch bewusste Selbstgestaltung

- Illusionäre **Eigenwilligkeit** durch trotzigen Widerstand
- Verantwortliche **Selbstbestimmtheit** durch achtsames Trachten
- Unreife, abhängige **Fremdbestimmtheit** durch nachgiebige Anpassung

*Welche Auswirkung hat der Erziehungsstil auf die Entwicklung der Persönlichkeit?*

*Erörtere die Auswirkungen der drei Persönlichkeitstendenzen auf die Art der Lebensgestaltung!*

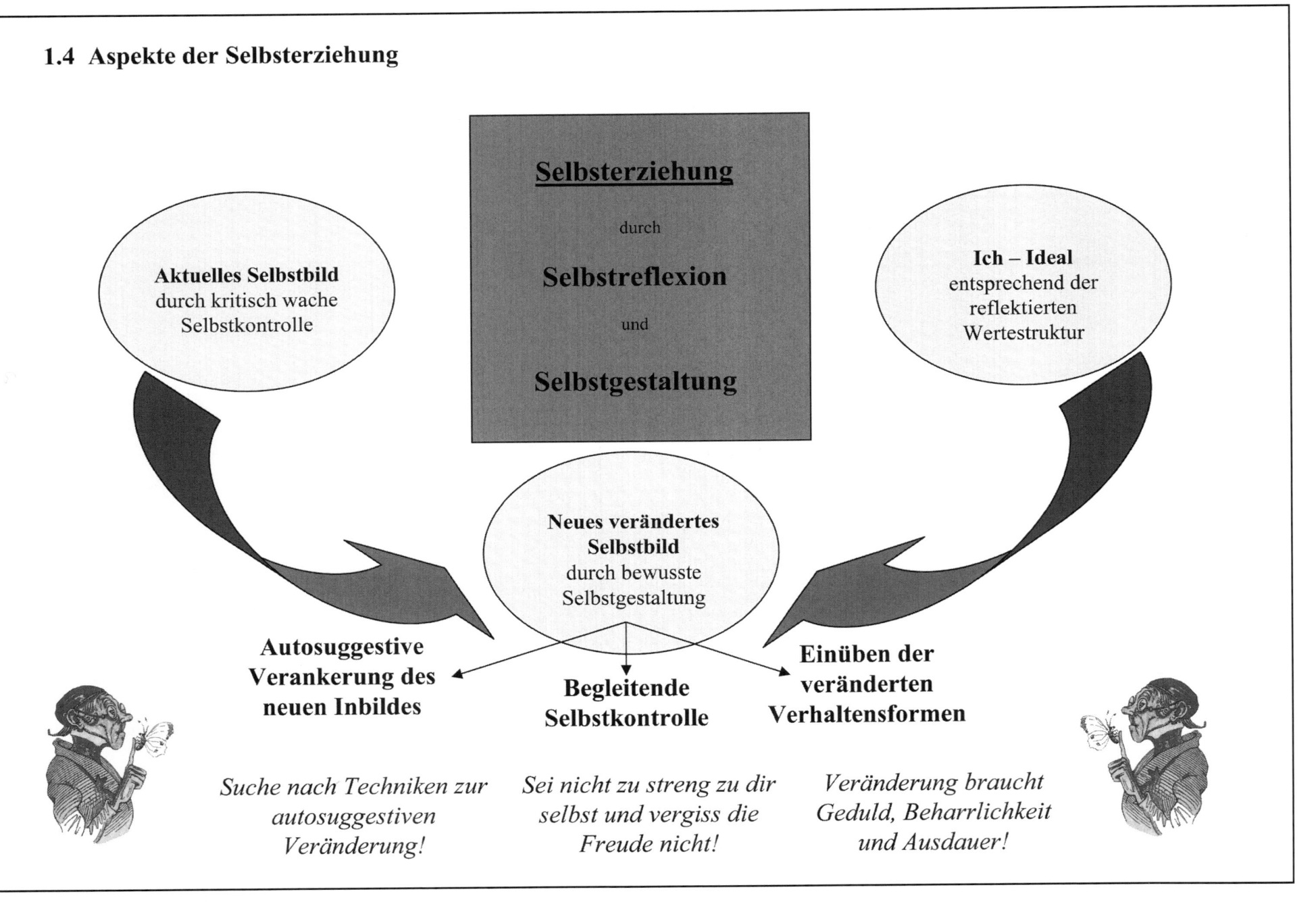

## 1.4 Aspekte der Selbsterziehung

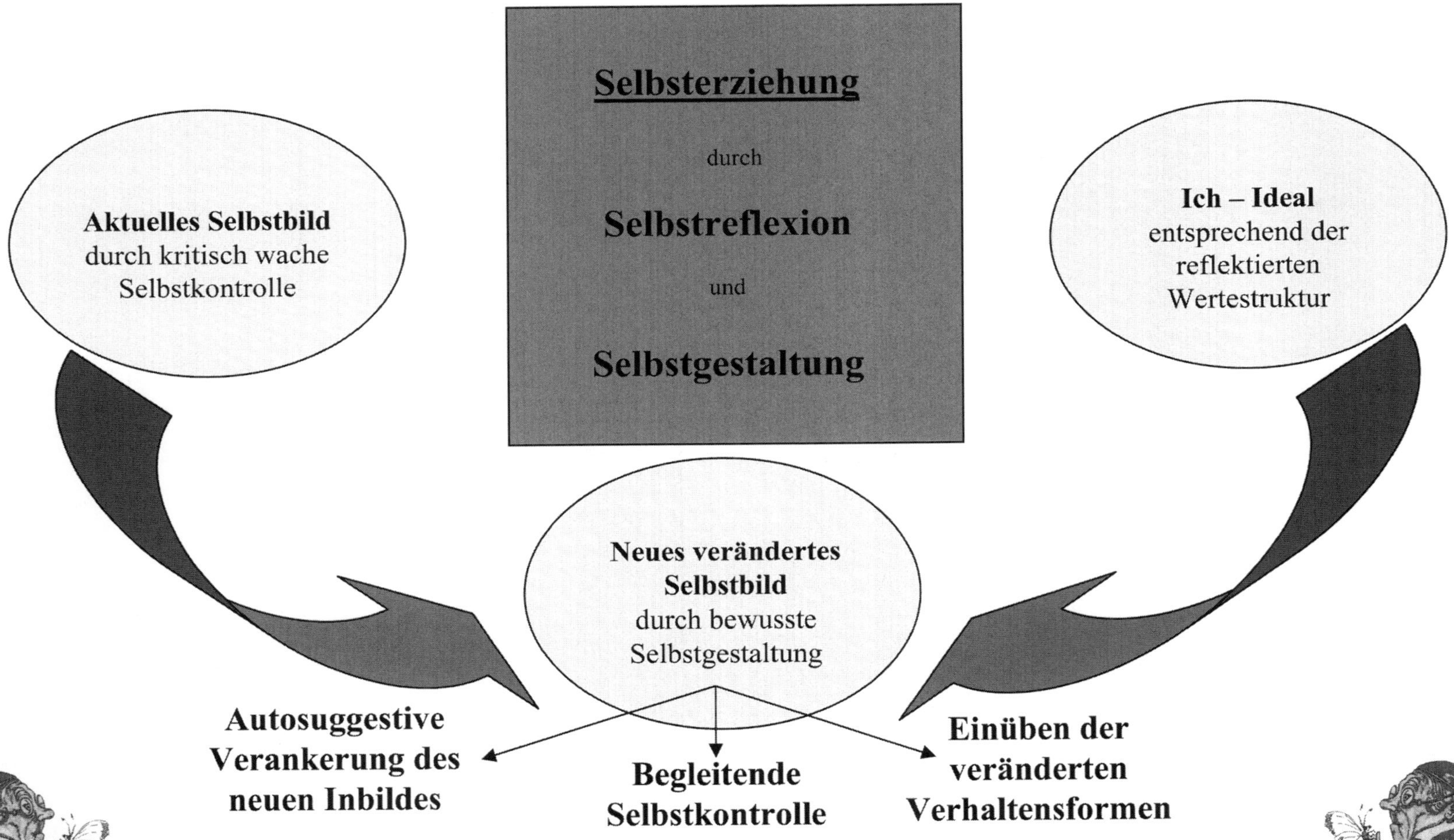

**Ich – Ideal** entsprechend der reflektierten Wertestruktur

**Selbsterziehung**
durch
**Selbstreflexion**
und
**Selbstgestaltung**

**Aktuelles Selbstbild** durch kritisch wache Selbstkontrolle

**Neues verändertes Selbstbild** durch bewusste Selbstgestaltung

**Einüben der veränderten Verhaltensformen**

*Veränderung braucht Geduld, Beharrlichkeit und Ausdauer!*

**Begleitende Selbstkontrolle**

*Sei nicht zu streng zu dir selbst und vergiss die Freude nicht!*

**Autosuggestive Verankerung des neuen Inbildes**

*Suche nach Techniken zur autosuggestiven Veränderung!*

## 1.5 Selbstbewusstsein

*Was bedeutet Selbstbewusstsein?*

Sicherheit aus der bewussten Erkenntnis von Ursache und Wirkung des eigenen Trachtens und Tuns

**Ursache**

Alles Befinden, Wollen und Handeln beruht auf einer Abfolge bewusster oder unbewusster Entscheidungen

**Wirkung**

Jede Entscheidung ist Teil einer Gesamtkonstellation die Folgen nach sich ziehen wird.

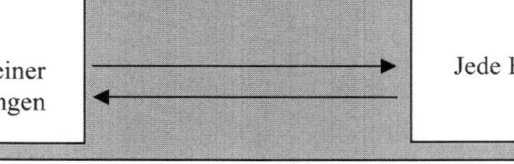

**Selbstbewusstsein**

**Was bewegt mich?**
- Was sind meine Motive?
- Wie gehe ich mit meinen Ängsten um?
- Wie weit lasse ich mich von Gefühlen und Emotionen lenken?
- Welche Vorstellungen bestimmen mein Handeln?
- Wie frei ist mein Wille von inneren und äußeren Zwängen?

**Wie verhalte ich mich?**
- Wie sehen meine spontanen Reaktionen aus?
- Was sind meine Stärken und Schwächen?
- Wie weit bestimmen Starrheit oder Aggression mein Verhalten?
- Wann schwingt Liebe in meinem Verhalten mit?

**Wie fühle ich mich?**
- Macht mich mein Verhalten glücklich und zufrieden?
- Wühlt mich mein Verhalten auf?
- Wie nachhaltig ist mein Verhalten?
- Wie bewusst ist mir mein eigenes Verhalten?
- Verbessert mein Verhalten meine Lebenssituation?

**Wie reagiert das Umfeld?**
- Hilft mein Verhalten anderen Menschen?
- Ernte ich Anerkennung für mein Verhalten?
- Wird mein Handeln ignoriert?
- Bringt mich mein Tun anderen Menschen näher?
- Ist mir die Wirkung meines Verhaltens auf andere bewusst?

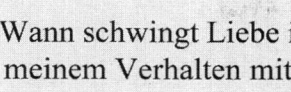

## 1.6 Angst als Persönlichkeitsbegleiter

**Definition von Angst**: Unlustvolles psychisches Signal, das sich im „Ich" manifestiert. Es löst ein Abwehrverhalten der Person aus, welches das Erscheinungsbild der Persönlichkeit entscheidend beeinflussen kann.

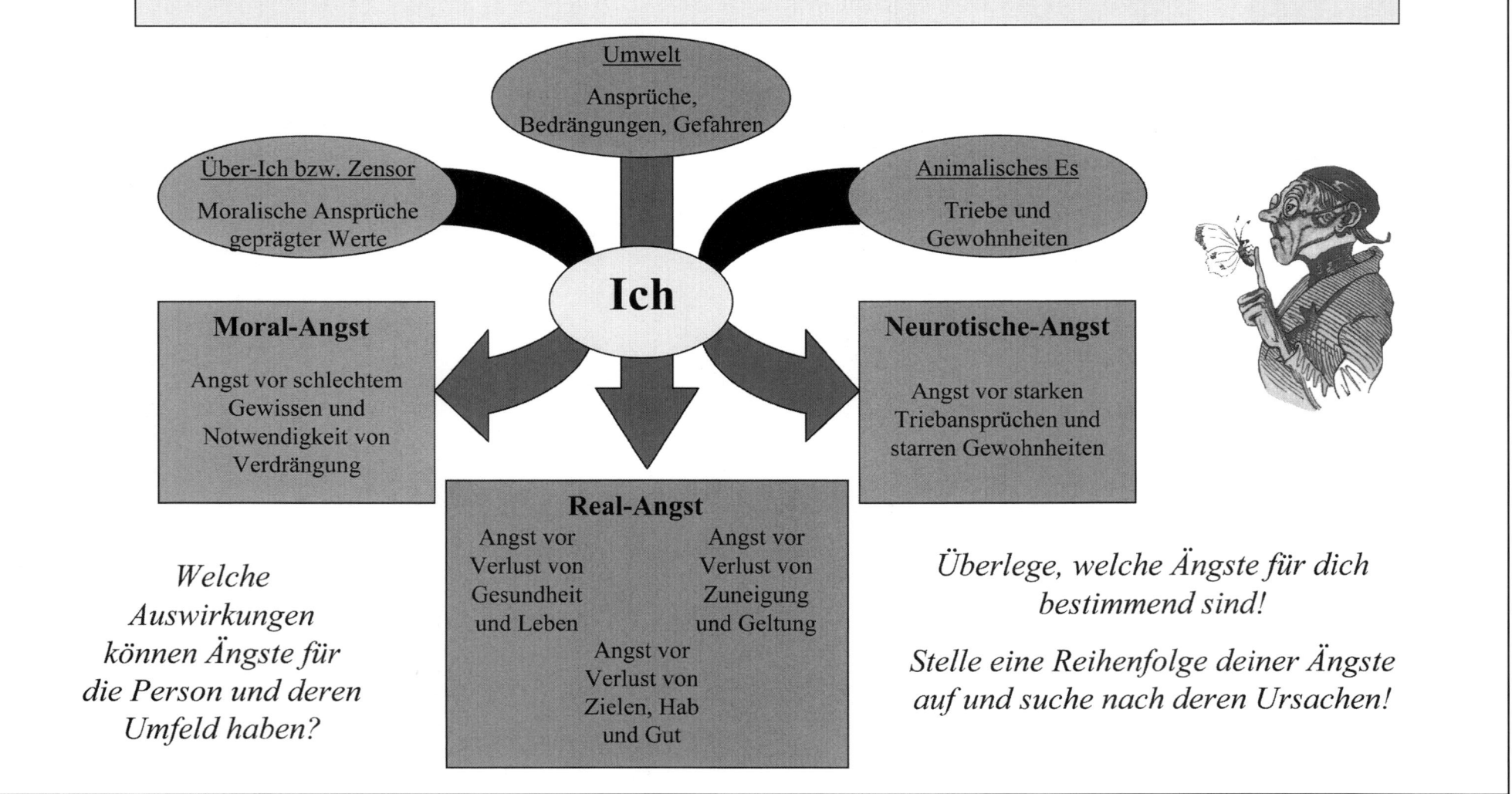

**Animalisches Es**
Triebe und Gewohnheiten

**Umwelt**
Ansprüche, Bedrängungen, Gefahren

**Über-Ich bzw. Zensor**
Moralische Ansprüche geprägter Werte

**Ich**

**Neurotische-Angst**
Angst vor starken Triebansprüchen und starren Gewohnheiten

**Real-Angst**
Angst vor Verlust von Gesundheit und Leben
Angst vor Verlust von Zuneigung und Geltung
Angst vor Verlust von Zielen, Hab und Gut

**Moral-Angst**
Angst vor schlechtem Gewissen und Notwendigkeit von Verdrängung

*Welche Auswirkungen können Ängste für die Person und deren Umfeld haben?*

*Überlege, welche Ängste für dich bestimmend sind!*

*Stelle eine Reihenfolge deiner Ängste auf und suche nach deren Ursachen!*

Franz Rackl: Schulknigge für die Sekundarstufe 2 · Best.-Nr. 440
© Brigg Pädagogik Verlag GmbH, Augsburg

## 1.7 Der Umgang mit Ängsten

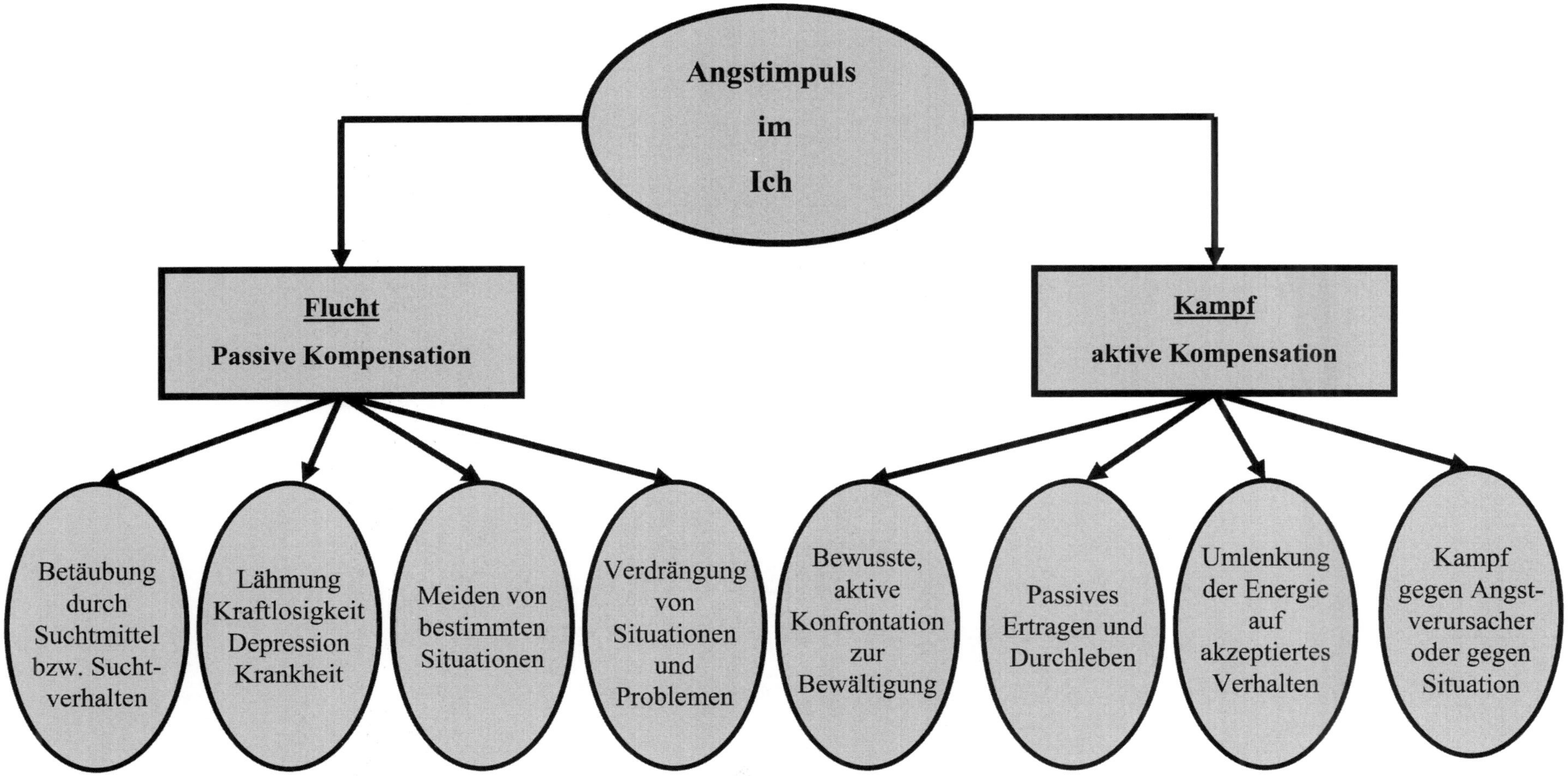

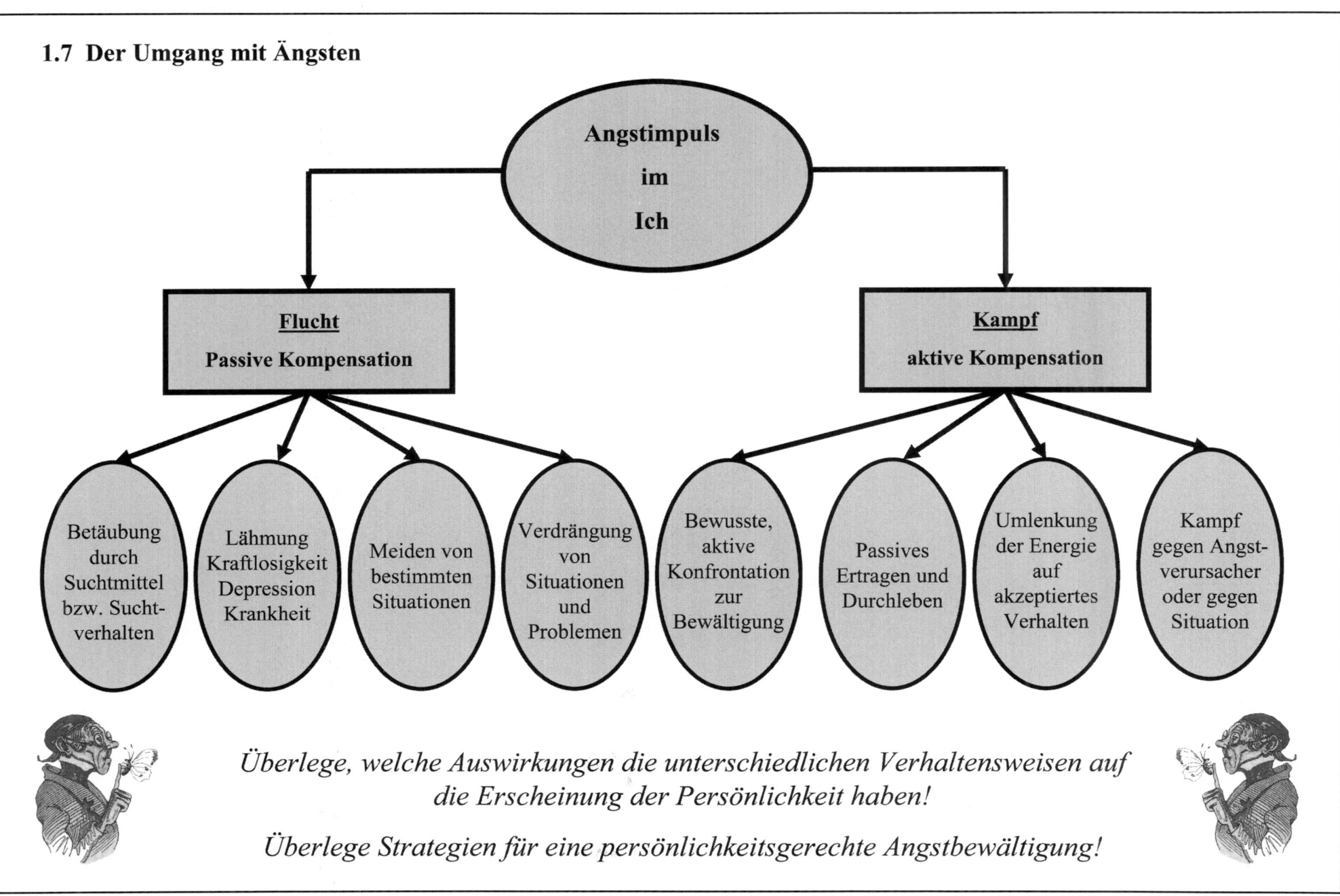

**Angstimpuls im Ich**

**Kampf – aktive Kompensation**
- Kampf gegen Angstverursacher oder gegen Situation
- Umlenkung der Energie auf akzeptiertes Verhalten
- Passives Ertragen und Durchleben
- Bewusste, aktive Konfrontation zur Bewältigung

**Flucht – Passive Kompensation**
- Verdrängung von Situationen und Problemen
- Meiden von bestimmten Situationen
- Lähmung, Kraftlosigkeit, Depression, Krankheit
- Betäubung durch Suchtmittel bzw. Suchtverhalten

*Überlege, welche Auswirkungen die unterschiedlichen Verhaltensweisen auf die Erscheinung der Persönlichkeit haben!*

*Überlege Strategien für eine persönlichkeitsgerechte Angstbewältigung!*

*Das Ziel jeder Erziehung ist der reife, selbstbestimmte, emanzipierte Mensch, der sich in die Gemeinschaft einbringen will und kann.*

*Dieses große Ziel kann jeder Mensch nur auf seinem individuellen Weg ansteuern. Die Wege zum großen gemeinsamen Ziel sind verschieden!*

## 2. Orientierung und Zielsetzung

| | |
|---|---|
| 2.1 Ziele setzen | (Seite 71) |
| 2.2 Der Weg wird zum Ziel | (Seite 72) |
| 2.3 Wichtige Ziele emanzipativer Lebensgestaltung | (Seite 73) |
| 2.4 Das Gesetz der Anziehung | (Seite 74) |

III. Der Blick auf mich selbst

## 2.1 Ziele setzen!

Zitate:

„Es ist nicht das Tempo unserer Tage, das uns krank macht, sondern das Gegenteil: Der Mensch braucht das Tempo, um seine Ziellosigkeit zu vergessen. Je weniger er um seine Ziele weiß, umso mehr beschleunigt er das Tempo." (U. E. Frankl)

„Wenn wir die Menschen nehmen, wie sie sind, so machen wir sie schlechter." (J. W. v. Goethe)

„Spanne den Bogen, damit du dich beweisen kannst!" (Indianisches Sprichwort)

*Was sagen diese Zitate aus?*

### Zielqualität

- Realitätsbezug, keine Illusionen
- Ziele mit persönlicher Echtheit
- Sein-Ziele statt Haben-Ziele
- Abstimmung mit Werten

**Ist-Stand** → **Klar definierte, realistische Teilziele** → **Fernziel als Richtgröße**

- Klare Abgrenzung der Ziele
- Keine Überforderung
- Keine Unterforderung
- Keine Verzettelung durch widersprüchliche Ziele

### Zielumfang

*Sucht in der Gruppe nach möglichen und notwendigen Zielen eurer Altersgruppe!!*

*Notiere deine momentanen Ziele!
Prüfe deren Qualität!*

## 2.2 Der Weg wird zum Ziel

Ziele sind da, damit unser Handeln eine Richtung bekommt. Santiago ist das Ziel der Jakobspilger. Der Ort gibt dem Jakobsweg die Richtung vor. Der wahre Gewinn der Pilgerschaft liegt aber in der Erfahrung auf dem Weg! Die Erlebnisse am Weg bergen reichen Erfahrungs- und Erlebensschatz! Die Überwindung aller Beschwernisse bringt Reife!

**Lebenssinn**

Man erlebt sich aktiv handelnd. Im zielorientierten Handeln erschließen sich Lebenssinn, Lebensfreude und Lebensglück

*Siehst du einen Sinn in deinem Tun?*

**Aufbruch**

Jedem Anfang wohnt ein Zauber inne …

(H. Hesse)

**Der Weg**

Alle Kräfte und Möglichkeiten werden konzentriert eingesetzt, um sich den vorgestellten Zielen anzunähern. Imagination und Handlung

**Ziel**

Das Ziel wird zum Attraktor des Handelns

**Reifung**

Mut, Tatkraft und Selbstdisziplin sind gefordert. Stärken müssen genutzt und Schwächen überwunden werden

*Bist du auf dem Weg?*

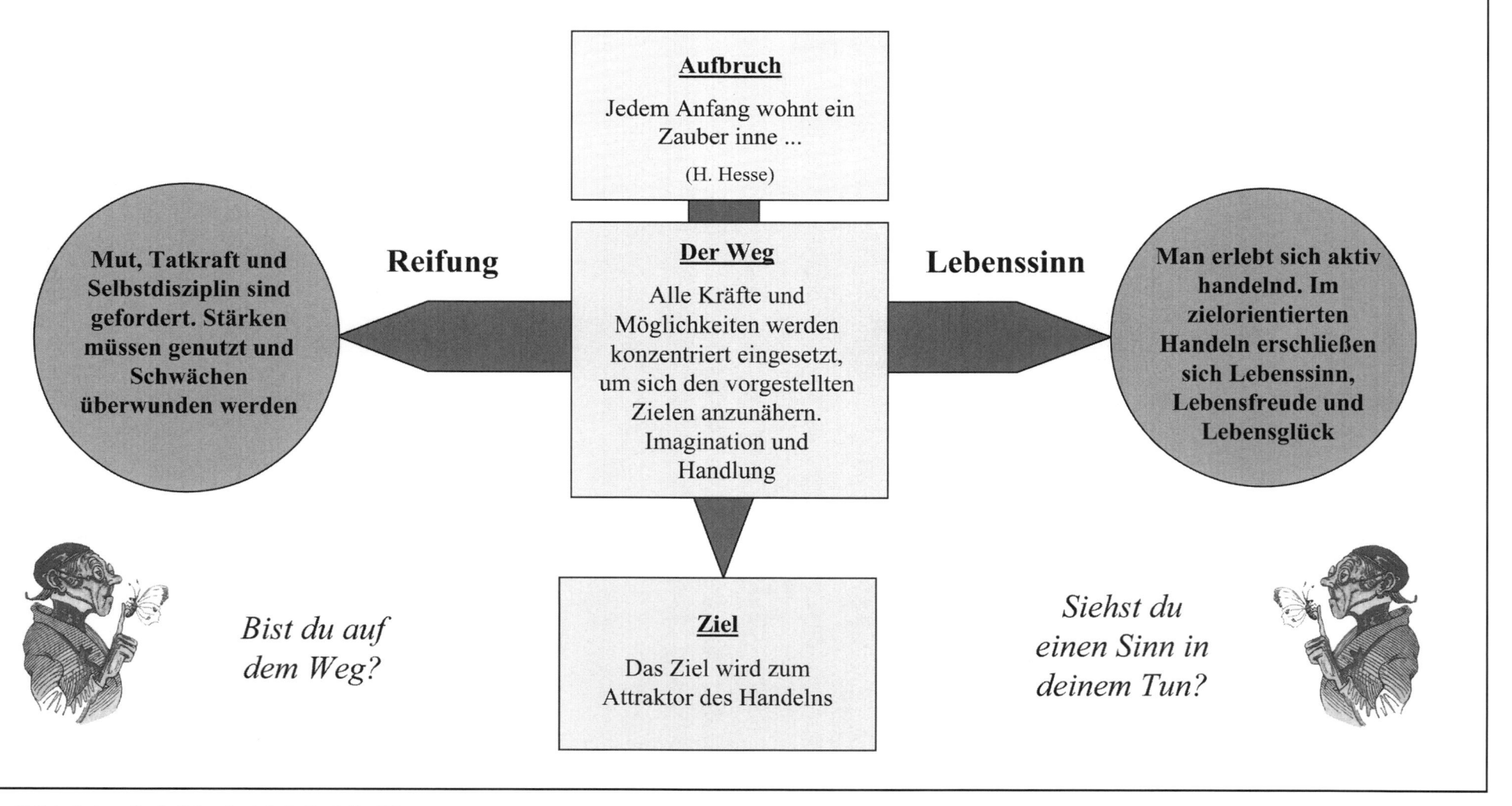

III. Der Blick auf mich selbst

## 2.3 Wichtige Ziele emanzipativer Lebensgestaltung

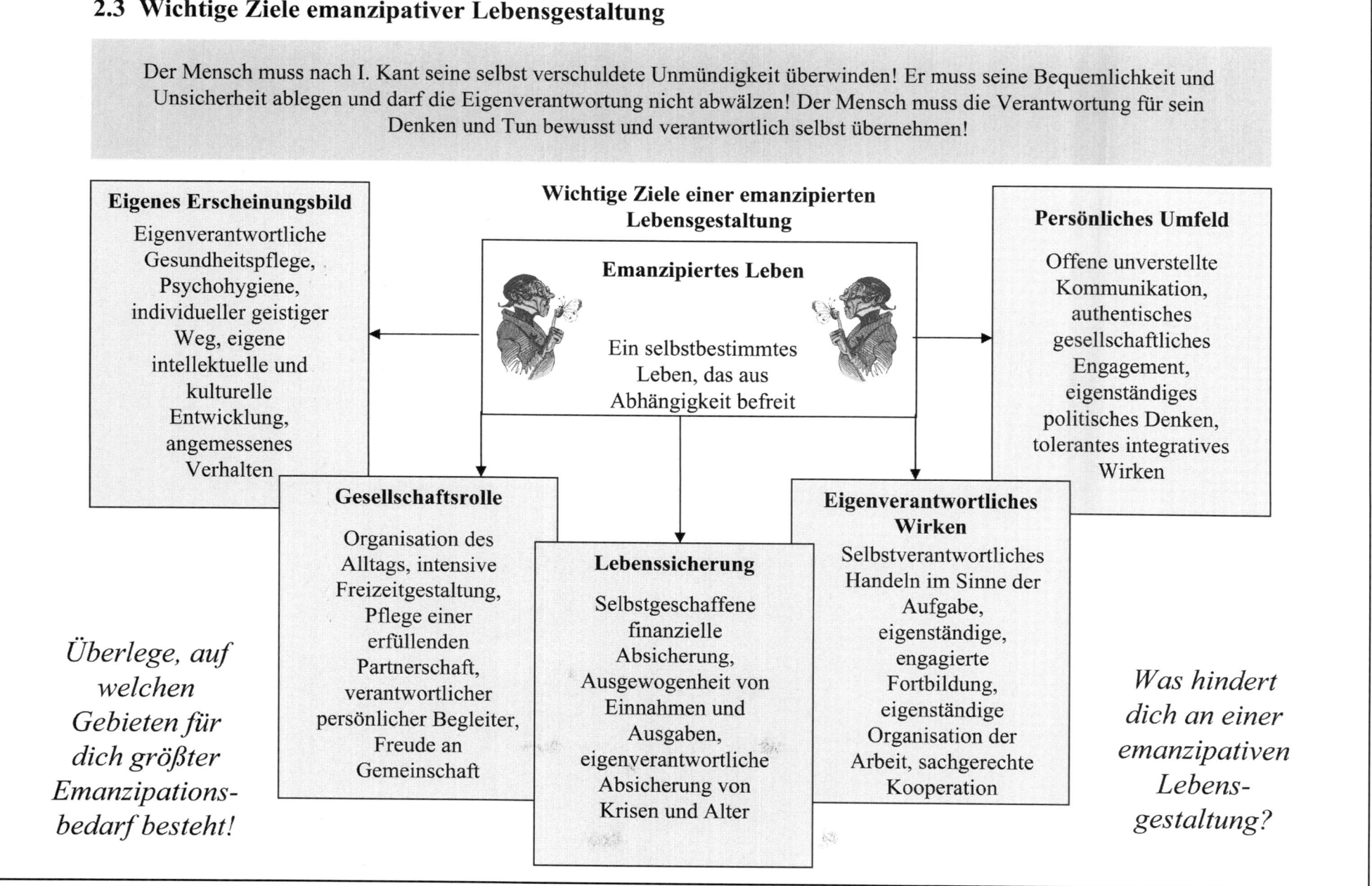

Der Mensch muss nach I. Kant seine selbst verschuldete Unmündigkeit überwinden! Er muss seine Bequemlichkeit und Unsicherheit ablegen und darf die Eigenverantwortung nicht abwälzen! Der Mensch muss die Verantwortung für sein Denken und Tun bewusst und verantwortlich selbst übernehmen!

**Wichtige Ziele einer emanzipierten Lebensgestaltung**

**Emanzipiertes Leben**

Ein selbstbestimmtes Leben, das aus Abhängigkeit befreit

**Eigenes Erscheinungsbild**
Eigenverantwortliche Gesundheitspflege, Psychohygiene, individueller geistiger Weg, eigene intellektuelle und kulturelle Entwicklung, angemessenes Verhalten

**Persönliches Umfeld**
Offene unverstellte Kommunikation, authentisches gesellschaftliches Engagement, eigenständiges politisches Denken, tolerantes integratives Wirken

**Eigenverantwortliches Wirken**
Selbstverantwortliches Handeln im Sinne der Aufgabe, eigenständige, engagierte Fortbildung, eigenständige Organisation der Arbeit, sachgerechte Kooperation

**Lebenssicherung**
Selbstgeschaffene finanzielle Absicherung, Ausgewogenheit von Einnahmen und Ausgaben, eigenverantwortliche Absicherung von Krisen und Alter

**Gesellschaftsrolle**
Organisation des Alltags, intensive Freizeitgestaltung, Pflege einer erfüllenden Partnerschaft, verantwortlicher Begleiter, Freude an Gemeinschaft

*Überlege, auf welchen Gebieten für dich größter Emanzipationsbedarf besteht!*

*Was hindert dich an einer emanzipativen Lebensgestaltung?*

## 2.4 Das Gesetz der Anziehung

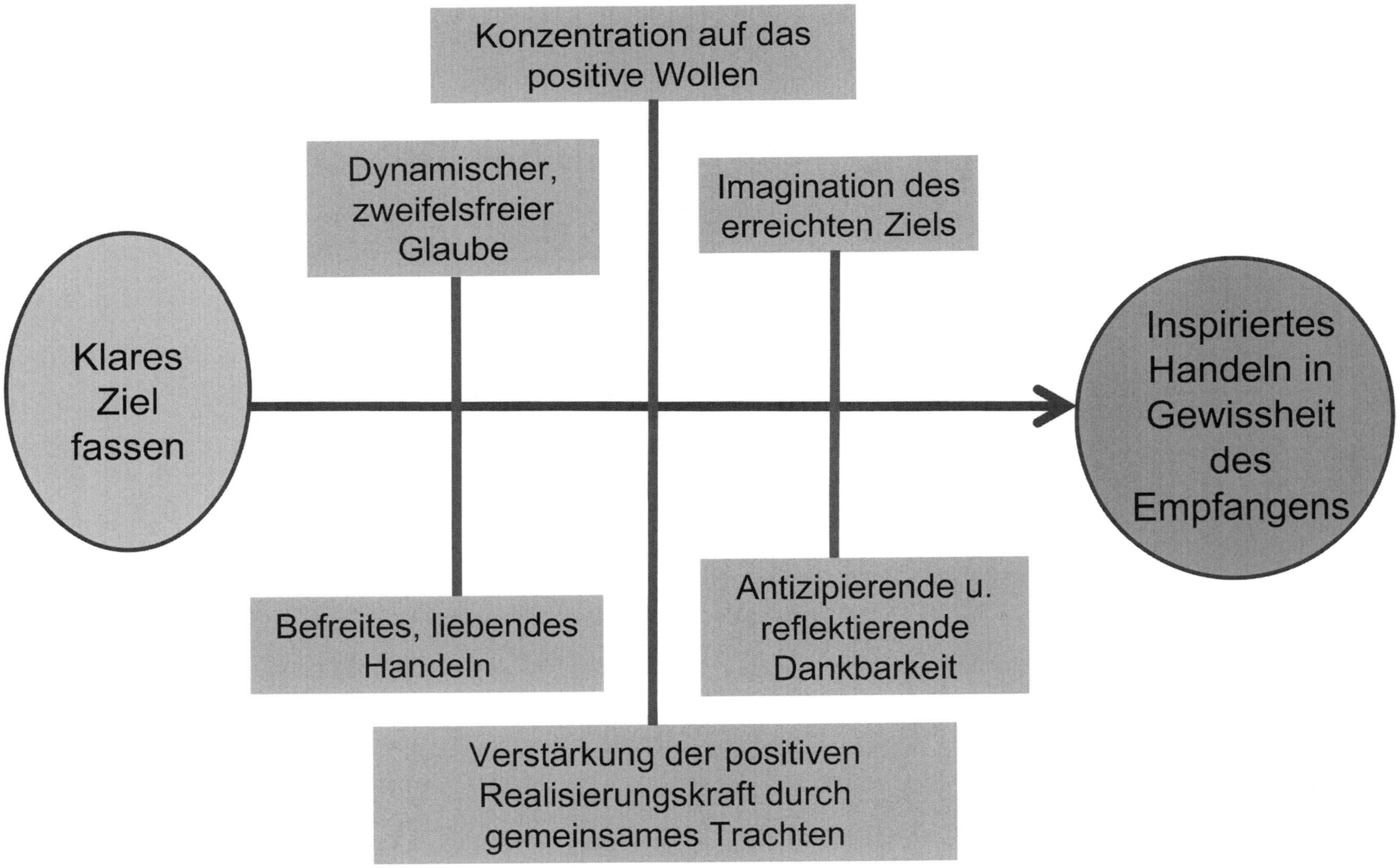

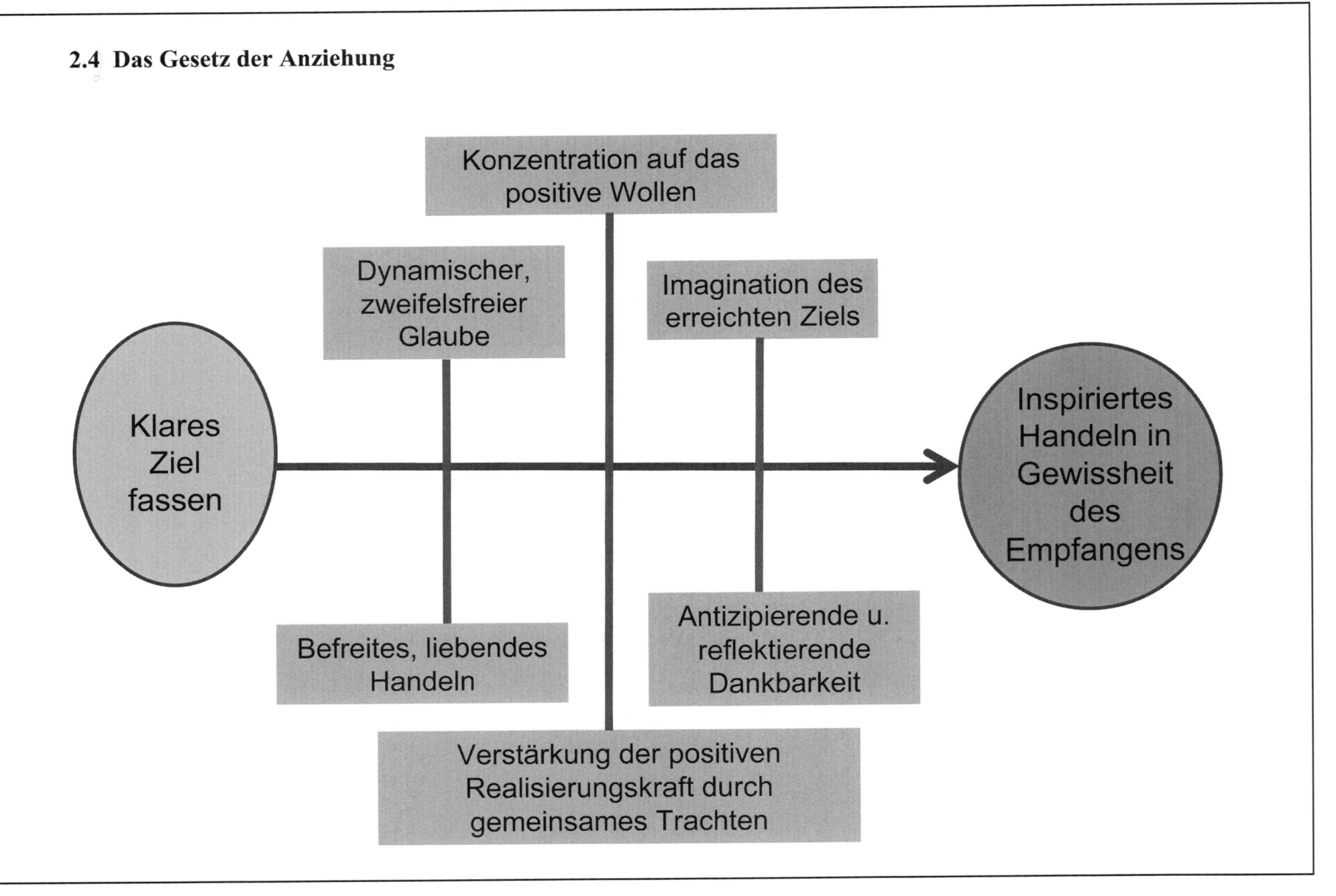

- Klares Ziel fassen
- Konzentration auf das positive Wollen
- Dynamischer, zweifelsfreier Glaube
- Imagination des erreichten Ziels
- Befreites, liebendes Handeln
- Antizipierende u. reflektierende Dankbarkeit
- Verstärkung der positiven Realisierungskraft durch gemeinsames Trachten
- Inspiriertes Handeln in Gewissheit des Empfangens

*Um Ziele zu erreichen, bedarf es des bewussten Handelns!*

*Handeln im Sinne von Lebenszielen bedeutet Lebensintensität!*

*Das eigene Leben zu organisieren bedeutet, seine ihm adäquate Gangart zu finden, mit der man seine individuellen Ziele anstrebt.*

*Die Ziele und die Organisation des Tuns bestimmen den Rhythmus des Alltags! Erfülltes Leben ist mehr als Alltagspflicht!*

# 3. Organisation des eigenen Lebens

**3.1  Organisation des Tuns**

(Seite 76)

**3.2  Die Rhythmisierung des Lebens**

(Seite 77)

## 3.1 Organisation des Tuns

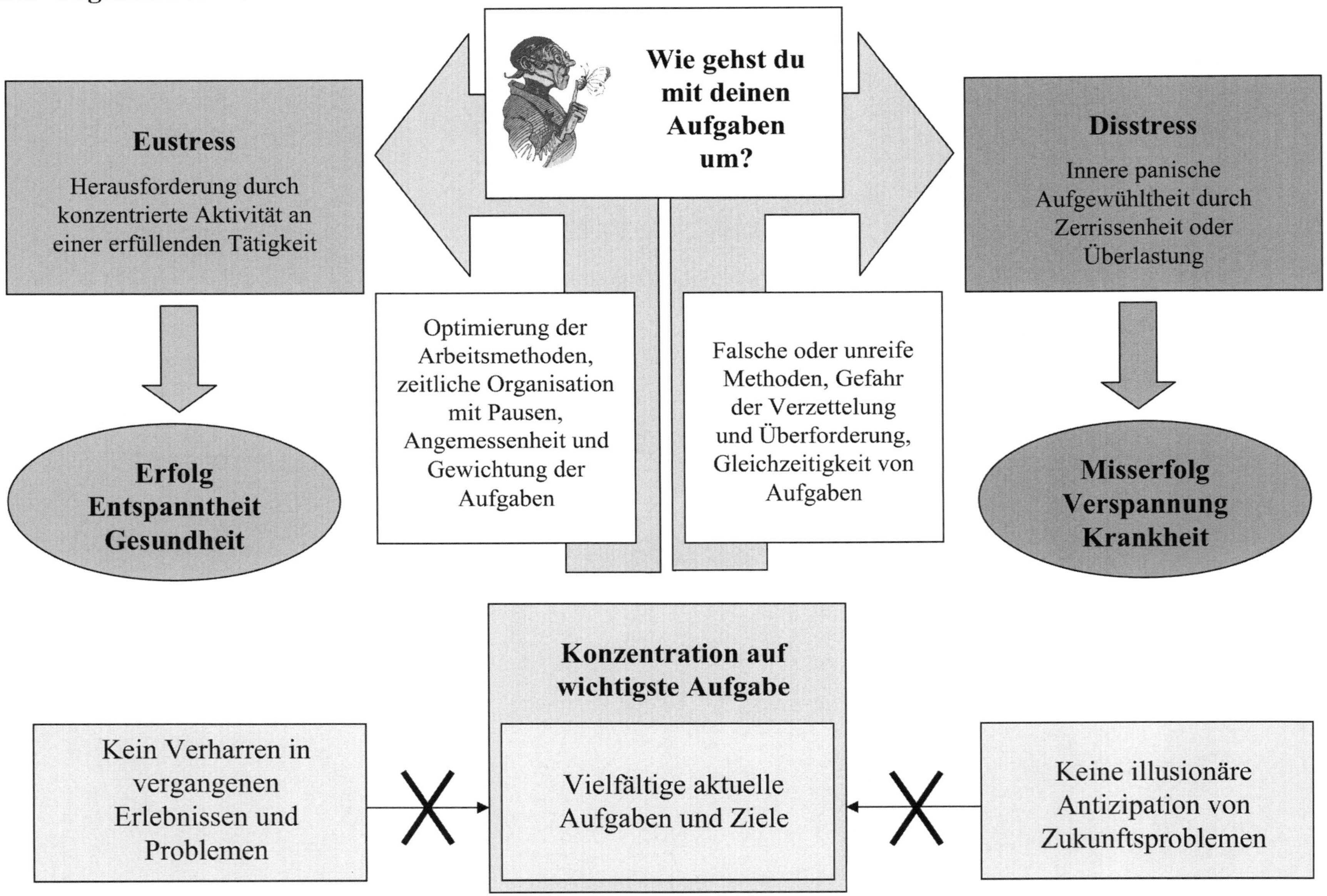

**Wie gehst du mit deinen Aufgaben um?**

**Disstress**
Innere panische Aufgewühltheit durch Zerrissenheit oder Überlastung

→ **Misserfolg Verspannung Krankheit**

Falsche oder unreife Methoden, Gefahr der Verzettelung und Überforderung, Gleichzeitigkeit von Aufgaben

Optimierung der Arbeitsmethoden, zeitliche Organisation mit Pausen, Angemessenheit und Gewichtung der Aufgaben

**Eustress**
Herausforderung durch konzentrierte Aktivität an einer erfüllenden Tätigkeit

→ **Erfolg Entspanntheit Gesundheit**

**Konzentration auf wichtigste Aufgabe**
Vielfältige aktuelle Aufgaben und Ziele

✗ Keine illusionäre Antizipation von Zukunftsproblemen

✗ Kein Verharren in vergangenen Erlebnissen und Problemen

III. Der Blick auf mich selbst

## 3.2 Die Rhythmisierung des Lebens

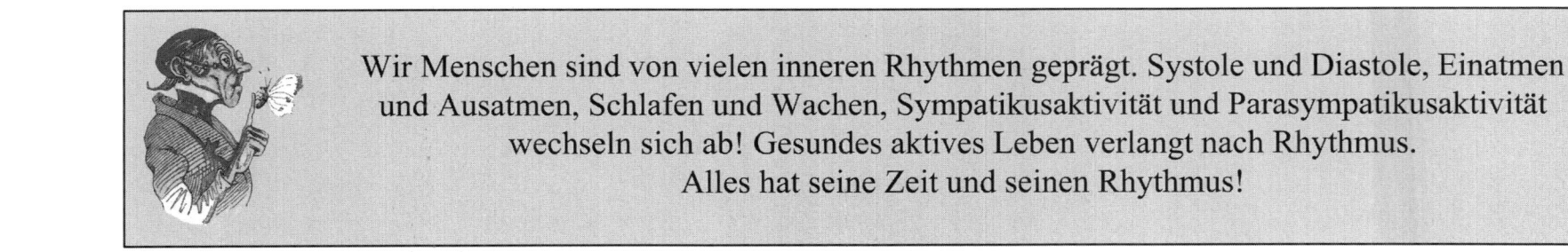

Wir Menschen sind von vielen inneren Rhythmen geprägt. Systole und Diastole, Einatmen und Ausatmen, Schlafen und Wachen, Sympatikusaktivität und Parasympatikusaktivität wechseln sich ab! Gesundes aktives Leben verlangt nach Rhythmus. Alles hat seine Zeit und seinen Rhythmus!

**Aktivität, Wachen, Arbeit, Anspannung, Alltag, Aktion, Nähe**

**Passivität, Schlaf, Pause, Entspannung, Feiertag, Ruhe, Distanz**

*In der Ruhe* liegt die Kraft!

Zeit

*Welche Rhythmik bestimmt dein Leben? Stehen die Phasen im richtigen Verhältnis?*

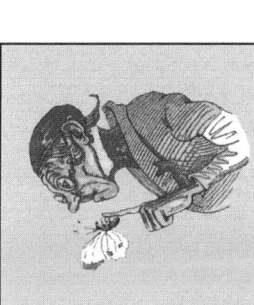

*Das Leben besteht nicht nur aus organisiertem Handeln!*

*Leben bedeutet auch sinnliches Erleben!*

*Das Erspüren der Lebenssituationen mit allen Sinnen gibt dem Erlebten Fülle!*

*Jedes Erleben verändert und schafft die Basis für neues Trachten und Handeln!*

## 4. Reifung braucht Lebenstiefe

4.1  Wichtige Aspekte bewusster Lebensführung (Seite 79)

4.2  Die Liebe als intensivster Lebensimpuls (Seite 80)

4.3  Das Leben als Kunstwerk (Seite 81)

4.4  Die Überwindung des Dilettantismus (Seite 82)

4.5  Die geistige Öffnung (Seite 83)

III. Der Blick auf mich selbst

## 4.1 Wichtige Aspekte bewusster Lebensführung

| | **Offenheit** | Lebensvielfalt birgt Impulse, die das eigene Leben und das anderer bereichert |
|---|---|---|
| Eingesperrtheit in engen Vorstellungen behindern den Lebensfluss | **Achtsamkeit** | Ein großes Ganzes erschließt sich erst in der sorgfältigen Verknüpfung der Teile |
| Oberflächlichkeit und Unachtsamkeit schaffen Leid und verhindern Lebensqualität | **Konzentration** | Unsere Kräfte können sich voll entfalten, wenn sie sich in einem Punkt treffen |
| Unkonzentriertheit verhindert wirkliche Leistung | **Einfachheit** | Weniger ist oft mehr. Alles Große erscheint einfach |
| Kompliziertheit verstellt den Blick auf das Wesentliche | **Sinnlichkeit** | Das Erleben mit allen Sinnen gibt dem Tun Intensität |
| Verkopftes Handeln nach Sachzwängen wirkt trocken und leblos | **Das rechte Maß** | Die Menge macht's! Jedes „Zuviel" oder „Zuwenig" schadet |
| Maßlosigkeit wirkt überlastend, es bringt Zerstörung | **Heitere Gelassenheit** | Heiterkeit erhellt das Herz, Gelassenheit schafft Ruhe und Distanz |
| Ernst und Strenge verengen dauerhaft Herz und Denken | **Gemeinsamkeit** | Der Mensch ist ein Gemeinschaftswesen. Gemeinschaft bringt Lebendigkeit |
| Einsamkeit ist abgetrenntes Sein. Sie wirkt auf Dauer lebenszerstörend | | |

*Überdenke die Bedeutung der Begriffe für den Einzelnen!*

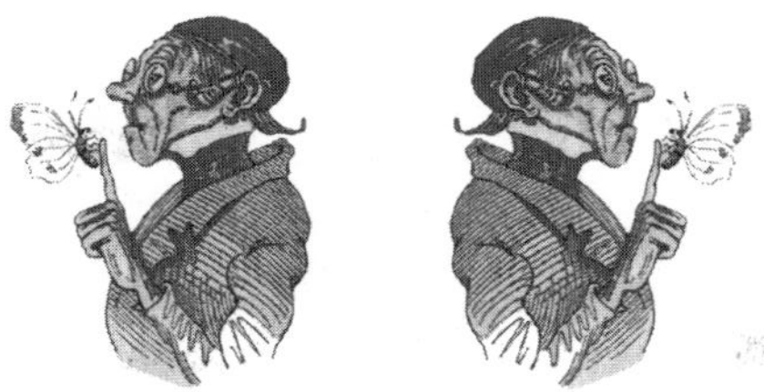

*Überdenke die Bedeutung der Begriffe für eine Gemeinschaft!*

## 4.2 Die Liebe als intensivster Lebensimpuls

Liebe schafft Vertrauen und Vertrauen überwindet alle Grenzen und übersteigt jede Berechnung.
**Sie macht das Tor zum Göttlichen auf. (F. Alt)**
**Die Liebe hört niemals auf. (1. Korinther Brief)**
**Die Liebe ist ein urgrundtiefer Wille zu Leben!**

### Bedingte Hinwendung aus speziellem Interesse

- **Bedingte Wahrnehmung**
  Eigene Erwartungen und Vorstellungen

- **Eigenwille**
  Die eigenen Ziele sind bestimmend

- **Bedingtes Handeln**
  Eigene Art und Geschwindigkeit setzt das Maß

⇕ ⇕ ⇕

- **Unbedingte Wahrnehmung**
  Wahrnehmung in Offenheit ohne Erwartung

- **Selbstvergessenheit**
  Es geschieht, wie sich die Dinge entwickeln

- **Unbedingtes Handeln**
  Die angepasste Entfaltung im Sinne des Ganzen bestimmt

### Unbedingte Hinwendung aus Liebe

*Auf welchen Gebieten ist dir eine unbedingte Hinwendung möglich? Suche nach Erlebnissen, die aus Liebe geschehen sind! Wie hast du dich in diesen Situationen gefühlt? Wie reagieren Menschen, wenn du ihnen liebevoll begegnest?*

III. Der Blick auf mich selbst

## 4.3 Das Leben als Kunstwerk

Jeder junge Mensch trägt ein großes Potential an Entwicklungsmöglichkeiten in sich. Die Gestaltung der Person bezüglich der Fähigkeiten, Vorstellungen und Ziele, sowie die Wahl der Möglichkeiten im Umfeld, entscheidet letztlich über den Weg. Die Gestaltung des eigenen Lebens bezüglich Inhalt und Form ist somit ein kreativer Akt. Der Mensch wird zum Künstler am eigenen Leben.
Das Leben kann zum Kunstwerk werden!

**Individuell kreativ Schaffender**

**Kunst**

Authentizität, Intensität, Unmittelbarkeit, Ausdrucksstärke, Individualität, Vollkommenheit, Klarheit, Universalität

**Kitsch**

Vordergründigkeit, Naivität, Aufdringlichkeit, Übertreibung, Verwirrung, Unvollkommenheit, Unreife, Enge

**Schaffendes Tun**

**Epigonenhafter Nachahmer und Mitläufer**

Mangel an Eigenständigkeit, Allgemeinheit, Wiederholbarkeit, Unreflektiertheit, Gewohnheit, Schwäche, Monotonie

*Was versteht man unter Normalität?*

*Welche Träume und Zukunftsvorstellungen treiben dich an?*

*Wie passen Konsumverhalten und Kreativität zusammen?*

*Welche Auswirkungen haben Faulheit oder Ehrgeiz auf die Lebensgestaltung?*

*Welche Rolle haben Vorbilder?*

*Welche Auswirkung hat Fan-Begeisterung für die persönliche Lebensgestaltung?*

## 4.4 Die Überwindung des Dilettantismus

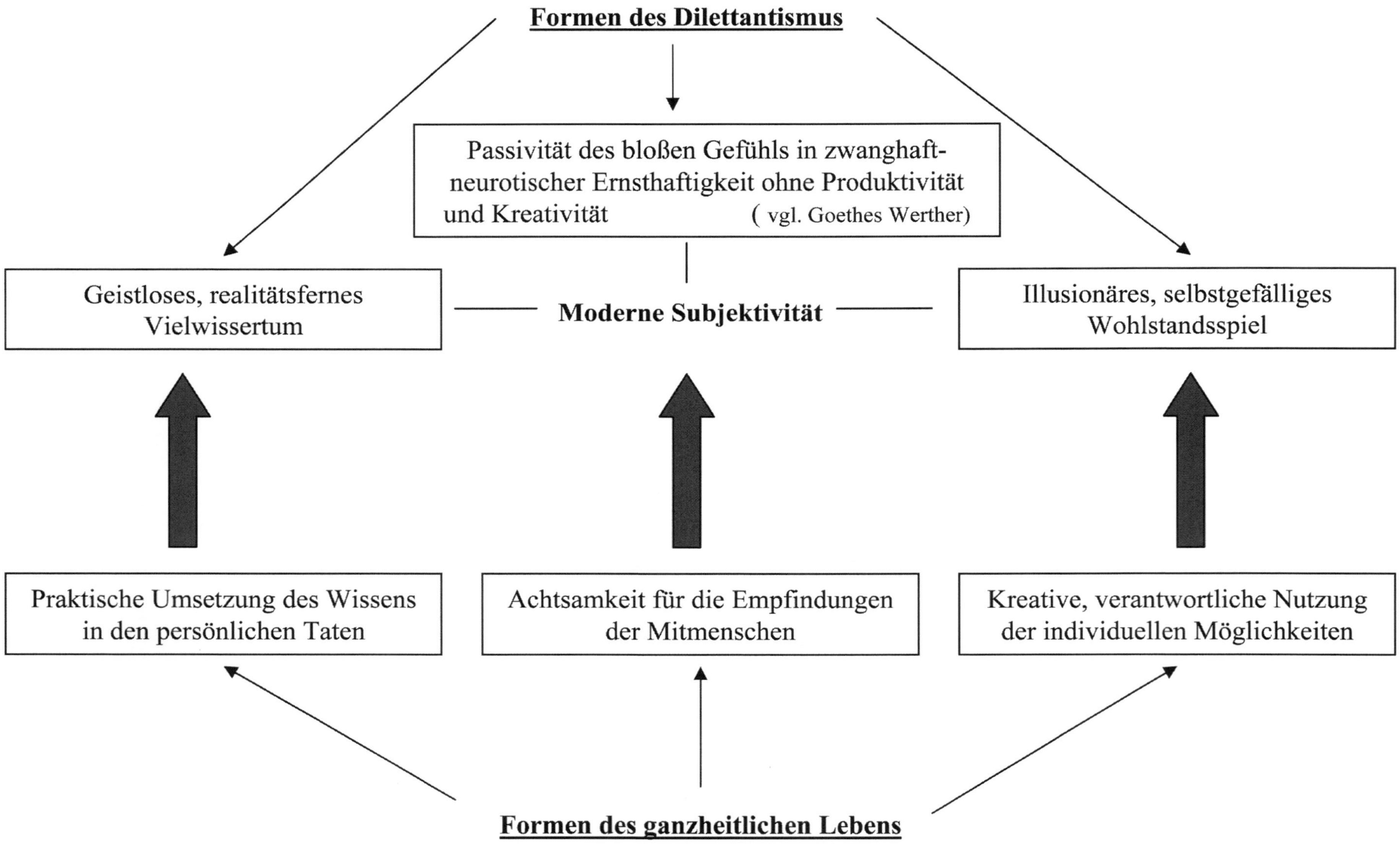

**Formen des Dilettantismus**

- Illusionäres, selbstgefälliges Wohlstandsspiel
- Passivität des bloßen Gefühls in zwanghaft-neurotischer Ernsthaftigkeit ohne Produktivität und Kreativität (vgl. Goethes Werther)
- Geistloses, realitätsfernes Vielwissertum

--- **Moderne Subjektivität** ---

**Formen des ganzheitlichen Lebens**

- Kreative, verantwortliche Nutzung der individuellen Möglichkeiten
- Achtsamkeit für die Empfindungen der Mitmenschen
- Praktische Umsetzung des Wissens in den persönlichen Taten

Franz Rackl: Schulknigge für die Sekundarstufe 2 · Best.-Nr. 440
© Brigg Pädagogik Verlag GmbH, Augsburg

## 4.5 Die geistige Öffnung

Der Wille zur Selbstgestaltung und Lebensgestaltung treibt uns Menschen voran. Der Wille wird durch den Geist bewirkt, der sich in uns gestaltet. Unser Geist ist vorrangig bestimmt von unseren Werten, Einstellungen, Vorstellungen und Imaginationen. Trotz aller Bewusstheit und allen großen Wollens bleibt das geistige Feld eingeengt. Unser Wille kann so immer wieder Leid erzeugen. Geistige Öffnung ist erforderlich!

### Möglichkeiten zur Überwindung der geistigen Selbstbegrenzung

- Suche nach Gemeinsamkeit durch Kommunikation und Toleranz
- Suche nach liebendem Wirken in allen Lebenssituationen
- Meditative Anbindung an das große „geistige Ganze"
- Öffnung durch betenden Bezug zu geistigen Helfern

*Ein jeder gehe seinen Weg!*

### weltlich – geistige Öffnung

So unterschiedlich die weltanschaulichen Vorstellungen von Geist sein mögen, so verschieden sind die Wege zur geistigen Öffnung!

### Offenheit durch „Religion"

Das tägliche Ritual zur dauerhaften Öffnung schützt vor einem Rückfall in individuelle geistige Enge!

*Wir alle sind Suchende des Lebensglücks!*

*Die Suche nach dem Lebensglück ist ein tiefer Seelentrieb, der uns Menschen bewegt. Dieses tiefe Sehnen füllen wir immer wieder mit neuen Wünschen und Illusionen, in denen wir das Glück zu finden glauben.*

*Das ewige Glück bleibt unfassbar!*

*Uns Menschen verbindet die ewige Suche nach dem Glück!*

## 5. Auf der Suche nach dem Glück

| | | |
|---|---|---|
| 5.1 | Quellen der Glückssehnsucht | (Seite 85) |
| 5.2 | Formen des Glücks | (Seite 86) |
| 5.3 | Glückssuche und Sucht | (Seite 87) |
| 5.4 | Mitmenschlichkeit und Lebensglück | (Seite 88) |

III. Der Blick auf mich selbst

## 5.1 Quellen der Glückssehnsucht

**Materialistische Sicht**
(Körpertriebe)

Überlebenswille des Menschen

Suche nach Triebbefriedigung

Suche nach emotionalem Ausgleich

Suche nach Zuneigung und Anerkennung

**Vitalistische Sicht**
(Seelentriebe)

„Höheres Selbst" als ewig-geistiger Wesenskern sucht nach Selbstentfaltung

Anbindung an den ewigen allbewussten Geist

Unbedingtes Erleben im Fluss des Lebens

*„Glück ist da, wo keine Furcht ist!"* (Seneca)

*„Glück ist die Leichtigkeit des Seins."* (Epikur)

**Integration aller menschlichen Aspekte im Glück**

## 5.2 Formen des Glücks

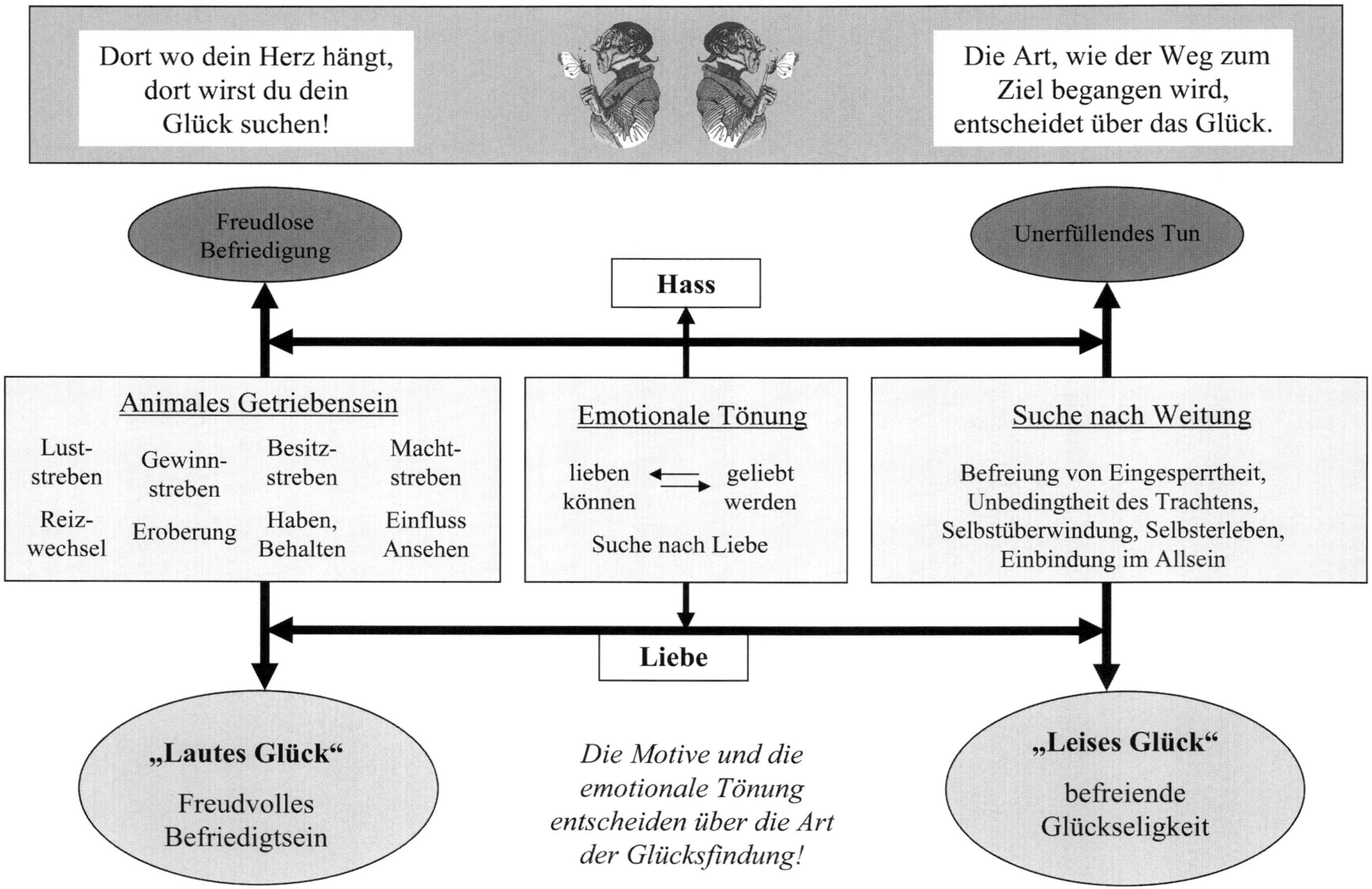

Dort wo dein Herz hängt, dort wirst du dein Glück suchen!

Die Art, wie der Weg zum Ziel begangen wird, entscheidet über das Glück.

**Suche nach Weitung**
Befreiung von Eingesperrtheit, Unbedingtheit des Trachtens, Selbstüberwindung, Selbsterleben, Einbindung im Allsein

Unerfüllendes Tun

„Leises Glück"
befreiende Glückseligkeit

**Emotionale Tönung**

Hass ← → Liebe

geliebt werden
lieben können
Suche nach Liebe

Die Motive und die emotionale Tönung entscheiden über die Art der Glücksfindung!

**Animales Getriebensein**

| Lust-streben | Gewinn-streben | Besitz-streben | Macht-streben |
| Reiz-wechsel | Eroberung | Haben, Behalten | Einfluss Ansehen |

Freudlose Befriedigung

„Lautes Glück"
Freudvolles Befriedigtsein

III. Der Blick auf mich selbst

## 5.3 Glückssuche und Sucht

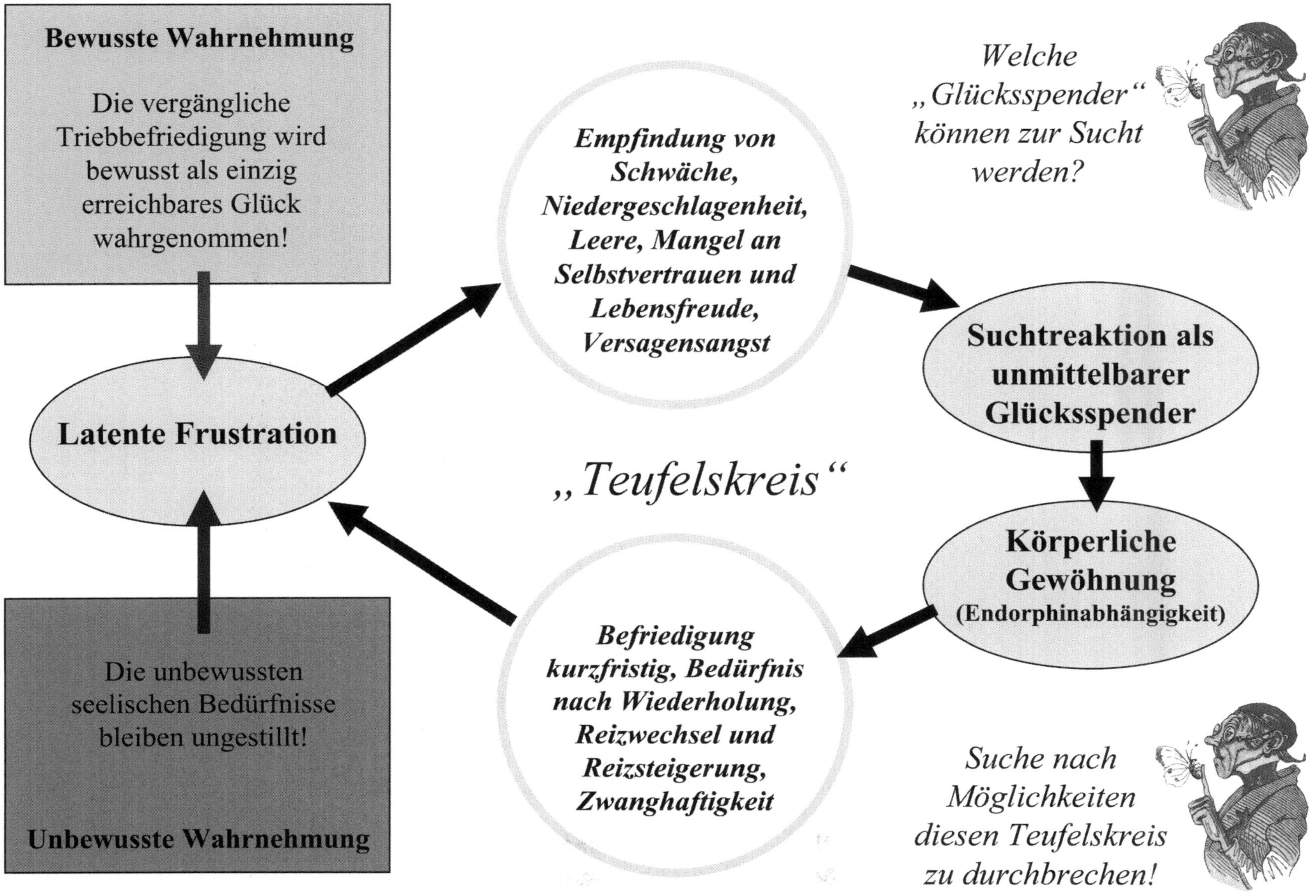

**Bewusste Wahrnehmung**

Die vergängliche Triebbefriedigung wird bewusst als einzig erreichbares Glück wahrgenommen!

**Unbewusste Wahrnehmung**

Die unbewussten seelischen Bedürfnisse bleiben ungestillt!

→ **Latente Frustration**

*Empfindung von Schwäche, Niedergeschlagenheit, Leere, Mangel an Selbstvertrauen und Lebensfreude, Versagensangst*

*Welche „Glücksspender" können zur Sucht werden?*

**Suchtreaktion als unmittelbarer Glücksspender**

→ **Körperliche Gewöhnung** (Endorphinabhängigkeit)

*Suche nach Möglichkeiten diesen Teufelskreis zu durchbrechen!*

*Befriedigung kurzfristig, Bedürfnis nach Wiederholung, Reizwechsel und Reizsteigerung, Zwanghaftigkeit*

„*Teufelskreis*"

## 5.4 Mitmenschlichkeit und Lebensglück

*Überlege, welche Bedingungen gegeben sein müssen, dass du dich in einer Gemeinschaft wohlfühlen kannst!*

*Wann ist dir eine Gemeinschaft unangenehm?*

**Gemeinsamkeit im Trachten und Handeln Geben und Empfangen**

Individuelle Suche nach Selbsterleben, Befriedigung, Anerkennung und Zuneigung

*Offene Wahrnehmung, empathische Hilfe*

*Dankbare Annahme und Hingabe*

Individuelle Suche nach Selbsterleben, Befriedigung, Anerkennung und Zuneigung

**Überwindung von bedingter Egozentrik Blick auf das Ganze**

III. Der Blick auf mich selbst

*Wir richten uns im Leben gerne häuslich ein. Die alltägliche Bequemlichkeit hält uns fest. Wir haben kaum Anlass, etwas um uns oder in uns zu verändern.*

*Manchmal sind es innere Impulse aus sich verändernden Entwicklungsphasen, die uns zur Veränderung drängen. Oft sind es aber auch sogenannte Zufälle oder Schicksalsschläge, die uns zu Veränderungen zwingen.*

*Eine Weiterentwicklung setzt den Aufbruch voraus!*

## 6. Reifung durch Lebenslauf

| | | |
|---|---|---|
| 6.1 | **Die Lebensphasen als Entwicklungsstufen** | (Seite 90) |
| 6.2 | **Der Zufall als Lebensgestalter** | (Seite 91) |
| 6.3 | **Der Umgang mit Sieg und Niederlage** | (Seite 92) |
| 6.4 | **Schicksalsschläge und Persönlichkeit** | (Seite 93) |

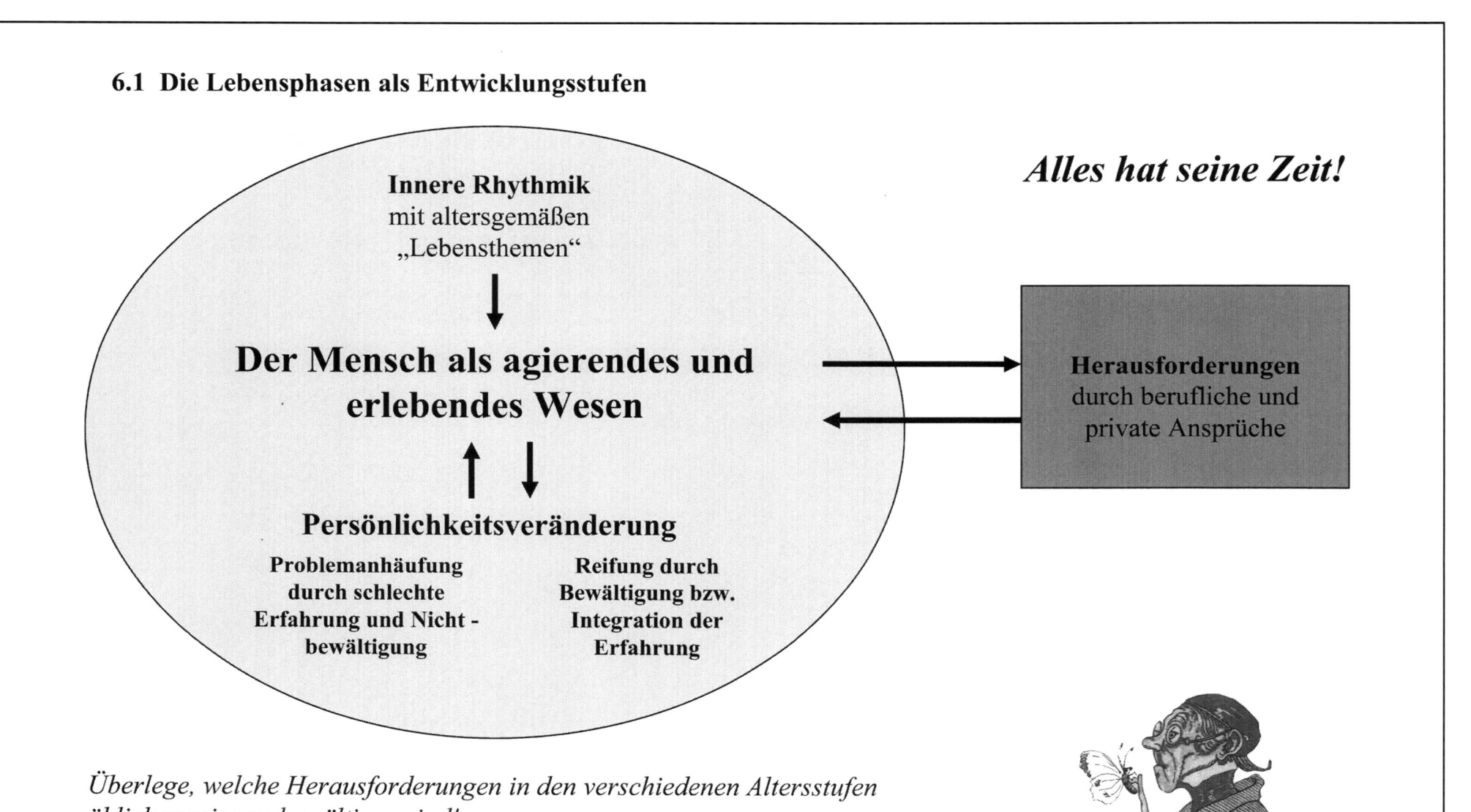

## 6.1 Die Lebensphasen als Entwicklungsstufen

*Alles hat seine Zeit!*

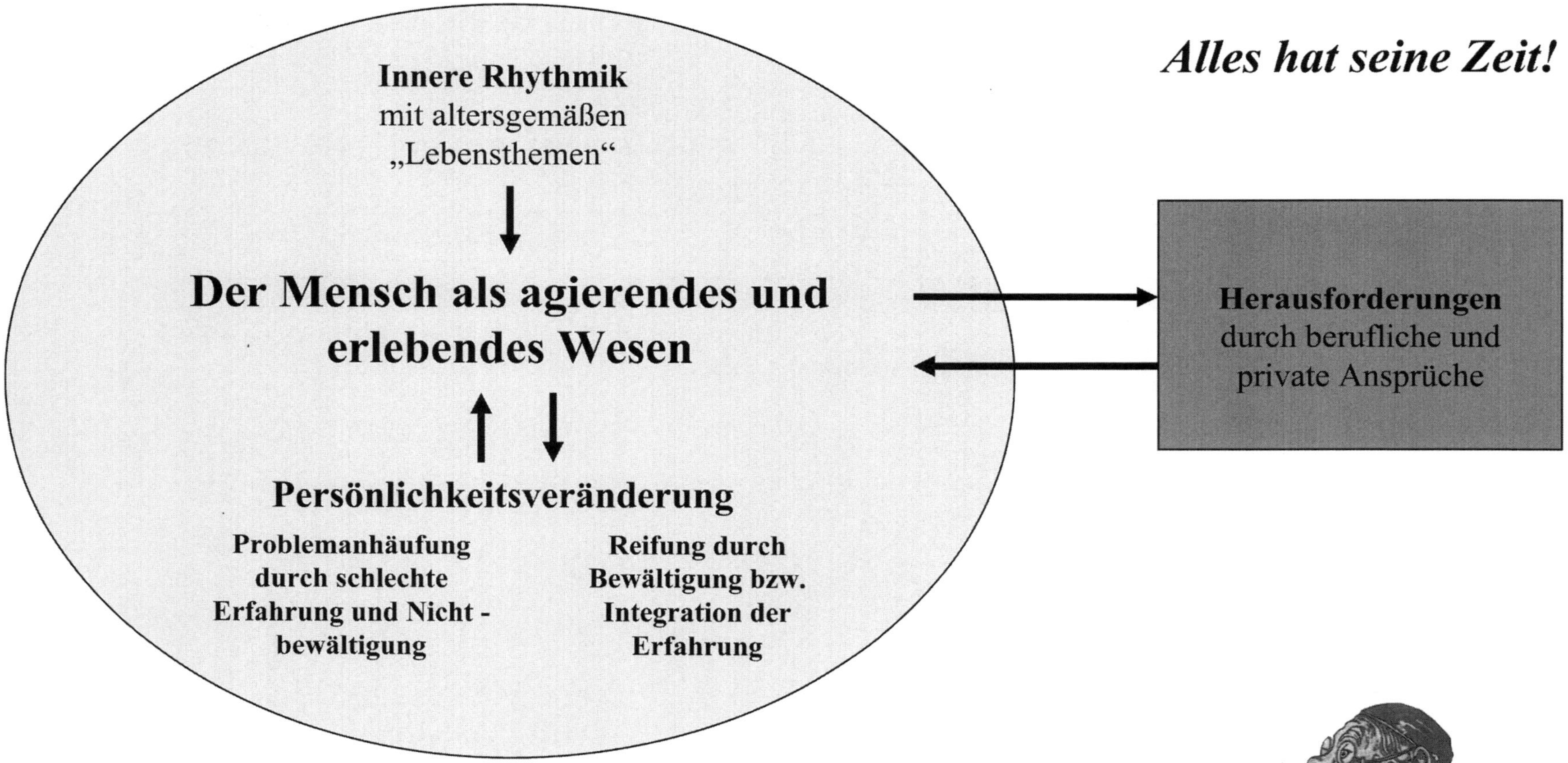

**Herausforderungen** durch berufliche und private Ansprüche

**Der Mensch als agierendes und erlebendes Wesen**

**Innere Rhythmik** mit altersgemäßen „Lebensthemen"

**Persönlichkeitsveränderung**

Problemanhäufung durch schlechte Erfahrung und Nicht-bewältigung

Reifung durch Bewältigung bzw. Integration der Erfahrung

*Überlege, welche Herausforderungen in den verschiedenen Altersstufen üblicherweise zu bewältigen sind!*

*Was sind die Hauptthemen deiner jetzigen Lebensphase?*

*Wie reagierst du auf Herausforderungen durch das Umfeld?*

III. Der Blick auf mich selbst

## 6.2 Der Zufall als Lebensgestalter

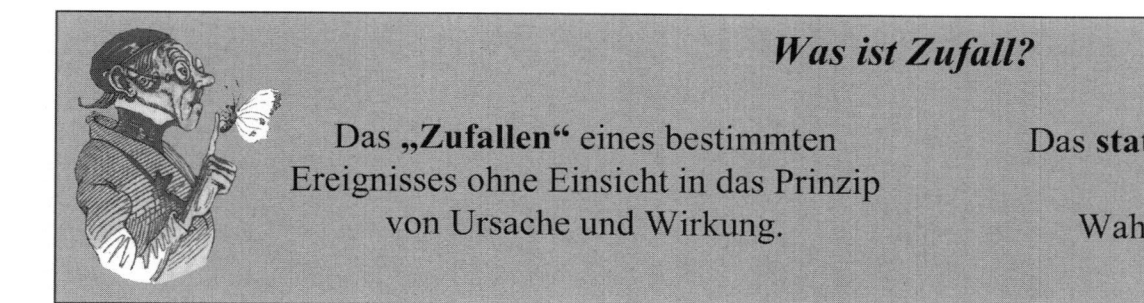

### Was ist Zufall?

Das „**Zufallen**" eines bestimmten Ereignisses ohne Einsicht in das Prinzip von Ursache und Wirkung.

Das **statistische Eintreffen** eines bestimmten Ereignisses, ohne dass dessen Wahrscheinlichkeit zu beeinflussen ist.

*Das Prinzip von Ursache und Wirkung wird oft nicht erkannt oder ignoriert!*

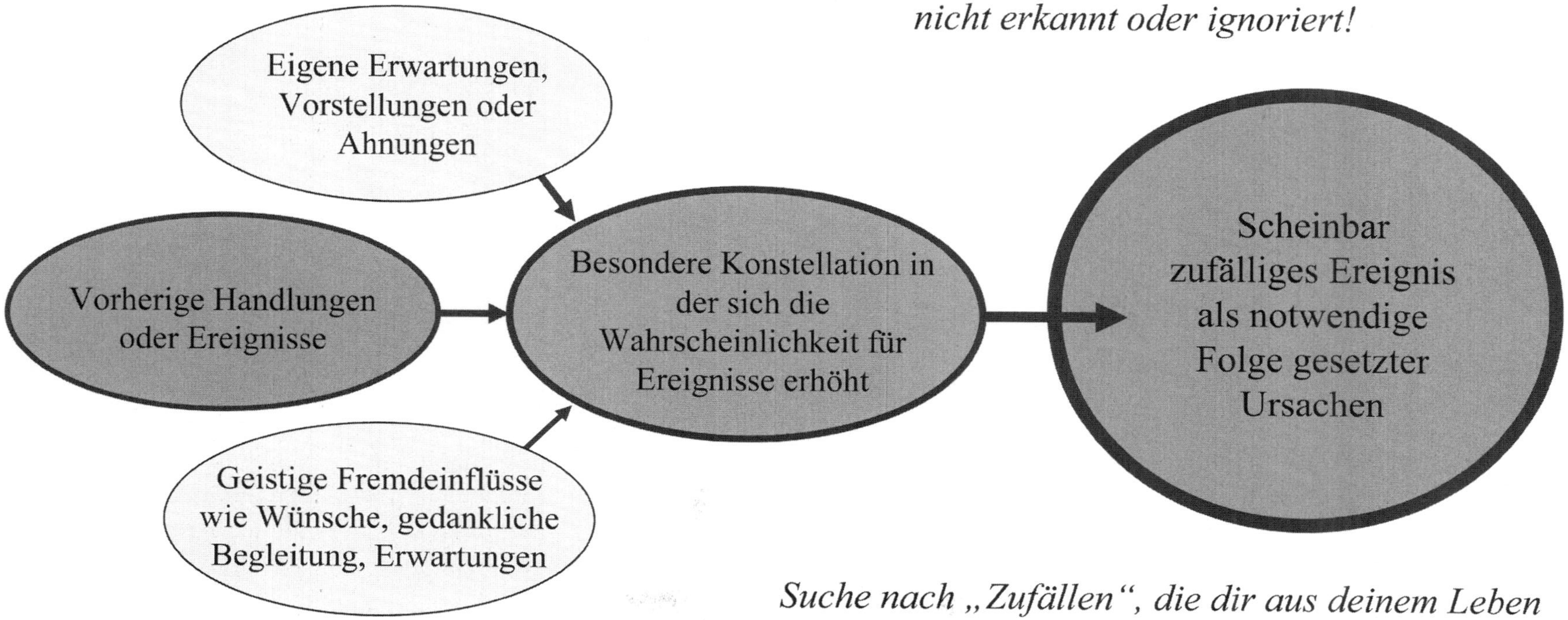

- Scheinbar zufälliges Ereignis als notwendige Folge gesetzter Ursachen
  - ↑
- Besondere Konstellation in der sich die Wahrscheinlichkeit für Ereignisse erhöht
  - ↑ Eigene Erwartungen, Vorstellungen oder Ahnungen
  - ↑ Vorherige Handlungen oder Ereignisse
  - ↑ Geistige Fremdeinflüsse wie Wünsche, gedankliche Begleitung, Erwartungen

*Suche nach „Zufällen", die dir aus deinem Leben in Erinnerung sind!*

## 6.3 Der Umgang mit Sieg und Niederlage

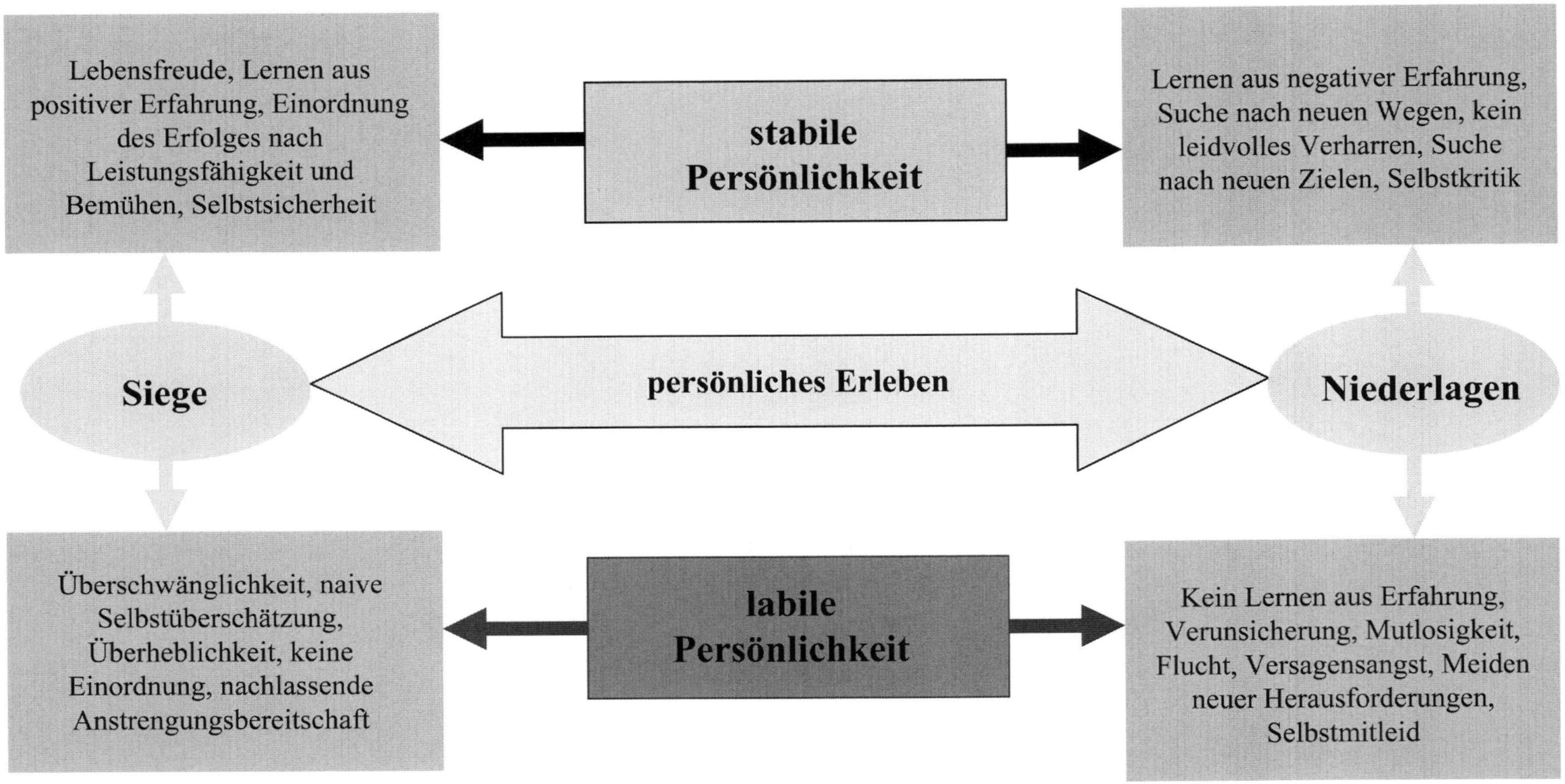

**Niederlagen**

- Lernen aus negativer Erfahrung, Suche nach neuen Wegen, kein leidvolles Verharren, Suche nach neuen Zielen, Selbstkritik
- Kein Lernen aus Erfahrung, Verunsicherung, Mutlosigkeit, Flucht, Versagensangst, Meiden neuer Herausforderungen, Selbstmitleid

**stabile Persönlichkeit**

**labile Persönlichkeit**

**persönliches Erleben**

**Siege**

- Lebensfreude, Lernen aus positiver Erfahrung, Einordnung des Erfolges nach Leistungsfähigkeit und Bemühen, Selbstsicherheit
- Überschwänglichkeit, naive Selbstüberschätzung, Überheblichkeit, keine Einordnung, nachlassende Anstrengungsbereitschaft

*An Niederlagen können wir reifen! Siege brauchen wir, um mögliche Niederlagen zu verkraften!*

*Erörtere die Auswirkungen der unterschiedlichen Reaktionen auf Sieg und Niederlage!*

*Wie gehst du mit Siegen und Niederlagen um?*

III. Der Blick auf mich selbst

## 6.4 Schicksalsschläge und Persönlichkeit

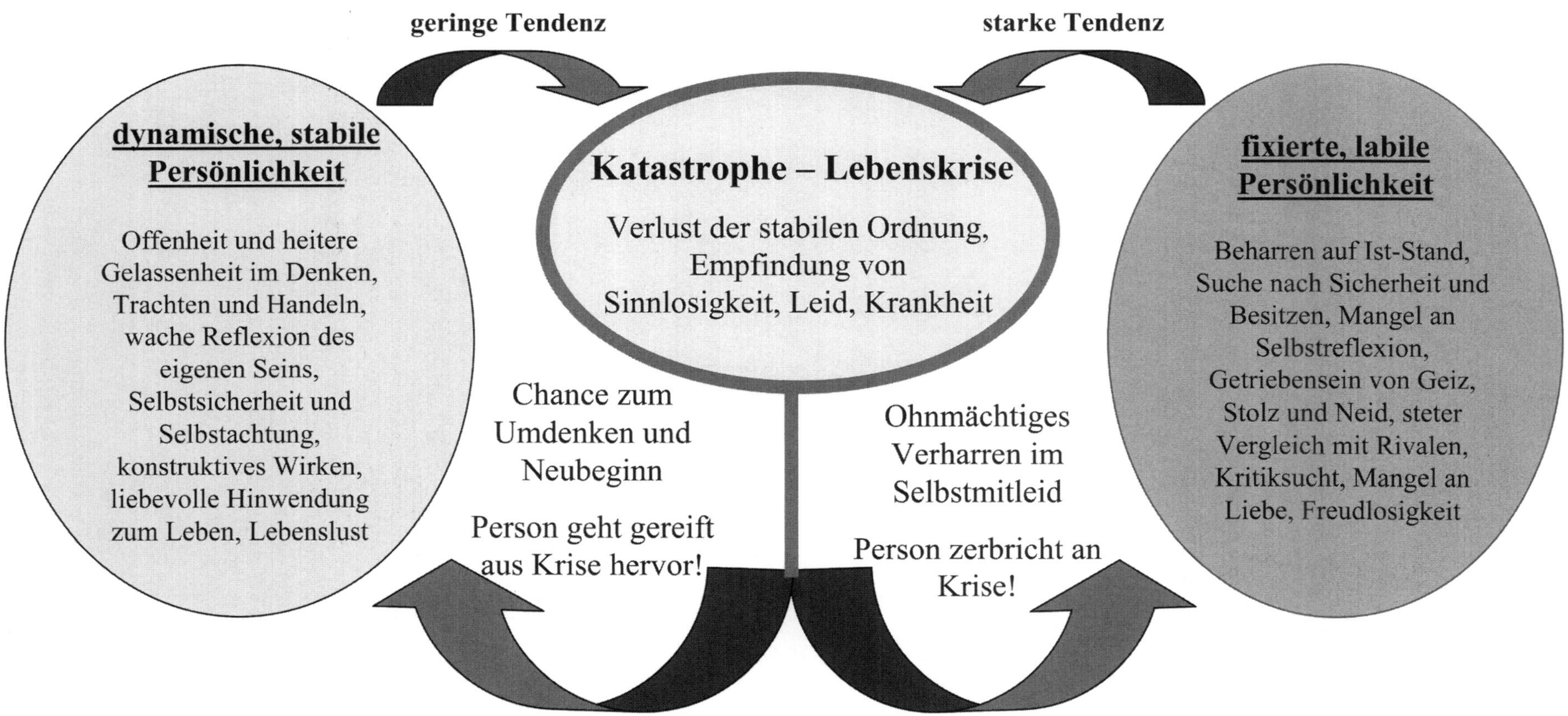

**fixierte, labile Persönlichkeit**

Beharren auf Ist-Stand, Suche nach Sicherheit und Besitzen, Mangel an Selbstreflexion, Getriebensein von Geiz, Stolz und Neid, steter Vergleich mit Rivalen, Kritiksucht, Mangel an Liebe, Freudlosigkeit

starke Tendenz

**Katastrophe – Lebenskrise**

Verlust der stabilen Ordnung, Empfindung von Sinnlosigkeit, Leid, Krankheit

Ohnmächtiges Verharren im Selbstmitleid

Person zerbricht an Krise!

*Warum gerade ich? Wie kann Gott so etwas zulassen?*

*Ich habe weder Hoffnung, Kraft noch Lebensmut!*

geringe Tendenz

Chance zum Umdenken und Neubeginn

Person geht gereift aus Krise hervor!

**dynamische, stabile Persönlichkeit**

Offenheit und heitere Gelassenheit im Denken, Trachten und Handeln, wache Reflexion des eigenen Seins, Selbstsicherheit und Selbstachtung, konstruktives Wirken, liebevolle Hinwendung zum Leben, Lebenslust

*Ich werde einen Weg finden! Ich habe Vertrauen!*

*Ich gebe meine Hoffnung und Zuversicht nicht auf!*

# IV. Über den Umgang mit Menschen

*Der Mensch als Gemeinschaftswesen*

Die grundlegenden animalen Antriebe des Menschen zeigen unweigerlich ihre Folgen für die zwischenmenschlichen Beziehungen. Die Anhäufung von Besitz und die Gier nach Zugewinn entzweien und schaffen Ungerechtigkeiten, die oft sehr vordergründig durch ein Mehr an Leistungsfähigkeit begründet werden. Lustgewinn, der auf allen möglichen Gebieten angestrebt wird, verengt die Wahrnehmung sehr rasch auf das eigene Empfinden. Vor allem ist es aber das Streben nach höherer Rangordnung und mehr Macht, das zu Misstrauen und Rivalitäten führt. Der ständige Vergleich mit anderen und das eitle Ringen danach, die Nase weiter vorne oder höher tragen zu können, entzweit die Menschen. Der Ehrgeiz lässt uns fortwährend um die Ehre geizen!

Durch alle diese vordergründigen animalen Strebungen dominiert die Egozentrik über den Gemeinschaftssinn. Dabei gibt es bereits im animalen Bereich Ansätze, die Gemeinschaft befördern. Das instinktive Sozialverhalten steuert das Zusammenleben in der Sippe. Alle dazugehörigen Verhaltensweisen geben der Gemeinschaft Stärke, sie sichern gleichzeitig das Leben der einzelnen Mitglieder.

Kein Neugeborenes könnte ohne Zuneigung und Geborgenheit durch Mitmenschen überleben. Sowohl Erwachsene als auch Kinder vereinsamen ohne soziale Bezüge. Der Mensch als soziales Wesen braucht die Gemeinschaft, ob er es will oder nicht, um als gesunder Mensch überleben zu können.

Besonders deutlich wird diese Bedürftigkeit angesichts der geistigen Strebungen jedes Menschen. Das ewige humane Sehnen nach Harmonie und Liebe in Gemeinschaft ist in uns allen grundgelegt. So vordergründig uns die animalen Triebe anspornen, so tiefgründig und nachhaltig wirkt dieses humane Sehnen.

Aus der Unerfülltheit des humanen Sehnens resultieren letztlich aller Hass und alle Aggression, die jedes menschliche Zusammenleben zerstört!

*Der allgemeine Blick auf den anderen*

Beim differenzierten Blick auf uns selbst, können wir erfahren, wie vielschichtig die Triebimpulse sind, die uns Menschen bewegen. Gleichzeitig wird auch deutlich, wie die individuellen Anlagen und vor allem die individuellen Erfahrungsmuster die Art der Wahrnehmung und der Verhaltensreaktionen steuern. Weltanschauungen und Lebensgewohnheiten tun ihr Übriges.

Wenn nun dies alles für uns gilt, so hat es gleiche Gültigkeit bei den anderen Menschen!

Aus dieser Einsicht heraus wird es möglich, sich zumindest ansatzweise in die Befindlichkeit anderer Menschen hineinzufühlen. Dieses Mitfühlen fördert das Verständnis für das Verhalten anderer. Toleranz kann sich entfalten. Wer sich selbst in seiner Vielschichtigkeit erkennt und annehmen kann, dem ist es auch leichter möglich, Gleiches bei anderen Menschen zu tun.

Empathie ist die Vorstufe zum Verstehen, Verstehen ist die Vorstufe zur Hinwendung und Hinwendung ist die Vorstufe zu Liebe!

*Der Umgang mit anderen*

Am einfachsten ist natürlich der Umgang mit Gleichgesinnten. Gleiche Interessen vereinen in gemeinsamer Tat und im gemeinsamen Erleben. Abweichungen führen oft rasch zur Trennung. Dies ist umso leichter, je vordergründiger die Interessenslage angesiedelt ist. Eine besondere Innigkeit erwächst dort, wo sich die Seelenimpulse der Menschen berühren. Dieser unbedingte Gleichklang vereint die Menschen in Liebe. Hier erreichen die Menschen die hohe Form menschlicher Entfaltung.
Gemeinschaften in diesem hohen humanen Geist sind Feste der Menschlichkeit. Dieses Erleben erfüllt die Menschen mit Glückseligkeit.

Auch wenn die höchste Form menschlicher Zuneigung nur sehr punktuell erscheint, gibt es doch viele Bereiche, in denen sich Menschen als Menschen erkennen und sich gegenseitig stützen. In der Regel sollte das Miteinander durch einen Ausgleich von Geben und Empfangen geprägt sein. Das „Gesetz des Ausgleichs" sollte gewahrt bleiben! Dort wo aber Ohnmacht und Hilflosigkeit nach Hilfe verlangen, sollte diese bedingungslos gegeben werden.

Eine Selbstaufopferung für andere oder für die Gemeinschaft ist jedoch nicht angebracht. Die beste Hilfe ist die Hilfe, die aus der eigenen Stärke erwächst! Stellen die Menschen ihre individuelle Stärke in den Dienst eines gemeinsamen Werkes, kann Großes entstehen. Liefern sie sich dagegen ohnmächtig und willenlos an Gemeinschaften aus, so erwächst selten Gutes für die Allgemeinheit wie für den Einzelnen.

Häufiger ist es aber die Dominanz der individuellen Strebungen und des Anders-Seins, die zu Konfrontationen in den Gemeinschaften führt. Die häufigste Reaktion ist die Abgrenzung. Eigene Besitzstände und Vorstellungen werden gegenüber dem Umfeld abgesichert. Grenzzäune, vergleichbar den Grundstücksbegrenzungen werden errichtet. Unterschiede verdeutlichen sich. Werden die Unterschiede bekämpft, so verstärken sich die Abgrenzungstendenzen. Es wird noch schwieriger die Grenzen zu überwinden!

Eine Überwindung von Abgrenzungen kann nur aus dem Blick auf das Gemeinsame, Verbindende erwachsen. Negatives wird dadurch entwertet, indem man sich dem Positiven zuwendet. Sind die verbindenden Aspekte momentan zu gering, so ist es wohl besser, neutrale Distanz zu wahren. So können mit der Zeit unaufgeregt Veränderungen wachsen, die zu späteren Gemeinsamkeiten reifen.

*Das gesellschaftliche Beziehungsnetz*

Es lohnt sich, die persönlichen Bezüge zum Umfeld einmal aus einem allgemeinen Blickwinkel zu betrachten. Eigene Einstellungen und Gemeinschaftsbeiträge erscheinen damit für uns in einem neuen Licht. Positives wie Negatives tritt in unsere bewusste Wahrnehmung. Schlüsse für Veränderungen in Einstellungen und Verhaltensweisen können gezogen werden. Unsere Position in den Gemeinschaften unserer Lebensbereiche kann schrittweise weitergestaltet werden.

*Spezielle Bezugsfelder*

Ausgehend von der allgemeinen Betrachtung unserer Bezüge zum Umfeld wird sich unsere Aufmerksamkeit besonders auf die Aspekte konzentrieren, die in unserem momentanen Leben eine wichtige Rolle spielen. Probleme, die sich hier abzeichnen, werden rasch für uns deutlich. Oft können wir unmittelbar erleben, wie sich Änderungen in unseren Einstellungen, sehr rasch auf die Beziehungen auswirken. Wir können erfahren, wie wir selbst zum aktiven Mitgestalter unserer Lebensumstände werden.

*Beziehungsqualitäten*

Bei genauerer Betrachtung unserer Kontakte, wird rasch deutlich, auf welchen unterschiedlichen Ebenen die Beziehungen im Umfeld ablaufen. Unbewusst oder bewusst reagieren wir auf verschiedene Menschen oder in verschiedenen Situationen unterschiedlich. Was sind die Gründe? Wollen wir das so? Oft sind es erst Konfliktsituationen, in denen wir dazu gezwungen sind, Beziehungsqualitäten genauer anzuschauen! Aber können wir das in diesen Situationen wirklich? Sind wir da nicht zu sehr in die Emotionen verstrickt, die unseren Blick egozentrisch trüben? Ein bewusstes, entspanntes Hinsehen auf die Vielschichtigkeit von Beziehungen kann unsere Wahrnehmung schärfen, um in exponierten Situationen klarer zu sehen.

*Partnerschaftlichkeit*

Die unmittelbarste und prinzipiell erfüllendste Beziehung ist die Partnerschaft zwischen zwei Menschen. Wenn wir die große Bedeutung der Partnerschaft für die personale Entwicklung erkennen, dann ist es mehr als sinnvoll, diesem Bezug besondere Aufmerksamkeit zu schenken. Unser Bemühen um eine erfüllende Partnerbeziehung setzt Offenheit und Entwicklungsfähigkeit von beiden Seiten voraus. Je mehr wir willens und befähigt sind, unsere Partnerschaft mit Leben zu erfüllen, umso mehr kann eine bestehende Partnerschaft reifen oder eine zukünftige Partnerschaft gelingen!

Knigge: „Man muss die Gemütsarten der Menschen studieren, insofern man im Umgang mit ihnen auf sie wirken will!"

*Auf die Menschen eingehen!*

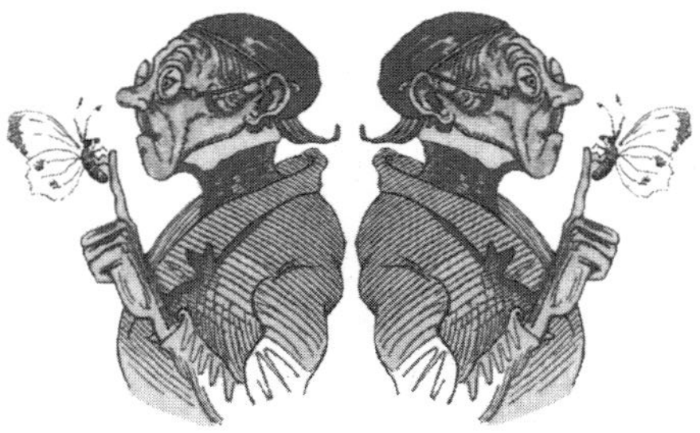

Knigge: „Zeige, soviel du kannst, eine immer heitere Stirn!"

*Den Menschen in heiterer Gelassenheit begegnen!*

## IV. Über den Umgang mit Menschen

**1. Das gesellschaftliche Beziehungsnetz** (Seite 97)

**2. Beziehungsqualitäten** (Seite 105)

**3. Die Partnerschaftlichkeit** (Seite 114)

**4. Spezielle Begegnungsfelder** (Seite 121)

IV. Über den Umgang mit Menschen

*Wir Menschen sind Sozialwesen!*

*Erst in Beziehung zu anderen*

*erschließt sich unser Sein und Lebenssinn!*

## 1. Das gesellschaftliche Beziehungsnetz

1.1 Die Vielfältigkeit von Beziehungen (Seite 98)

1.2 Die abgestufte Beziehungsintensität (Seite 99)

1.3 Die Bedeutung des Einzelnen für die Gesellschaft (Seite 100)

1.4 Die Bedeutung der Gesellschaft für den Einzelnen (Seite 101)

1.5 Die individuelle Einstellung zur Gesellschaft (Seite 102)

1.6 Geben und Nehmen (Seite 103)

1.7 Das Gesetz des Ausgleichs (Seite 104)

## 1.1 Die Vielfältigkeit von Beziehungen

*Erstelle deinen speziellen Bezugskreis!*

*Welche Bezugsfelder sind dir besonders wichtig?*

*Welche Ansprüche werden jeweils an dich gestellt?*

*Was erwartest du von den jeweiligen Beziehungen?*

**privates Umfeld**

**Familie**: Partner, Geschwister, Eltern, Großeltern, Verwandte

**öffentliche Gemeinschaft**: Freunde, Bekannte, Nachbarn, Vereinsmitglieder, Religionsgemeinschaften, Volksgruppen, Parteien, Gemeindemitglieder

**Ausbildung und Beruf**: Berufskollegen, Ausbilder, Lehrer, Vorgesetzte, Untergebene, Kunden

Zentrum: **Ich**

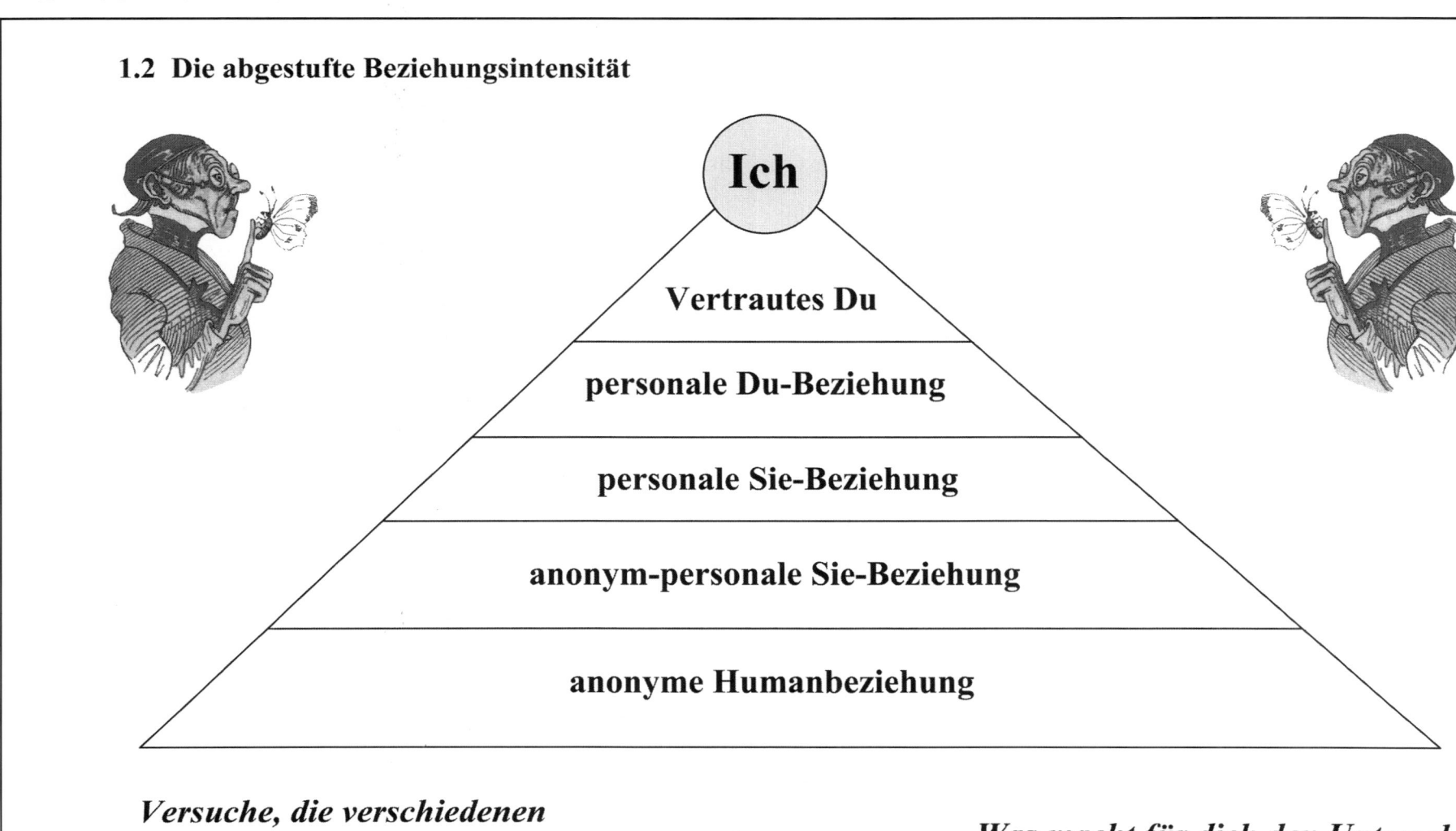

IV. Über den Umgang mit Menschen

## 1.2 Die abgestufte Beziehungsintensität

- Vertrautes Du
- personale Du-Beziehung
- personale Sie-Beziehung
- anonym-personale Sie-Beziehung
- anonyme Humanbeziehung

**Ich**

*Was macht für dich den Unterschied zwischen einer Du- und Sie-Beziehung aus?*

*Überlege dir Vor- und Nachteile des „Du"!*

*Versuche, die verschiedenen Beziehungstiefen inhaltlich zu unterscheiden!*

*Welche Bedeutungen können den Bezugstiefen zugeordnet werden?*

## 1.3 Die Bedeutung des Einzelnen für die Gesellschaft

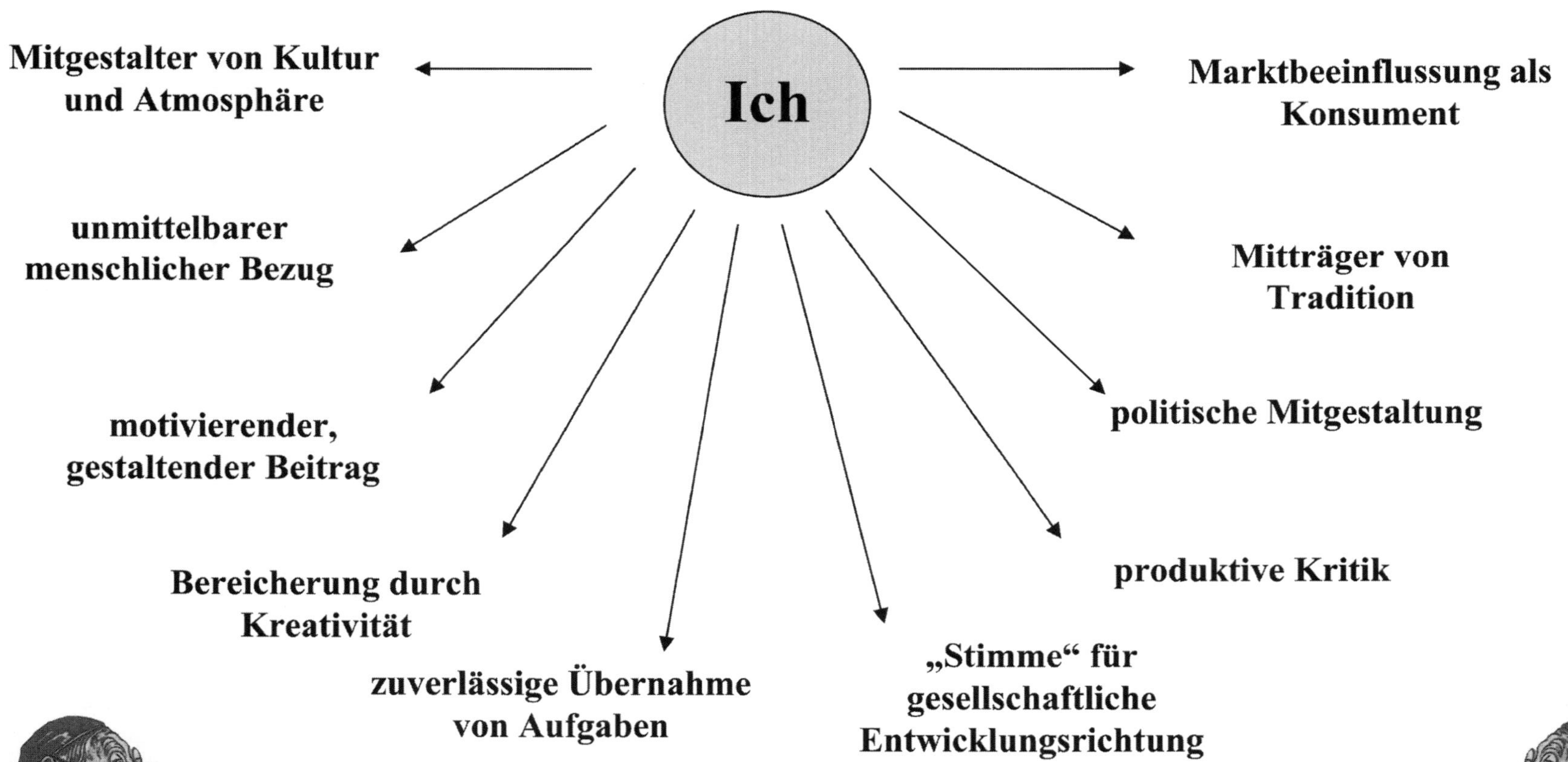

**Ich**

- Mitgestalter von Kultur und Atmosphäre
- unmittelbarer menschlicher Bezug
- motivierender, gestaltender Beitrag
- Bereicherung durch Kreativität
- zuverlässige Übernahme von Aufgaben
- „Stimme" für gesellschaftliche Entwicklungsrichtung
- produktive Kritik
- politische Mitgestaltung
- Mitträger von Tradition
- Marktbeeinflussung als Konsument

*Welche Beiträge stabilisieren, verändern oder destabilisieren die Gesellschaft?*

*Wie sehen deine persönlichen Beiträge zur Gesellschaft aus?*

IV. Über den Umgang mit Menschen

## 1.4 Die Bedeutung der Gesellschaft für den Einzelnen

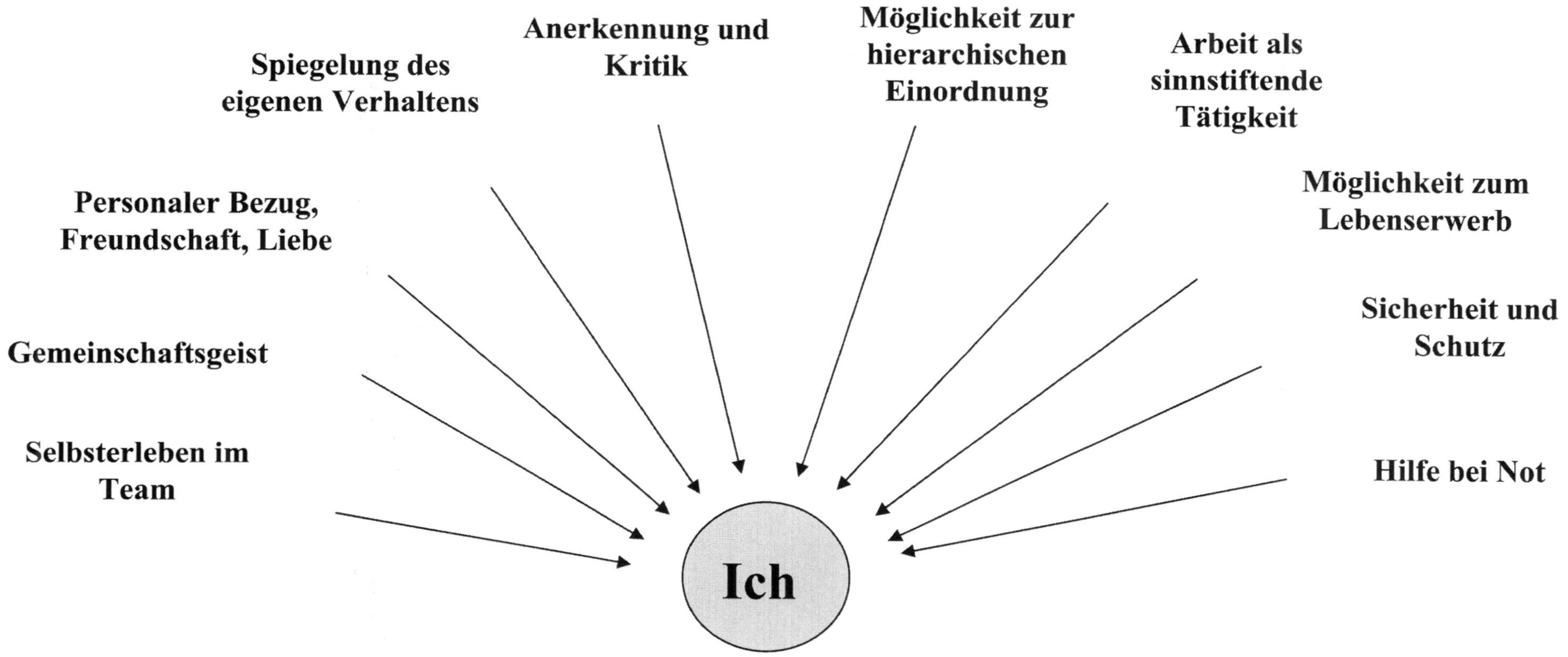

- Spiegelung des eigenen Verhaltens
- Personaler Bezug, Freundschaft, Liebe
- Gemeinschaftsgeist
- Selbsterleben im Team
- Anerkennung und Kritik
- Möglichkeit zur hierarchischen Einordnung
- Arbeit als sinnstiftende Tätigkeit
- Möglichkeit zum Lebenserwerb
- Sicherheit und Schutz
- Hilfe bei Not

→ **Ich**

*Welche Bedeutung haben die einzelnen Aspekte für dich?*

*Welche Aspekte erscheinen dir besonders wichtig?*

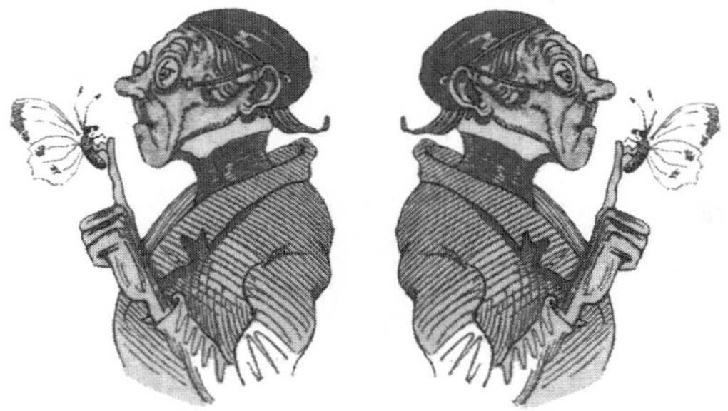

*Welche Aspekte erscheinen dir nicht ausreichend gewährleistet?*

*Hast du noch weitere Erwartungen an die Gemeinschaft?*

## 1.5 Die individuelle Einstellung zur Gesellschaft

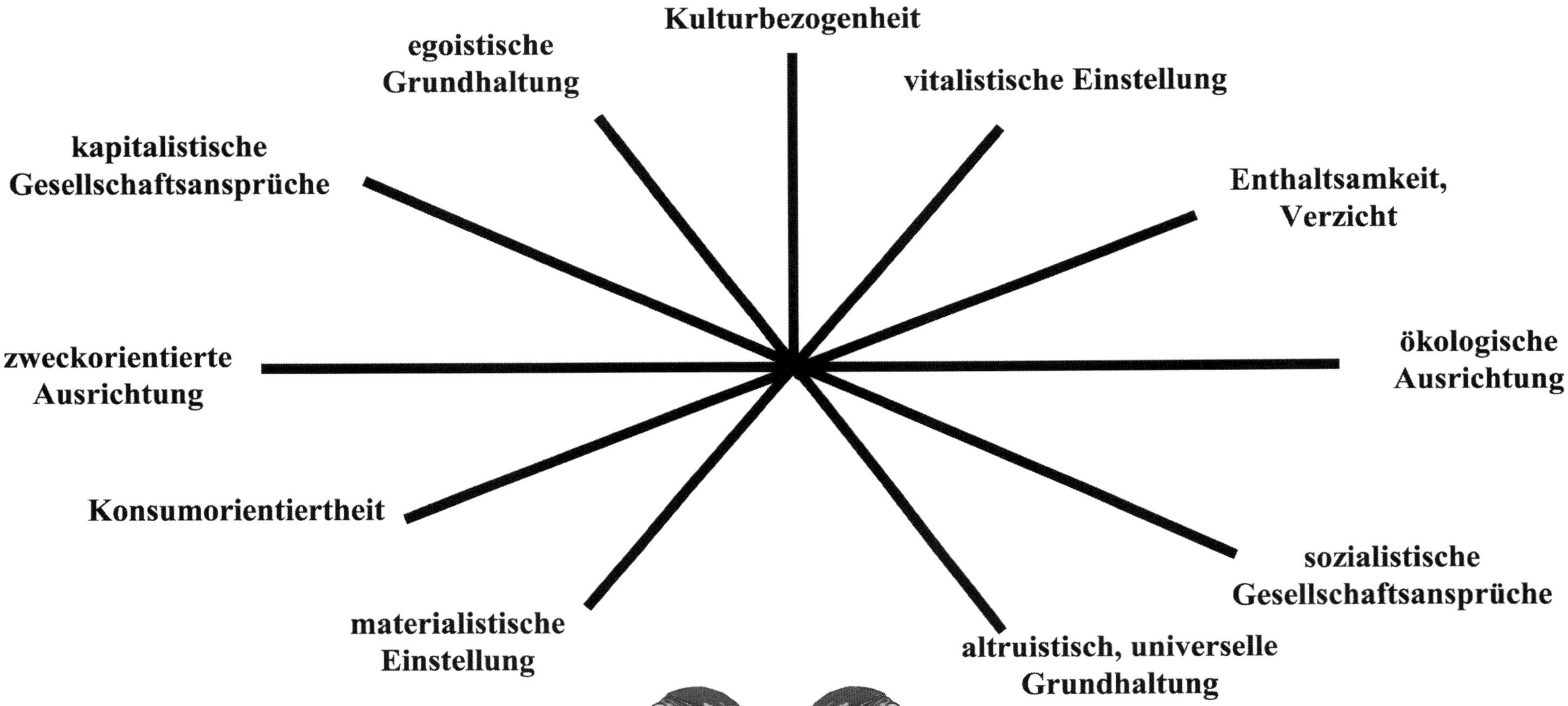

Kulturbezogenheit

vitalistische Einstellung

Enthaltsamkeit, Verzicht

ökologische Ausrichtung

sozialistische Gesellschaftsansprüche

altruistisch, universelle Grundhaltung

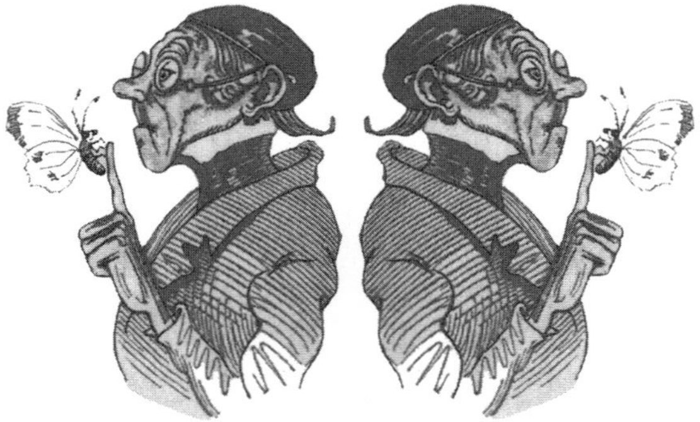

materialistische Einstellung

Konsumorientiertheit

zweckorientierte Ausrichtung

kapitalistische Gesellschaftsansprüche

egoistische Grundhaltung

*Erörtere die Begriffspaare!*

*Welche Auswirkungen haben die Einstellungen für den Einzelnen und für die Gesellschaft?*

*Erörtere das Für und Wider der verschiedenen Aspekte!*

*Ordne deine derzeitigen Haltungen in das Begriffsbild ein!*

IV. Über den Umgang mit Menschen 103

## 1.6 Geben und Nehmen

*Geben und Nehmen müssen einander entsprechen! Ungleichgewichte auf materieller, energetischer und geistiger Ebene suchen nach Ausgleich!*

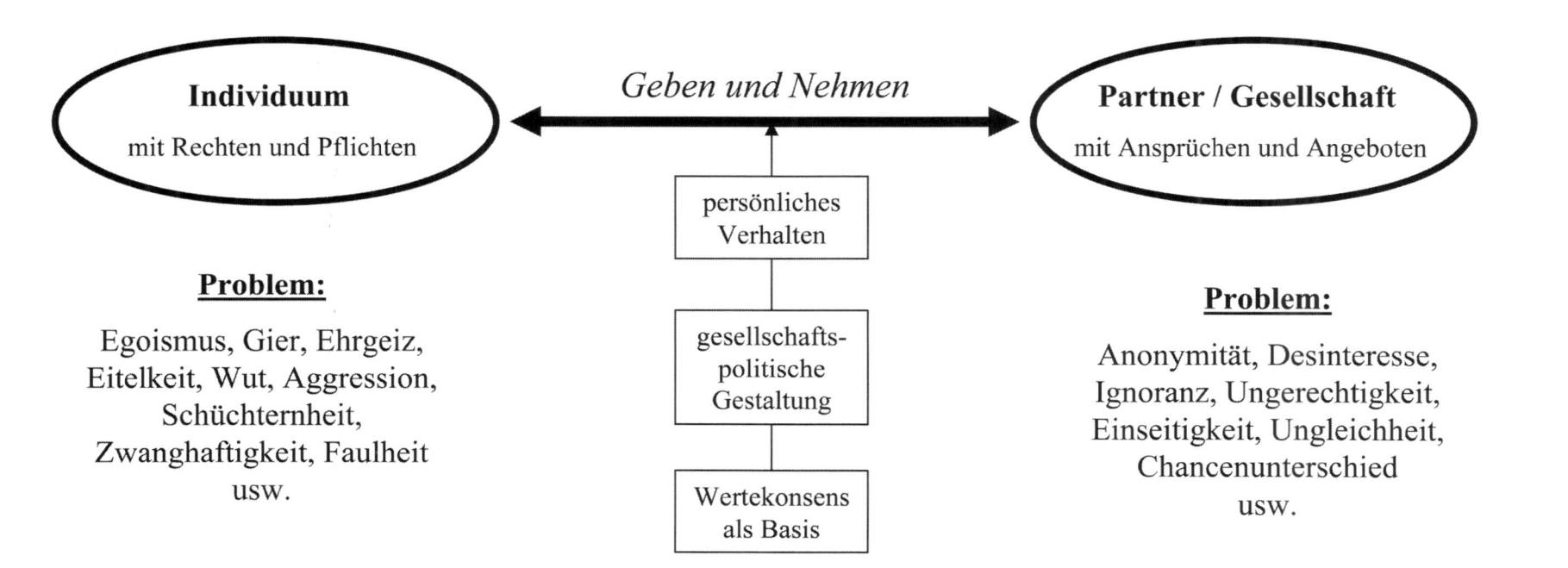

**Partner / Gesellschaft**
mit Ansprüchen und Angeboten

**Problem:**

Anonymität, Desinteresse, Ignoranz, Ungerechtigkeit, Einseitigkeit, Ungleichheit, Chancenunterschied usw.

*Geben und Nehmen*

- persönliches Verhalten
- gesellschaftspolitische Gestaltung
- Wertekonsens als Basis

**Individuum**
mit Rechten und Pflichten

**Problem:**

Egoismus, Gier, Ehrgeiz, Eitelkeit, Wut, Aggression, Schüchternheit, Zwanghaftigkeit, Faulheit usw.

*Wo findest du Punkte, bei denen das Gesetz des Ausgleichs nicht gewahrt ist?*

*Wie können sich Ungleichgewichte in menschlichen oder gesellschaftlichen Bereichen ausgleichen?*

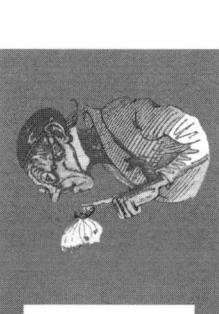

## 1.7 Das Gesetz des Ausgleichs

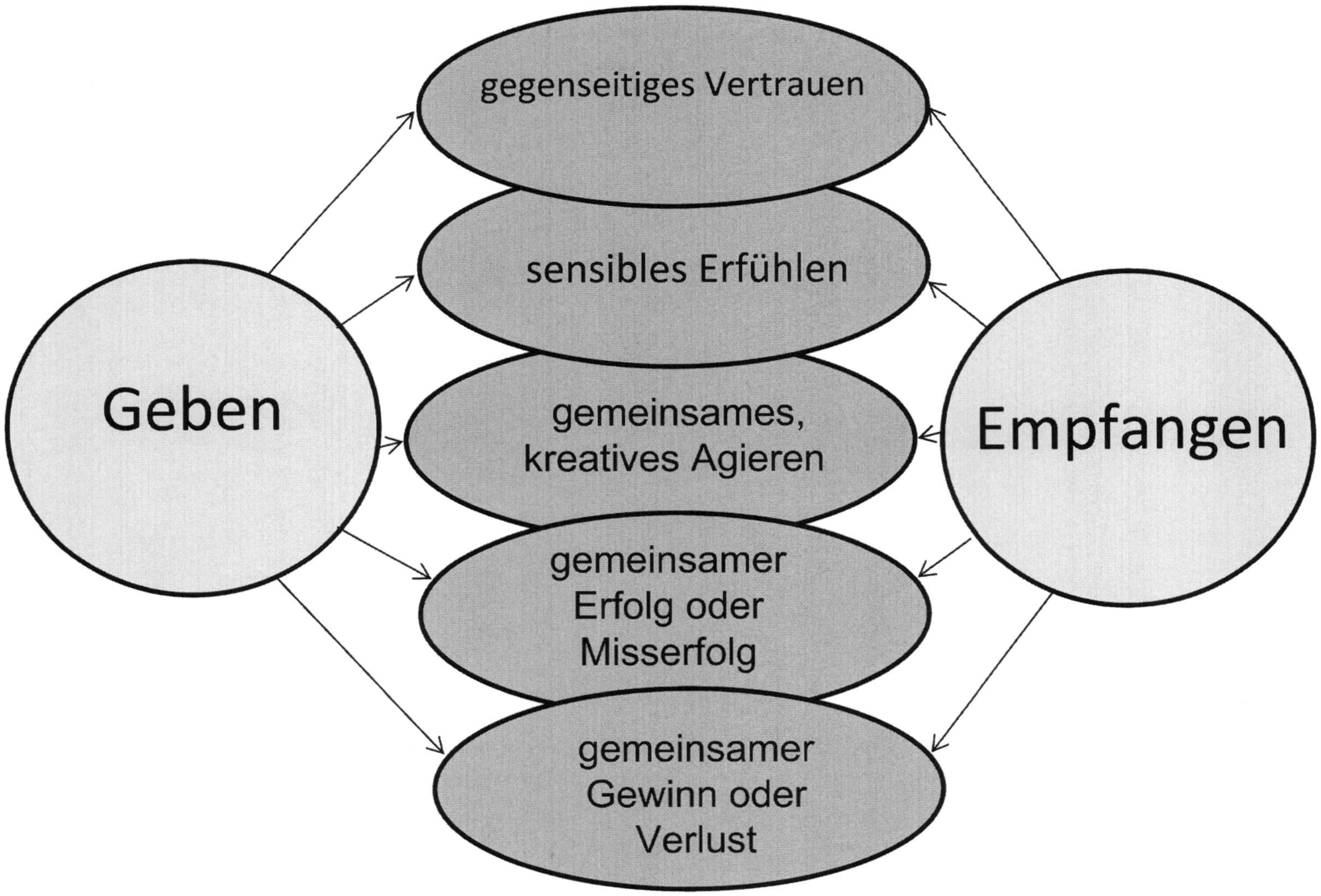

**Empfangen**

- gegenseitiges Vertrauen
- sensibles Erfühlen
- gemeinsames, kreatives Agieren
- gemeinsamer Erfolg oder Misserfolg
- gemeinsamer Gewinn oder Verlust

**Geben**

*Die Qualität einer menschlichen Beziehung hängt von der persönlichen Reife der Bezugspartner, sowie von der Art der Kommunikation ab!*

## 2. Beziehungsqualitäten

| | |
|---|---|
| 2.1 Das individuelle Zugehen auf den anderen | (Seite 106) |
| 2.2 Der abgestufte Blick auf andere | (Seite 107) |
| 2.3 Unterschied zwischen Projektion und Empathie | (Seite 108) |
| 2.4 Hilfe und Hilfsbereitschaft | (Seite 109) |
| 2.5 Verlässlichkeit und Verantwortlichkeit | (Seite 110) |
| 2.6 Echtheit und Kommunikation | (Seite 111) |
| 2.7 Der Umgang mit Konflikten | (Seite 112) |
| 2.8 Wege zur Konfliktlösung | (Seite 113) |

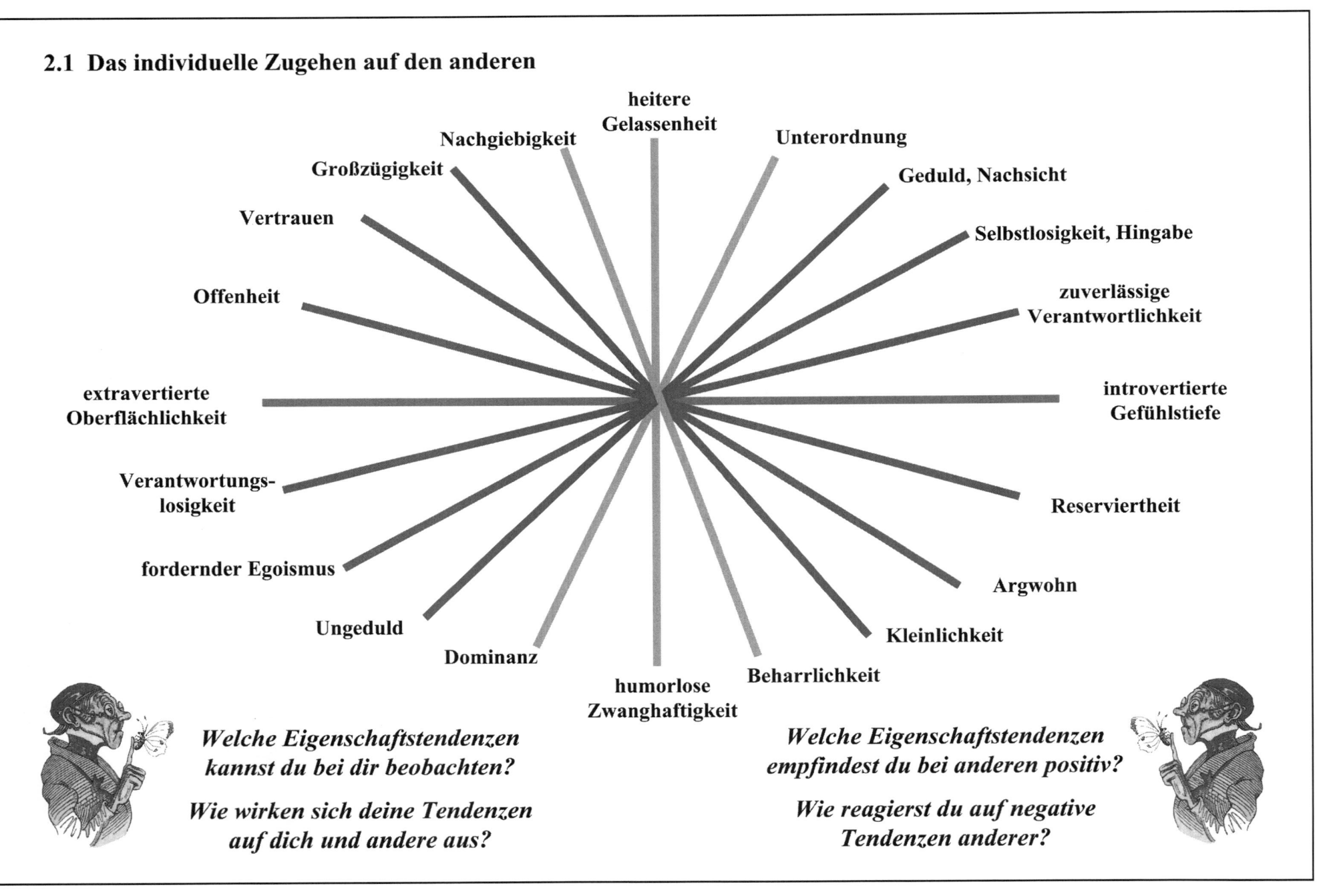

## 2.1 Das individuelle Zugehen auf den anderen

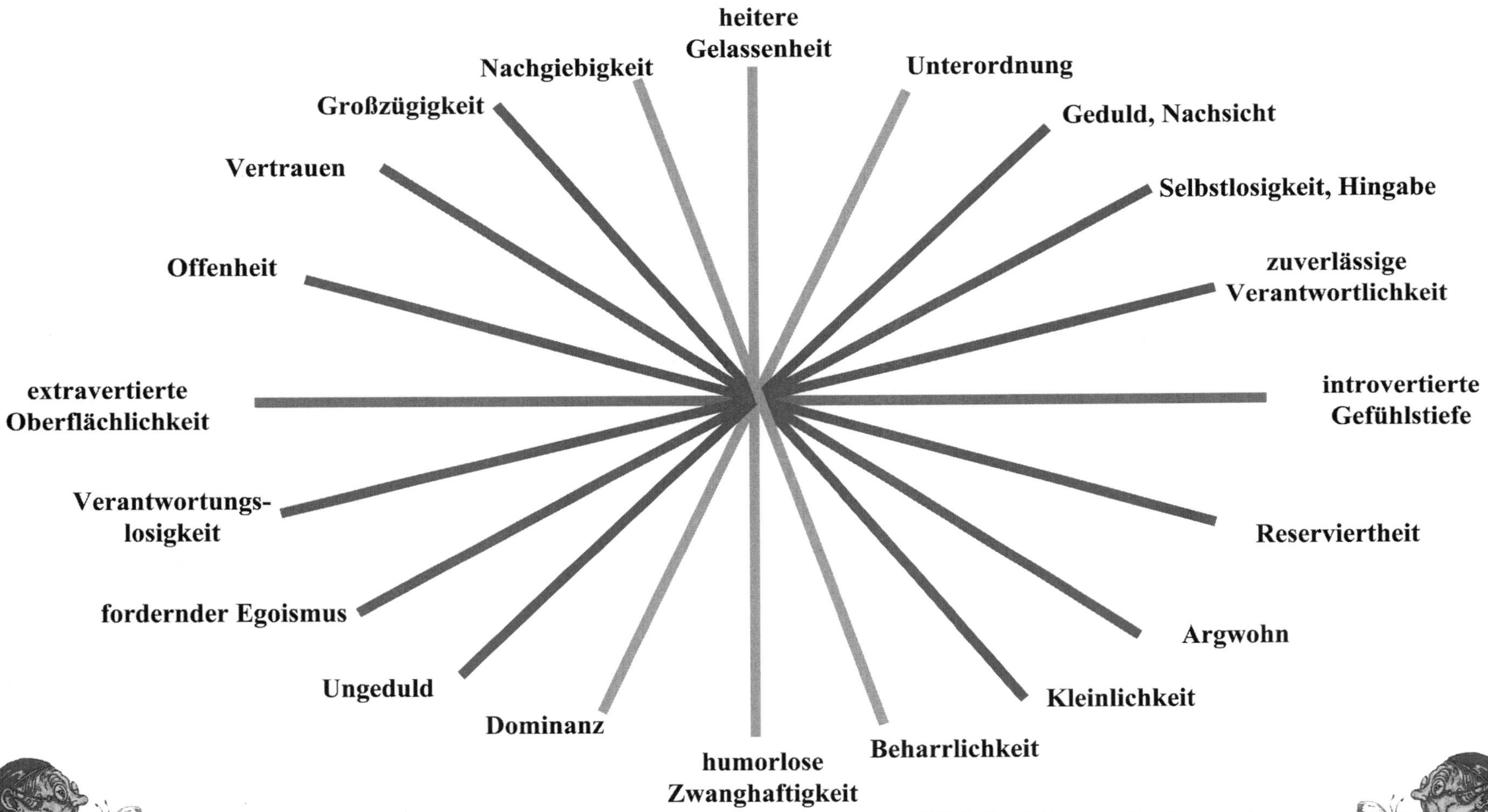

- introvertierte Gefühlstiefe
- zuverlässige Verantwortlichkeit
- Selbstlosigkeit, Hingabe
- Geduld, Nachsicht
- Unterordnung
- heitere Gelassenheit
- Nachgiebigkeit
- Großzügigkeit
- Vertrauen
- Offenheit
- extravertierte Oberflächlichkeit
- Verantwortungslosigkeit
- fordernder Egoismus
- Ungeduld
- Dominanz
- humorlose Zwanghaftigkeit
- Beharrlichkeit
- Kleinlichkeit
- Argwohn
- Reserviertheit

*Welche Eigenschaftstendenzen empfindest du bei anderen positiv?*

*Wie reagierst du auf negative Tendenzen anderer?*

*Welche Eigenschaftstendenzen kannst du bei dir beobachten?*

*Wie wirken sich deine Tendenzen auf dich und andere aus?*

IV. Über den Umgang mit Menschen 107

## 2.2 Der abgestufte Blick auf andere

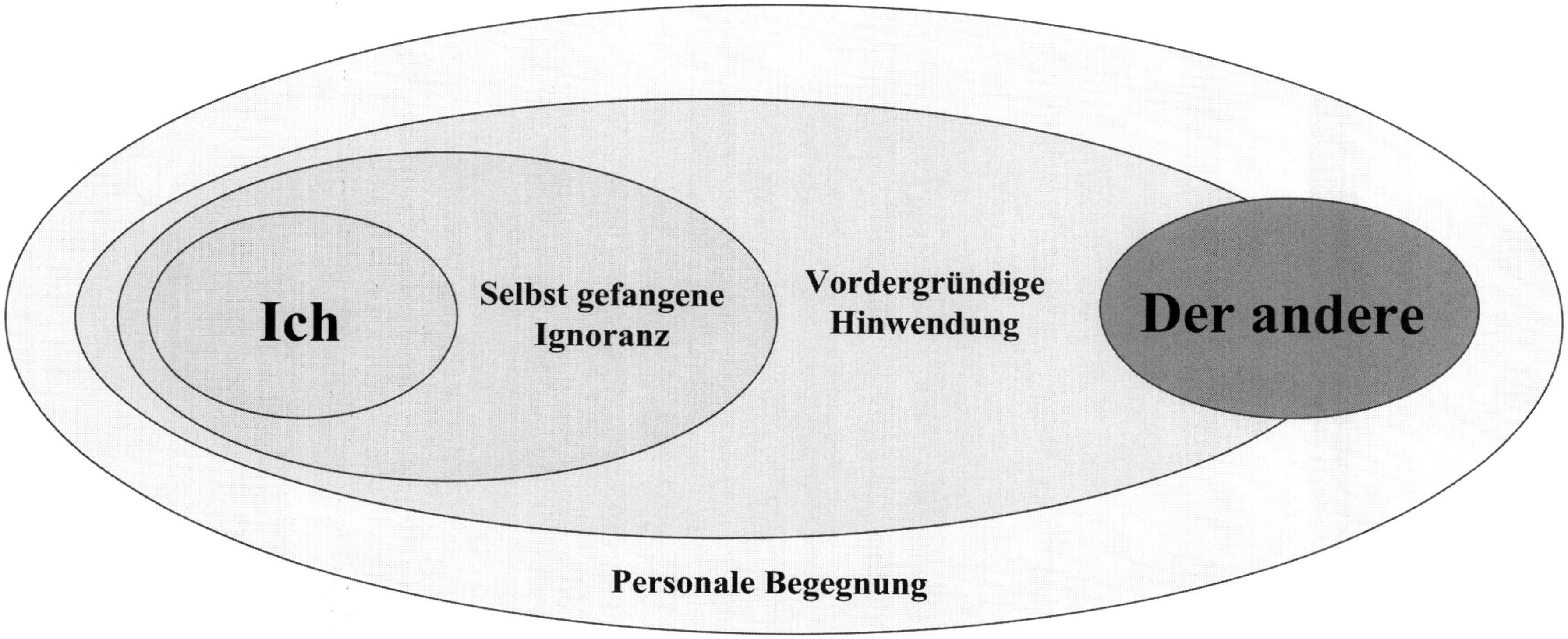

**Der andere**

Vordergründige Hinwendung

Selbst gefangene Ignoranz

**Ich**

Personale Begegnung

*Erörtere die verschiedenen Bezugsqualitäten und deren Auswirkung für das gegenseitige Verstehen und Agieren!*

*Reflektiere deine Art und Intensität mit der du anderen Menschen begegnest!*

## 2.3 Unterschied zwischen Projektion und Empathie

### Projektion

Eigene Motive, Probleme und Vorstellungen werden dem Verhalten des anderen zugrunde gelegt.

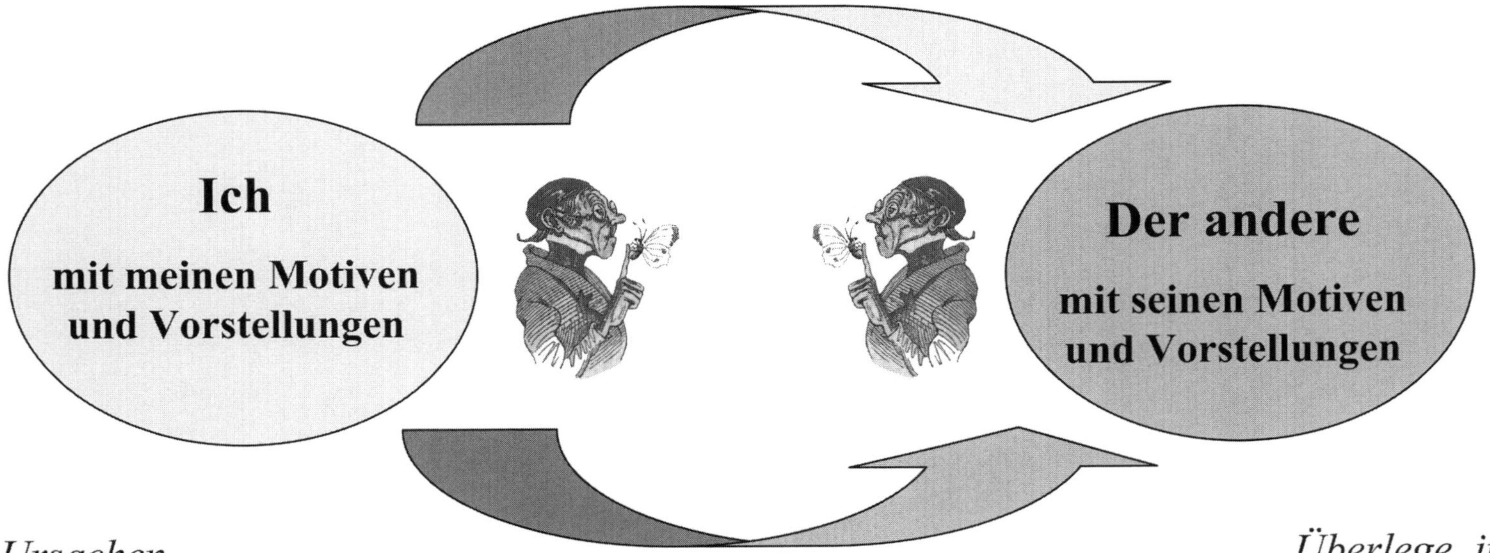

**Der andere**
mit seinen Motiven und Vorstellungen

**Ich**
mit meinen Motiven und Vorstellungen

### Empathie

Die Motive, Probleme und Vorstellungen des anderen werden nachvollzogen. Das Verhalten wird so besser verstanden.

*Was sind Ursachen für Projektion?*
*Was bewirkt Projektion?*

*Wie kann die Fähigkeit zur Empathie entwickelt werden?*

*Überlege, inwieweit deine Reaktionen von Projektion oder Empathie geprägt sind!*

*Wann neigst du besonders zur Projektion?*

# 2.4 Hilfe und Hilfsbereitschaft

**Achtsamkeit**

statt Abgestumpftheit in der Wahrnehmung anderer

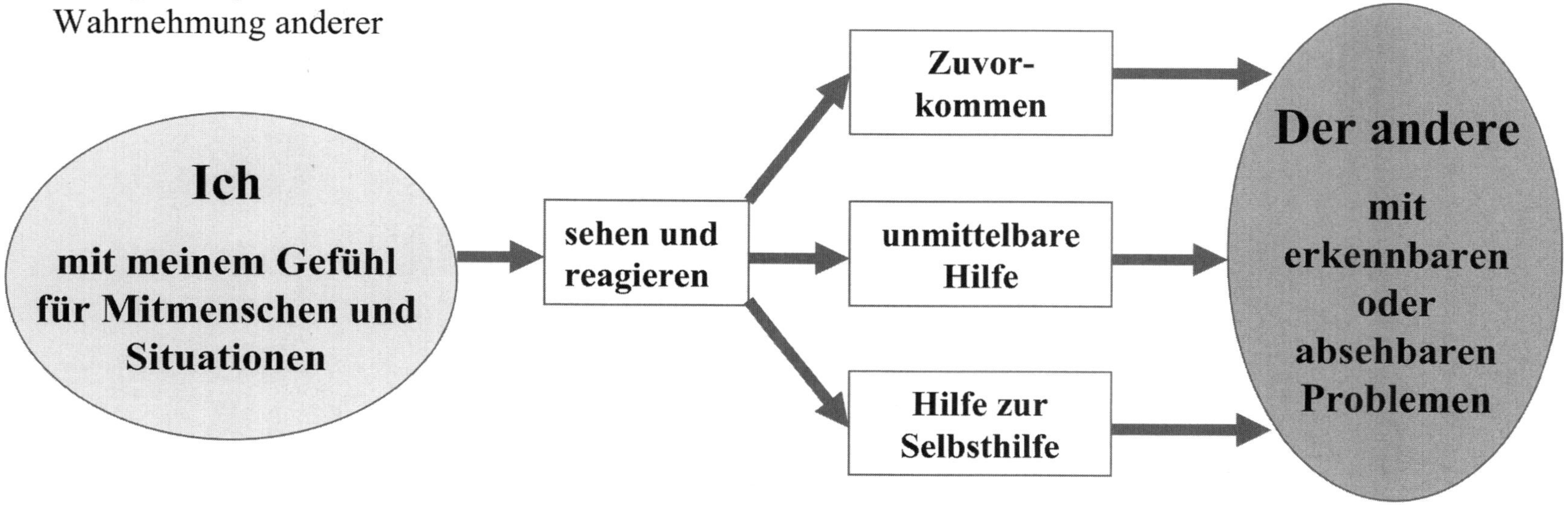

**Ich** mit meinem Gefühl für Mitmenschen und Situationen

↓

sehen und reagieren

→ Zuvorkommen → Der andere mit erkennbaren oder absehbaren Problemen

→ unmittelbare Hilfe →

→ Hilfe zur Selbsthilfe →

**Beweglichkeit**

statt selbstgefälliger Bequemlichkeit

*Wann ist ein Mensch zuvorkommend?*

*Ist Hilfe gleich Hilfe?*

*Überlege dir Kriterien, die eine echte menschliche Hilfe erfüllen sollte!*

## 2.5 Verlässlichkeit und Verantwortlichkeit

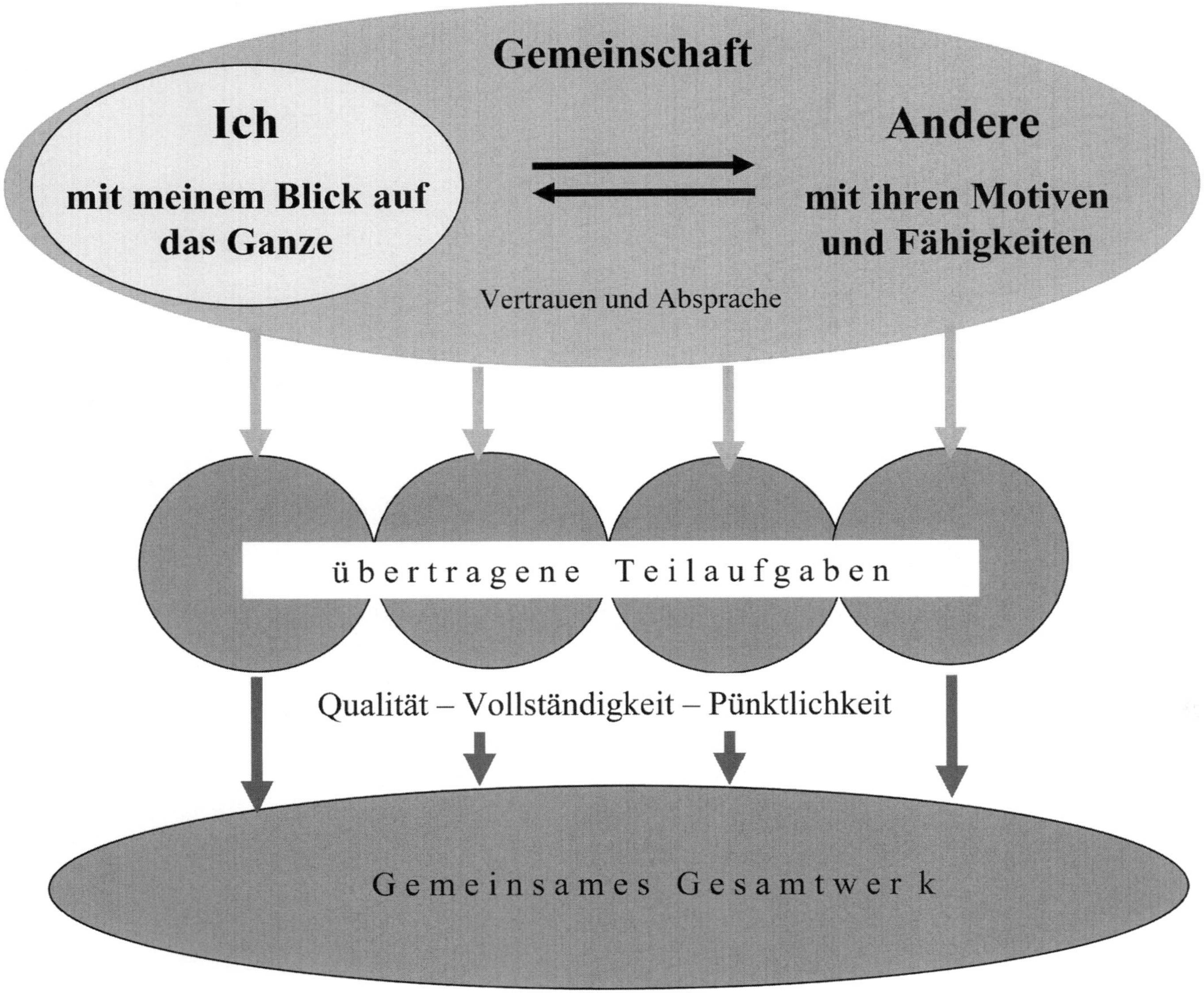

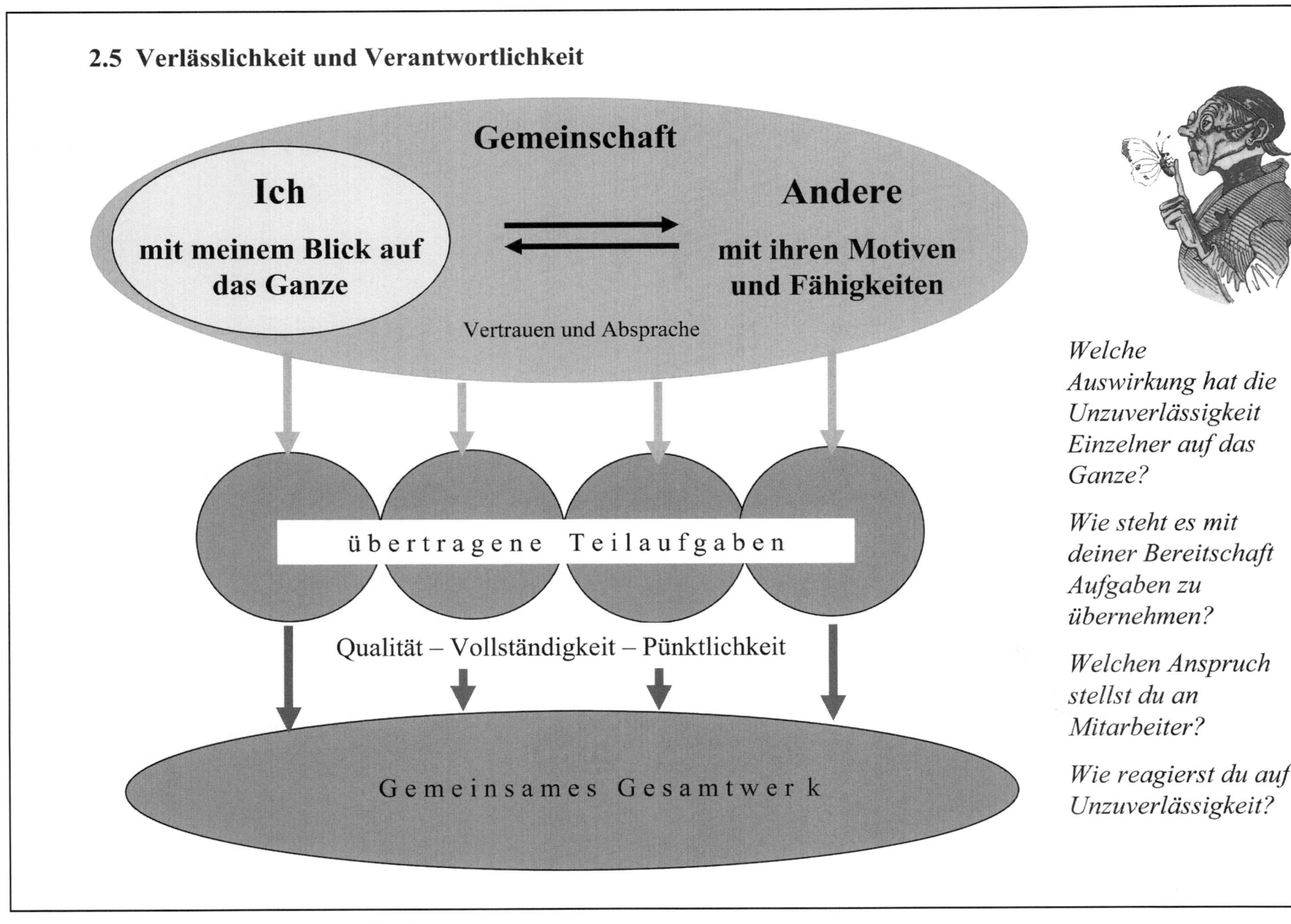

**Gemeinschaft**

**Ich** mit meinem Blick auf das Ganze

**Andere** mit ihren Motiven und Fähigkeiten

Vertrauen und Absprache

übertragene Teilaufgaben

Qualität – Vollständigkeit – Pünktlichkeit

Gemeinsames Gesamtwerk

*Welche Auswirkung hat die Unzuverlässigkeit Einzelner auf das Ganze?*

*Wie steht es mit deiner Bereitschaft Aufgaben zu übernehmen?*

*Welchen Anspruch stellst du an Mitarbeiter?*

*Wie reagierst du auf Unzuverlässigkeit?*

IV. Über den Umgang mit Menschen

## 2.6 Echtheit und Kommunikation

**Die Gesprächspartnerschaft**

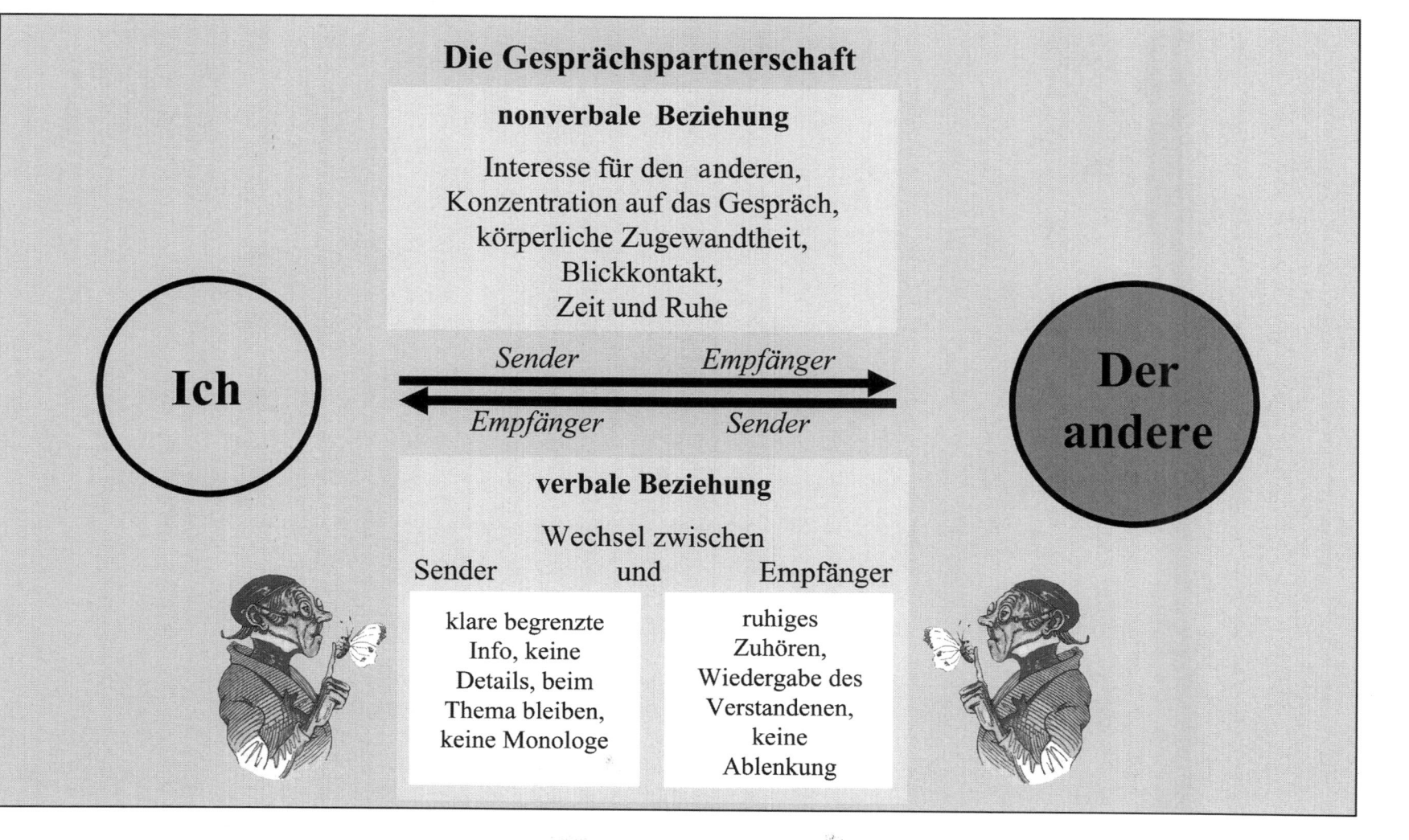

**Ich** ⟷ **Der andere**

*Sender → Empfänger*
*Empfänger ← Sender*

**nonverbale Beziehung**

Interesse für den anderen, Konzentration auf das Gespräch, körperliche Zugewandtheit, Blickkontakt, Zeit und Ruhe

**verbale Beziehung**

Wechsel zwischen Sender und Empfänger

- **Sender:** klare begrenzte Info, keine Details, beim Thema bleiben, keine Monologe
- **Empfänger:** ruhiges Zuhören, Wiedergabe des Verstandenen, keine Ablenkung

*Beobachte dein eigenes Gesprächsverhalten und das deiner Gesprächspartner!*

*Analysiere den Gesprächsverlauf und suche nach Verbesserungen!*

*Übe das verbesserte Gesprächsverhalten in Rollenspielen und im Alltag ein!*

## 2.7 Der Umgang mit Konflikten

*Bei allem Bemühen um Offenheit bleiben viele unserer Absichten bedingt!*

*Die Bedingtheit unseres Egos lässt uns nicht los!*

*Interessenskonflikte sind die unabdingbare Folge!*

*Jedes menschliche Zusammenwirken ist von Konflikten begleitet!*

## *Streitkultur ist ein wichtiger Aspekt der Kommunikation!*

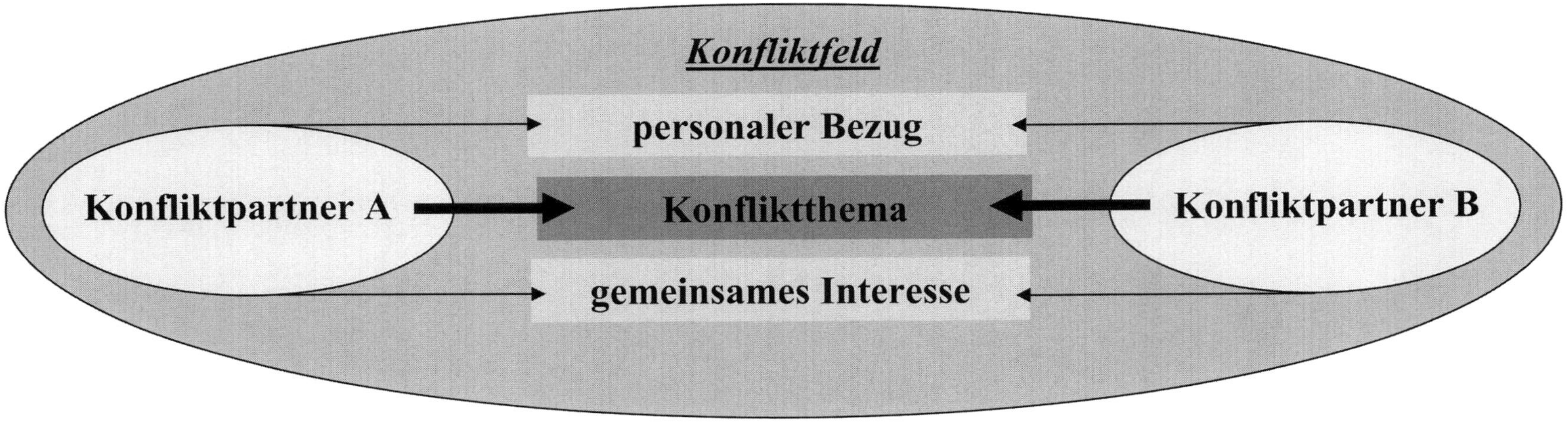

**Konfliktpartner A** → **Konfliktthema** ← **Konfliktpartner B**

**Konfliktfeld**: personaler Bezug — Konfliktthema — gemeinsames Interesse

*Konfliktthema frühzeitig ansprechen! Verzögerungen verschärfen Konflikte!*

*Konfliktthema vom übrigen personalen Bezug abtrennen! Versachlichung des Konfliktes!*

*Direkte persönliche Aussprache! Keine Vorwürfe vor Zuhörern!*

## 2.8 Wege zur Konfliktlösung

*Die Fähigkeit zur Konfliktlösung muss erlernt werden!*

*Sie ist Teil des persönlichen Reifungsprozesses!*

**Konfliktpartner A**

*Zügle deine innere Erregung und deine Emotionen!*

*Bekämpfe nicht die Argumente des anderen!*

*Konzentriere dich auf die Klarheit deiner Argumente!*

**Mediative Kommunikation**
(Suche nach toleranter, kooperativer Lösung)

Gespräch unter vier Augen führen; ruhige, leise Gesprächsatmosphäre; klare Abgrenzung des Problems; Vorstellung der jeweiligen Gesichtspunkte (ausreden lassen); Trennung der Aspekte (Tatsachen, Interpretationen, Erwartungen, Vorurteile, Emotionen); Abstimmung der Tatsachen; Suche nach Kompromiss

**Konfliktpartner B**

*Höre zu, was der andere sagt, ohne sofort nach Gegenargumenten zu suchen!*

*Wiederhole in eigenen Worten seine Aussage!*

*Bedenke die Argumente und Beweggründe des anderen!*

*Übernehme die Rolle eines Konfliktpartners und eines Streitschlichters!*

*Suche bei anhaltenden Konflikten (nach Absprache) eine neutrale Mediationshilfe!*

*Übe und analysiere mediative Konfliktlösungen im Rollenspiel!*

*Die Partnerschaft ist die vertraute Gemeinschaft, in der sich der Mensch unverstellt zeigen kann. Die Zuneigung schützt vor Entblößung. Tiefere Schichten können zur Reife gelangen.*

## 3. Die Partnerschaftlichkeit

3.1 Der partnerschaftliche Mensch (Seite 115)

3.2 Emanzipation in der Partnerschaft (Seite 116)

3.3 Nähe und Distanz (Seite 117)

3.4 Vertrauen und Eifersucht (Seite 118)

3.5 Liebe und Sexualität (Seite 119)

3.6 Verantwortung und „Nestwärme" (Seite 120)

IV. Über den Umgang mit Menschen

## 3.1 Der partnerschaftliche Mensch

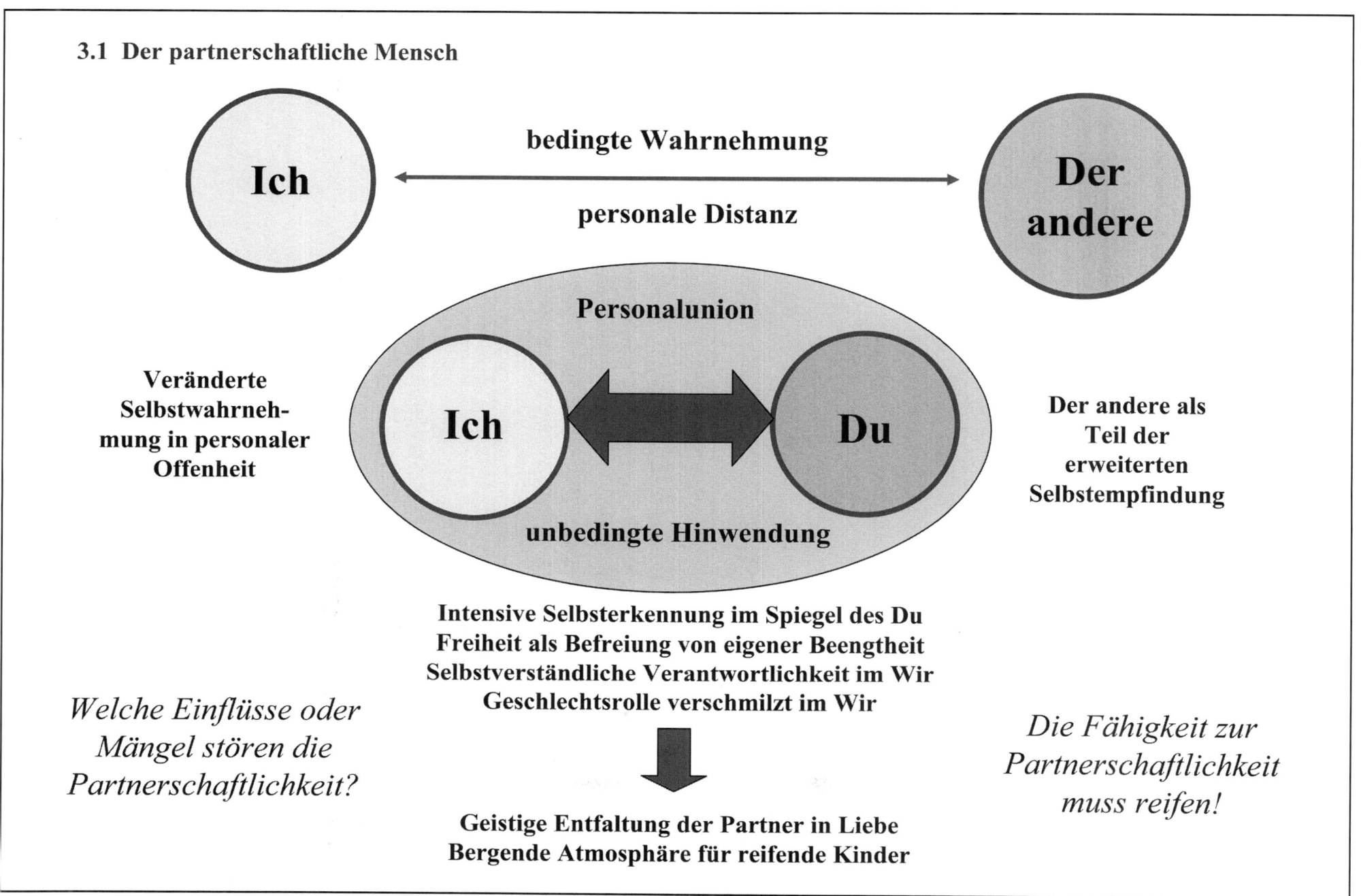

**Ich** ←→ **Der andere**

bedingte Wahrnehmung
personale Distanz

Der andere als Teil der erweiterten Selbstempfindung

*Die Fähigkeit zur Partnerschaftlichkeit muss reifen!*

**Personalunion**: **Ich** ↕ **Du**

unbedingte Hinwendung

Intensive Selbsterkennung im Spiegel des Du
Freiheit als Befreiung von eigener Beengtheit
Selbstverständliche Verantwortlichkeit im Wir
Geschlechtsrolle verschmilzt im Wir

→ Geistige Entfaltung der Partner in Liebe
Bergende Atmosphäre für reifende Kinder

**Veränderte Selbstwahrnehmung in personaler Offenheit**

*Welche Einflüsse oder Mängel stören die Partnerschaftlichkeit?*

## 3.2 Emanzipation in der Partnerschaft

*Drum prüfe, wer sich „ewig" bindet!*

**Du**

**Ich**

**fixierende Personalunion**

individuelle Pflichten, starres Rollenbild, Monotonie und Abgestumpftheit, geringe Kommunikation, Unverständnis, Erstarrung, mangelnde Streitkultur, Sexualität dominiert über Liebe

**reifende Personalunion**

gemeinsame Lebensfreude, gegenseitige Achtsamkeit, Interesse an der Entwicklung des Partners, lebendiger Austausch, Konfliktfähigkeit, Selbstreflexion im Spiegel des anderen, partnerschaftliche Verantwortlichkeit, Balance zwischen Sexualität und Liebe

**divergierende Personalunion**

getrennte Lebensbereiche, fehlende Gemeinsamkeit, fehlende Akzeptanz und Achtsamkeit, Egoismus dominiert, geringe Kommunikation, mangelnde Selbstreflexion, Reduktion von Sexualität und Liebe

**Individuell gereifte Partnerschaft mit innerer Klarheit in Selbst- und Mitverantwortung**

*Betrachte dich selbst, inwieweit deine persönlichen Eigenschaften eine positive Partnerschaft tragen können!*

*Erörtere die positiven und die negativen Aspekte, die zu einer erfüllenden Partnerschaft führen oder sie zerstören!*

# IV. Über den Umgang mit Menschen

## 3.3 Nähe und Distanz

*Die Suche nach gegenseitigem Verstehen muss achtsam erhalten werden!*

*Liebe als unbedingte innere Zuwendung trägt den pulsierenden Lebensfluss!*

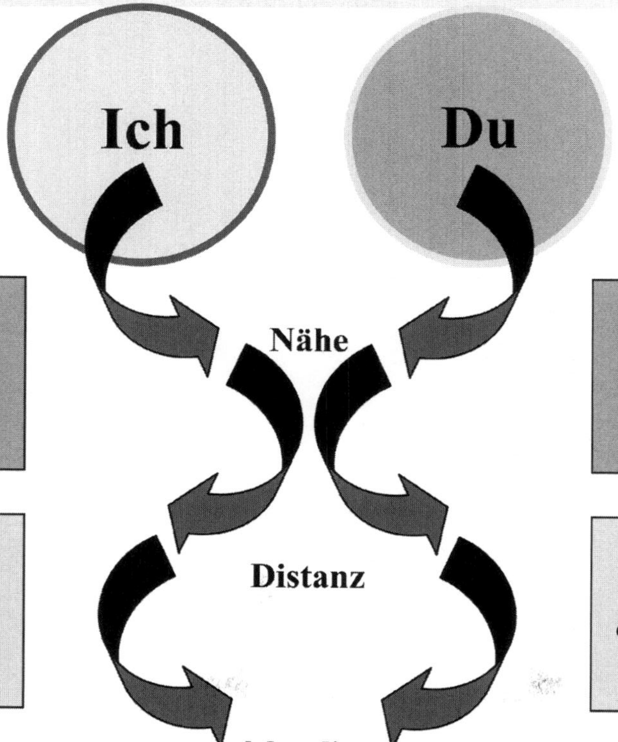

Jeder Mensch braucht seinen „Individualbereich"!

Die partnerschaftliche Gemeinschaft überschreitet immer wieder die persönliche Individualdistanz.

Die Gefahr von Stress und Aggression steigt!

Ein pulsierender Wechsel von Nähe und Distanz erzeugt Spannung und erfüllende Gemeinsamkeit.

**Ich** — **Du**

**Nähe** ⇄ **Distanz**

lebendige Fortentwicklung

**Gefahr von Langeweile;** Spannungslosigkeit; Stagnation der individuellen und gemeinsamen Entwicklung

**Gefahr von Isolation,** Vereinsamung; Verlust an Gemeinsamkeit; Verdeutlichung der Unterschiede

**Annäherung**
Geheimnis der Verschiedenheit wird zum Attraktor; Abbau von Spannung; Herstellung von Einheit

**Distanzierung**
Individuelle Neuorientierung; Aufnahme neuer Impulse zur Weiterentwicklung; Aufbau von Spannung

## 3.4 Vertrauen und Eifersucht

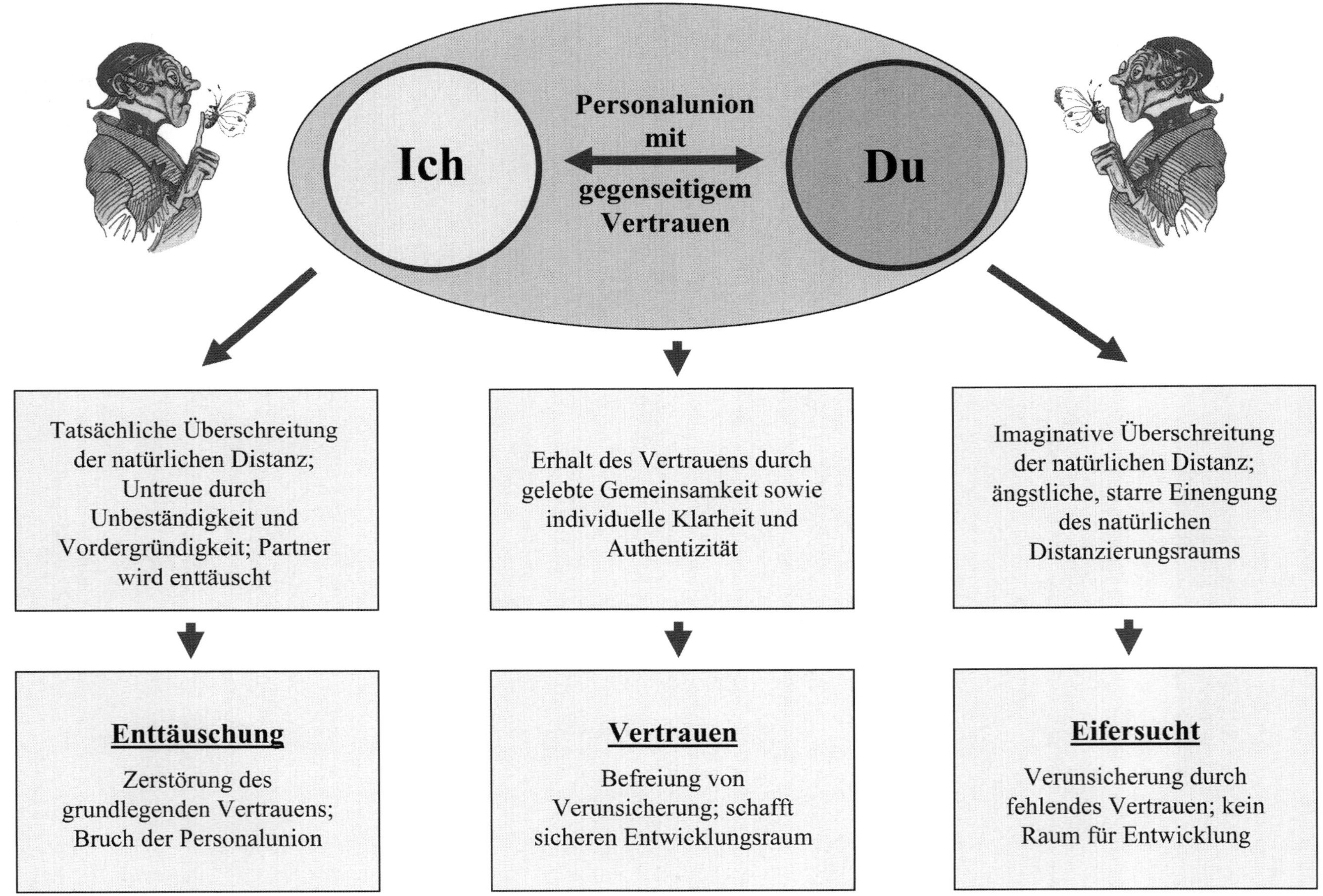

**Personalunion mit gegenseitigem Vertrauen**
(Du ↔ Ich)

→ Imaginative Überschreitung der natürlichen Distanz; ängstliche, starre Einengung des natürlichen Distanzierungsraums

→ **Eifersucht**
Verunsicherung durch fehlendes Vertrauen; kein Raum für Entwicklung

→ Erhalt des Vertrauens durch gelebte Gemeinsamkeit sowie individuelle Klarheit und Authentizität

→ **Vertrauen**
Befreiung von Verunsicherung; schafft sicheren Entwicklungsraum

→ Tatsächliche Überschreitung der natürlichen Distanz; Untreue durch Unbeständigkeit und Vordergründigkeit; Partner wird enttäuscht

→ **Enttäuschung**
Zerstörung des grundlegenden Vertrauens; Bruch der Personalunion

Franz Racki: Schulknigge für die Sekundarstufe 2 · Best.-Nr. 440
© Brigg Pädagogik Verlag GmbH, Augsburg

IV. Über den Umgang mit Menschen     119

## 3.5 Liebe und Sexualität

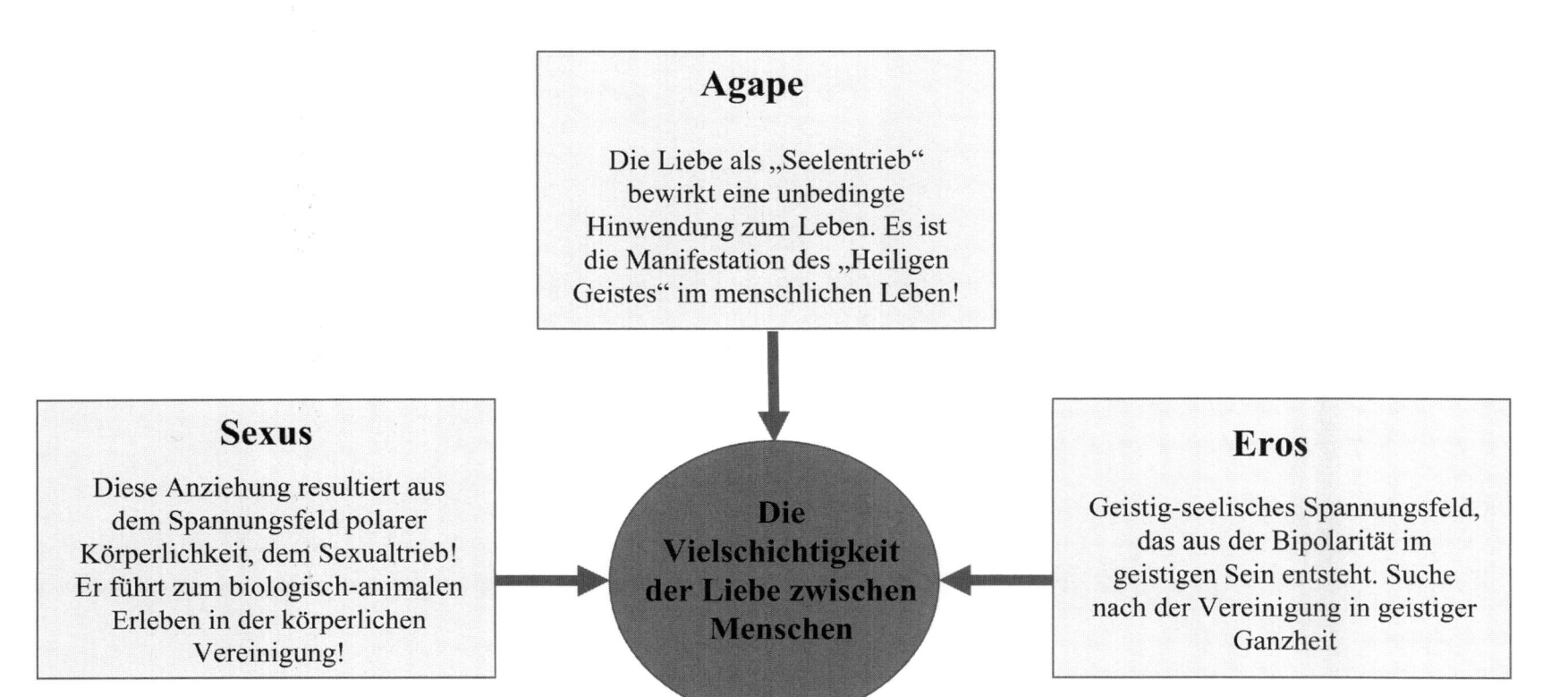

**Agape**

Die Liebe als „Seelentrieb" bewirkt eine unbedingte Hinwendung zum Leben. Es ist die Manifestation des „Heiligen Geistes" im menschlichen Leben!

**Eros**

Geistig-seelisches Spannungsfeld, das aus der Bipolarität im geistigen Sein entsteht. Suche nach der Vereinigung in geistiger Ganzheit

**Sexus**

Diese Anziehung resultiert aus dem Spannungsfeld polarer Körperlichkeit, dem Sexualtrieb! Er führt zum biologisch-animalen Erleben in der körperlichen Vereinigung!

**Die Vielschichtigkeit der Liebe zwischen Menschen**

*In einer gereiften Partnerschaft gehen Agape, Sexus und Eros ineinander auf!*

*Menschliches Leben findet Erfüllung!*

*Neues Leben kann entstehen!*

## 3.6 Verantwortung und „Nestwärme"

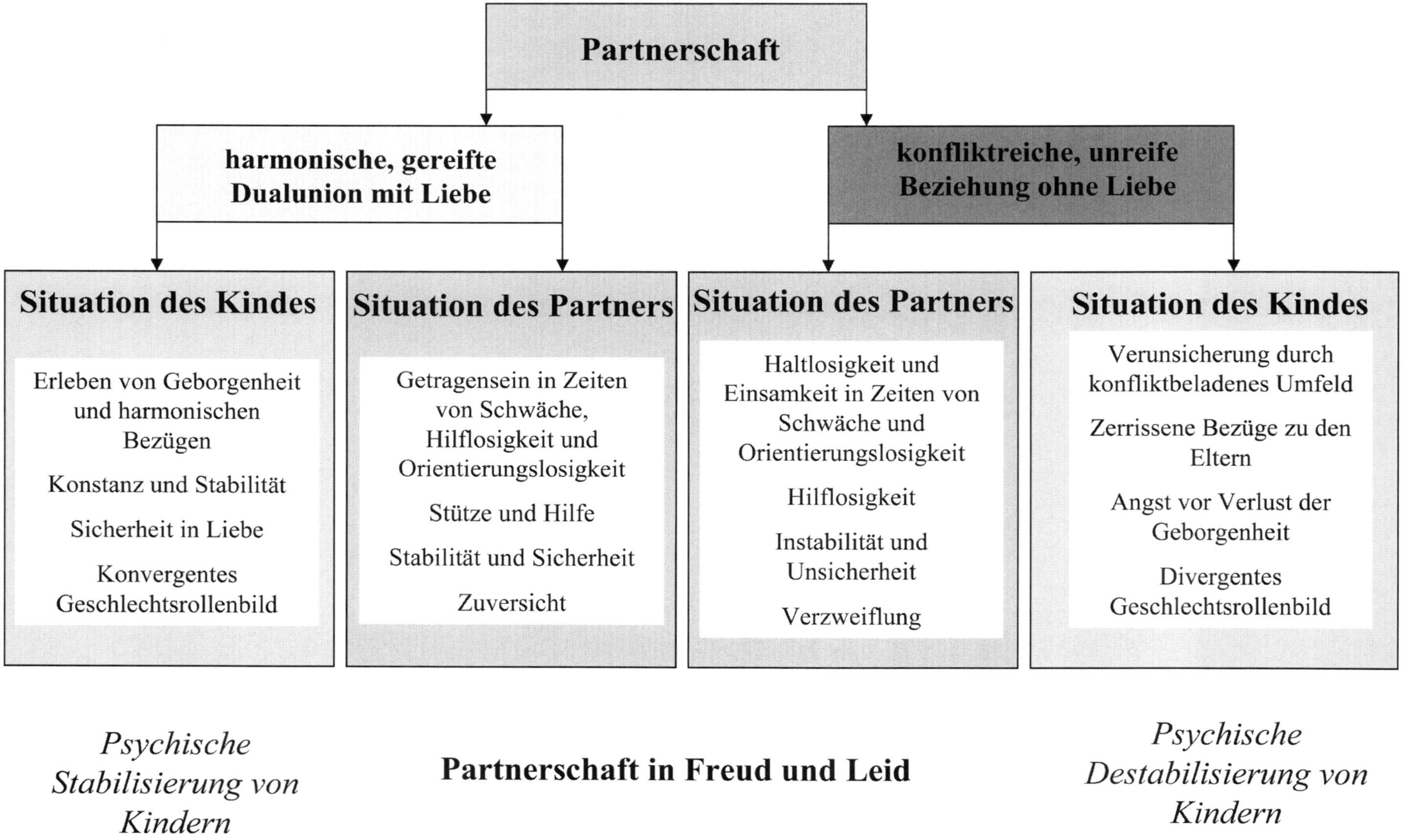

**Partnerschaft**

### harmonische, gereifte Dualunion mit Liebe

**Situation des Kindes**

Erleben von Geborgenheit und harmonischen Bezügen

Konstanz und Stabilität

Sicherheit in Liebe

Konvergentes Geschlechtsrollenbild

*Psychische Stabilisierung von Kindern*

**Situation des Partners**

Getragensein in Zeiten von Schwäche, Hilflosigkeit und Orientierungslosigkeit

Stütze und Hilfe

Stabilität und Sicherheit

Zuversicht

*Partnerschaft in Freud und Leid*

### konfliktreiche, unreife Beziehung ohne Liebe

**Situation des Partners**

Haltlosigkeit und Einsamkeit in Zeiten von Schwäche und Orientierungslosigkeit

Hilflosigkeit

Instabilität und Unsicherheit

Verzweiflung

**Situation des Kindes**

Verunsicherung durch konfliktbeladenes Umfeld

Zerrissene Bezüge zu den Eltern

Angst vor Verlust der Geborgenheit

Divergentes Geschlechtsrollenbild

*Psychische Destabilisierung von Kindern*

Franz Rackl: Schulknigge für die Sekundarstufe 2 · Best.-Nr. 440
© Brigg Pädagogik Verlag GmbH, Augsburg

IV. Über den Umgang mit Menschen

*In unserem Lebensalltag begegnen wir Menschen in unterschiedlichen Situationen und Konstellationen. Jedes Bezugsfeld bringt andere Bedingtheiten mit sich. Wir sollten allen Menschen entsprechend den Gegebenheiten in rechter Weise begegnen ohne unsere Authentizität zu verlieren!*

## 4. Spezielle Begegnungsfelder

| | |
|---|---|
| 4.1 Der Wert der Freundschaft | (Seite 122) |
| 4.2 Die Gruppenzugehörigkeit | (Seite 123) |
| 4.3 Gruppenbezüge | (Seite 124) |
| 4.4 Personale Aspekte im Berufsfeld | (Seite 125) |
| 4.5 Konkurrenz und Rivalität | (Seite 126) |
| 4.6 Der Umgang mit dem Geld | (Seite 127) |
| 4.7 Kommunikation im Leistungsteam | (Seite 128) |
| 4.8 Mediale Isolation | (Seite 129) |

## 4.1 Der Wert der Freundschaft

**Freund/-in**

**Ich**

*Der Geist der Freundschaft*

Unverstellte gegenseitige Offenheit, Kenntnis und Akzeptanz von Stärken und Schwächen, Gefühls- und Beziehungssicherheit, Vertrauen und unbedingte Annahme, nonverbales Verstehen

*Das Erleben von Freundschaft*

Verschwiegenheit, stete Ansprechbarkeit, offener persönlicher Rat, Rückhalt und Hilfe in Krisensituationen, personale Vertrautheit

*Inwiefern kann Freundschaft den persönlichen Reifungsprozess fördern?*

*Freundschaft braucht achtsame Pflege! Was kannst du für den Erhalt deiner Freundschaft tun?*

*Wo liegen die Unterschiede zwischen Freundschaft und Partnerschaft?*

Franz Rackl: Schulknigge für die Sekundarstufe 2 · Best.-Nr. 440
© Brigg Pädagogik Verlag GmbH, Augsburg

IV. Über den Umgang mit Menschen

## 4.2 Die Gruppenzugehörigkeit

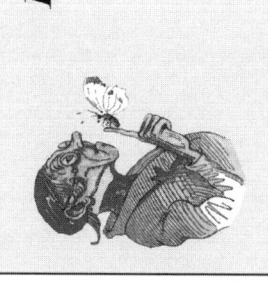

### *Die Gruppe ist geprägt durch gemeinsame Interessen und Ziele*

*Was hast du bisher zum Gruppenleben beigetragen?*

*Welche Bedeutung haben verschiedene Gruppen für dich?*

*Was haben dir Gruppen bisher gegeben?*

*Welche Nachteile oder Probleme hast du in Gruppen erlebt?*

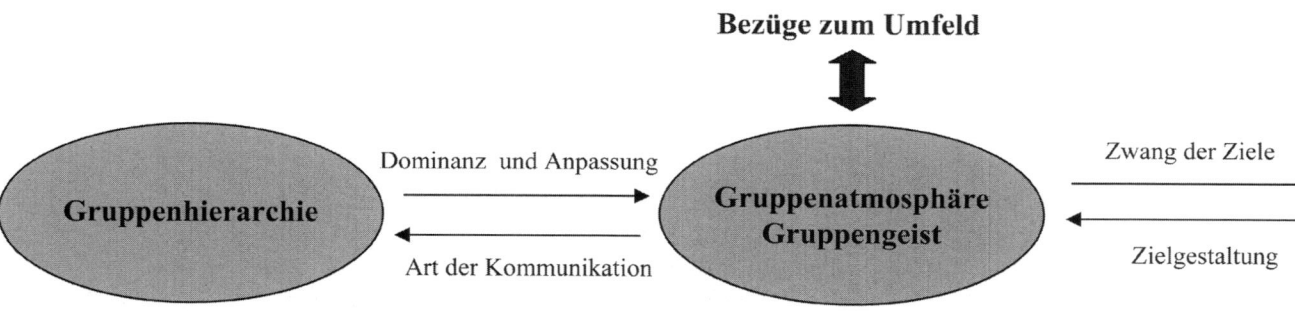

**Gruppenziele**

**Gruppenatmosphäre / Gruppengeist**

**Gruppenhierarchie**

**Ich – persönliche Haltung und Ziele**

**Bezüge zu anderen Gruppen**

Bezüge zum Umfeld

Zwang der Ziele / Zielgestaltung

Dominanz und Anpassung / Art der Kommunikation

Einfluss der Gruppe / Eigener Beitrag

### Nachteile durch Gruppenzugehörigkeit

- Vereinnahmung durch Gruppen
- Verlust an Individualität
- Gruppenzwänge
- Verlust an Offenheit für andere Bezüge
- Gleichförmigkeit

### Vorteile durch Gruppenzugehörigkeit

- Soziales Lernfeld (Kooperation, Koordination)
- Schutz und Geborgenheit
- gemeinsames Erleben
- Gemeinsamkeit in Sieg und Niederlage

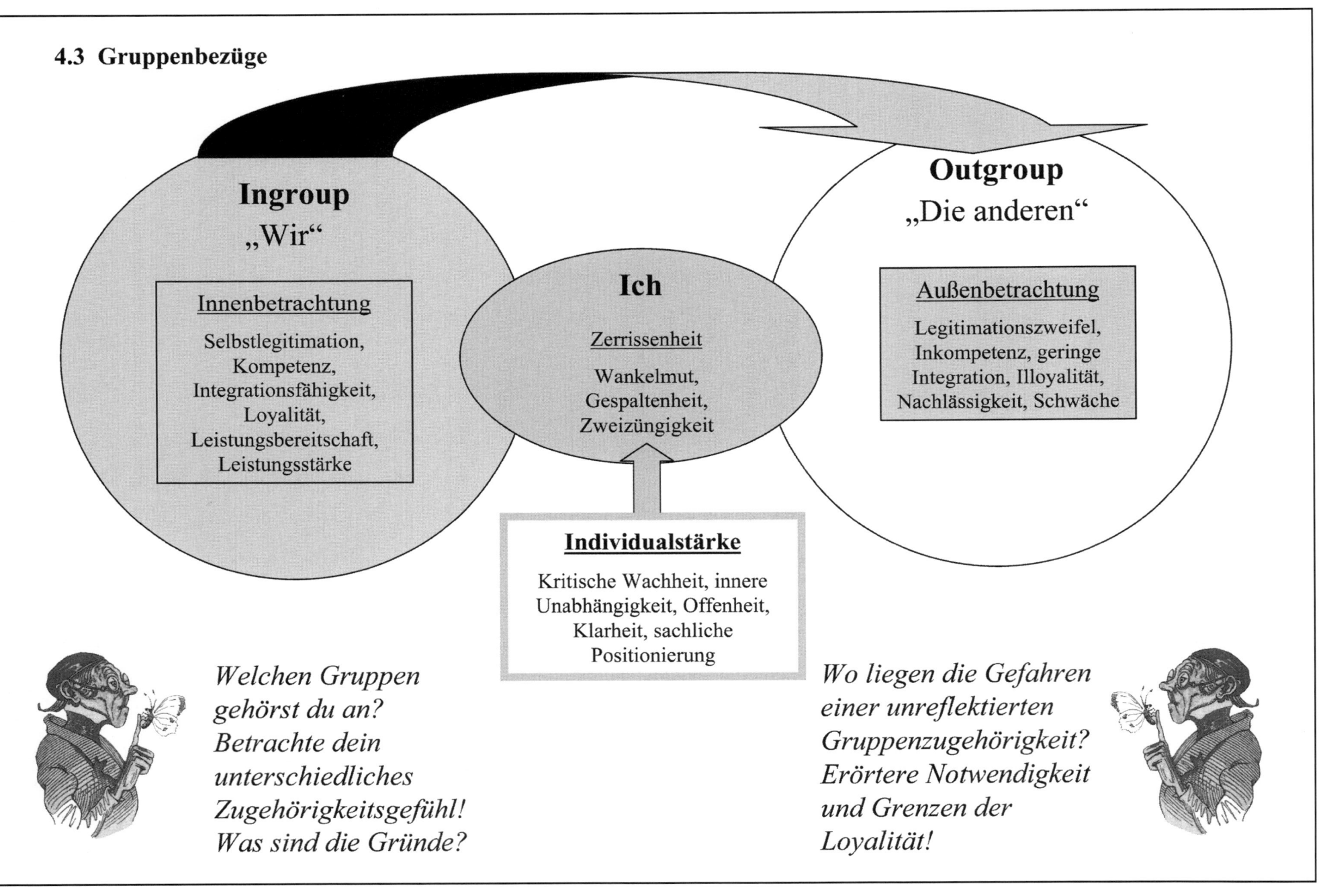

## 4.3 Gruppenbezüge

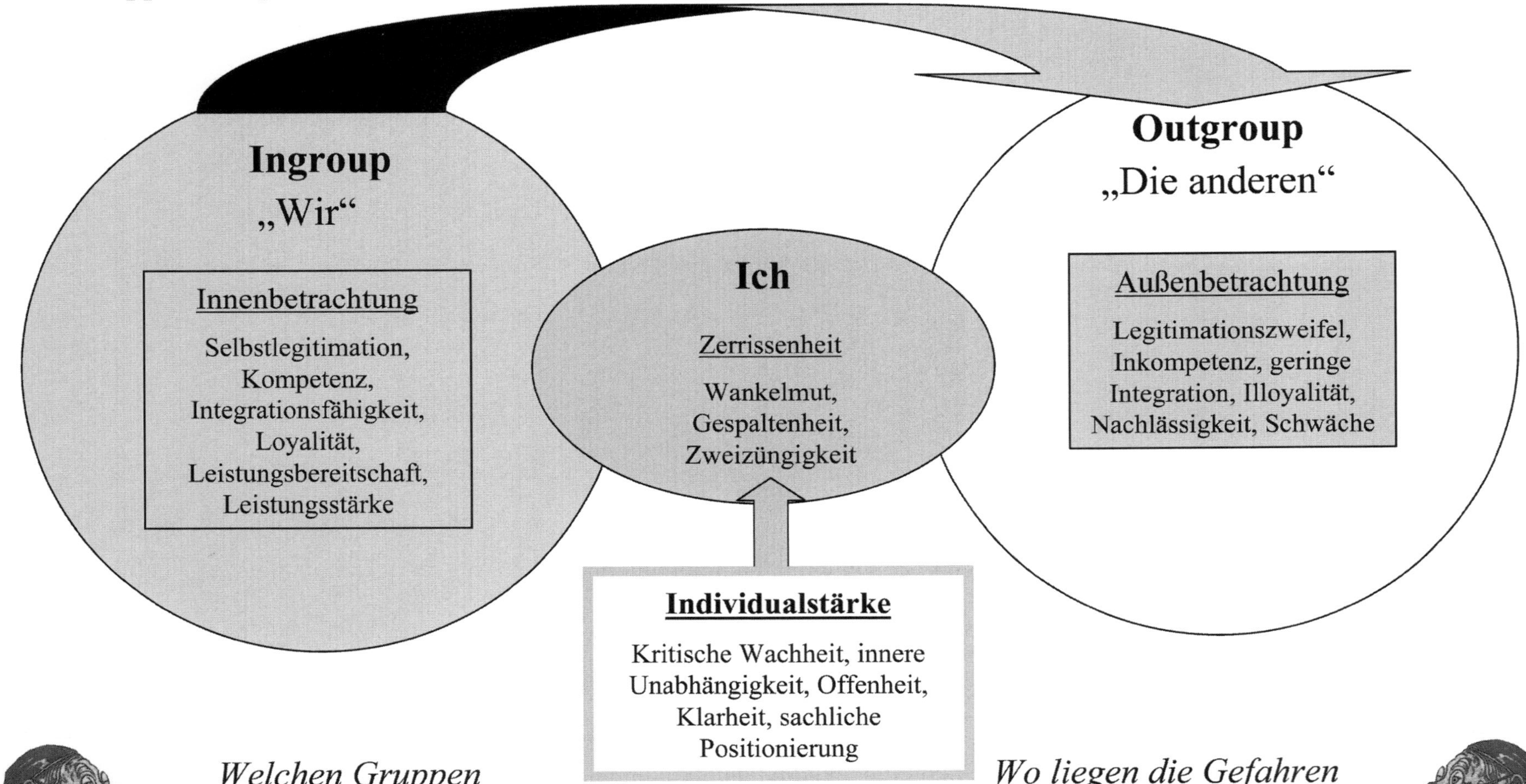

**Ingroup**
„Wir"

Innenbetrachtung
Selbstlegitimation, Kompetenz, Integrationsfähigkeit, Loyalität, Leistungsbereitschaft, Leistungsstärke

**Ich**

Zerrissenheit
Wankelmut, Gespaltenheit, Zweizüngigkeit

**Outgroup**
„Die anderen"

Außenbetrachtung
Legitimationszweifel, Inkompetenz, geringe Integration, Illoyalität, Nachlässigkeit, Schwäche

**Individualstärke**
Kritische Wachheit, innere Unabhängigkeit, Offenheit, Klarheit, sachliche Positionierung

*Wo liegen die Gefahren einer unreflektierten Gruppenzugehörigkeit? Erörtere Notwendigkeit und Grenzen der Loyalität!*

*Welchen Gruppen gehörst du an? Betrachte dein unterschiedliches Zugehörigkeitsgefühl! Was sind die Gründe?*

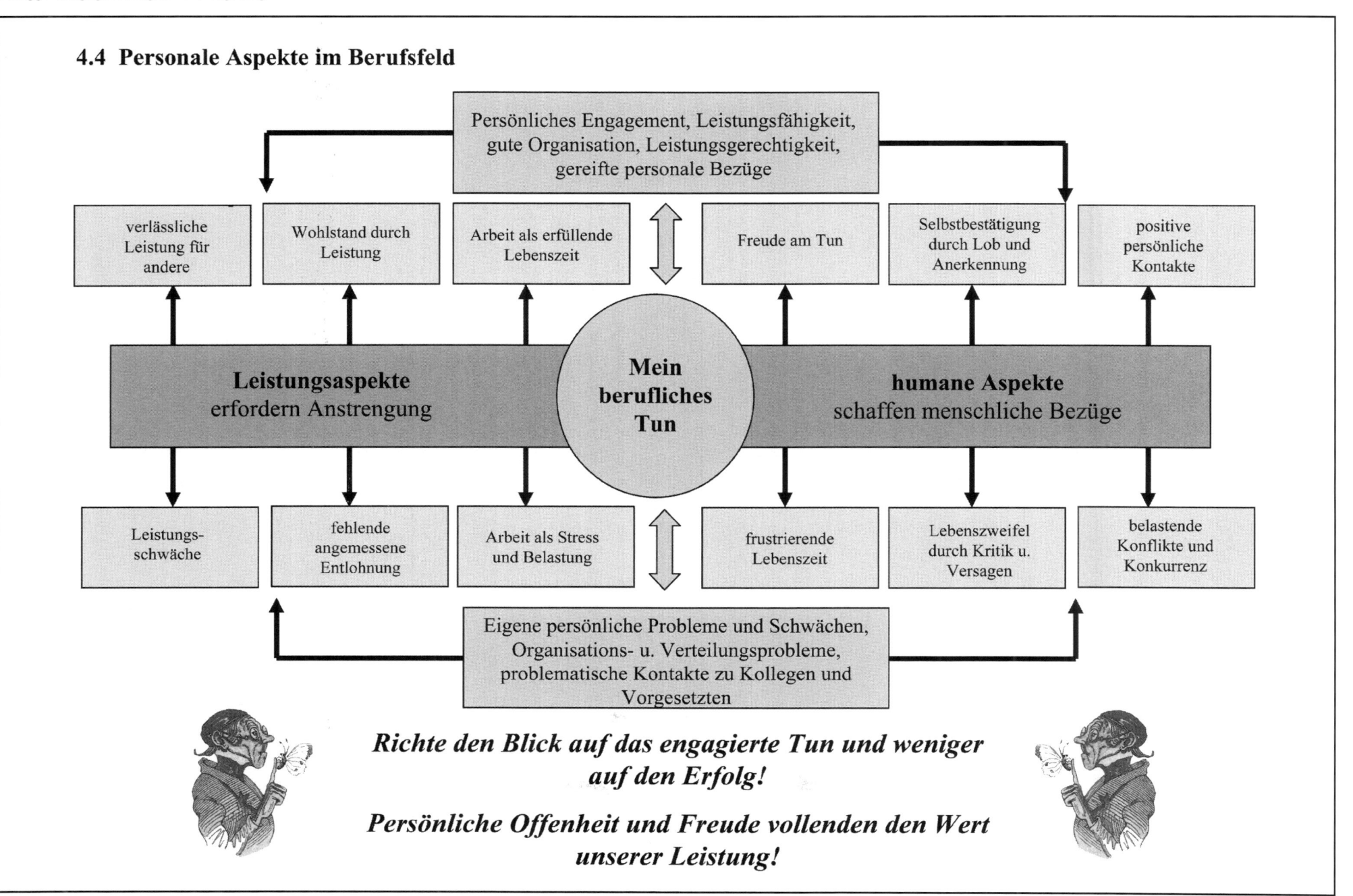

## 4.4 Personale Aspekte im Berufsfeld

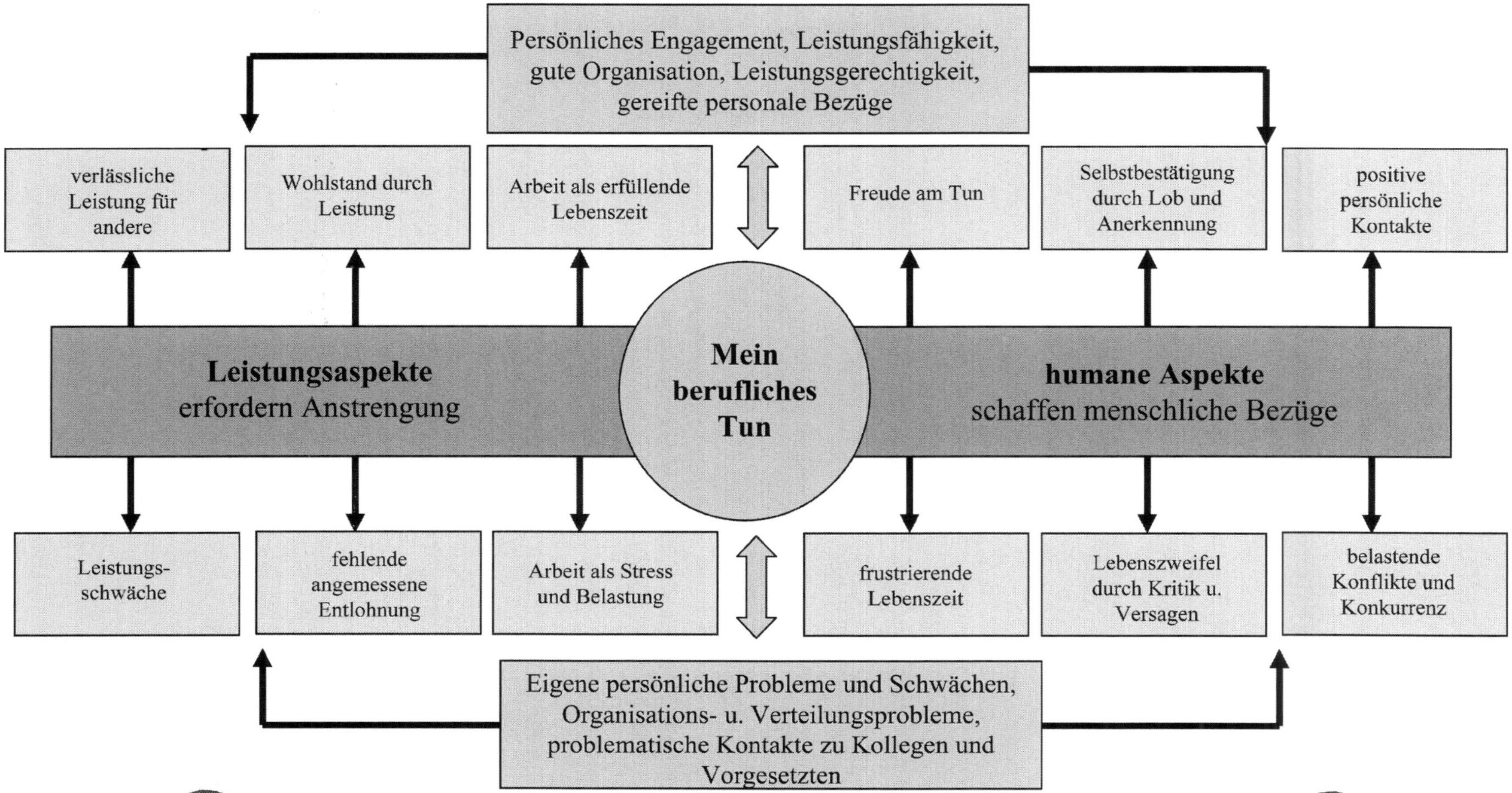

**Mein berufliches Tun**

**humane Aspekte** schaffen menschliche Bezüge

**Leistungsaspekte** erfordern Anstrengung

- positive persönliche Kontakte
- Selbstbestätigung durch Lob und Anerkennung
- Freude am Tun
- Arbeit als erfüllende Lebenszeit
- Wohlstand durch Leistung
- verlässliche Leistung für andere

Persönliches Engagement, Leistungsfähigkeit, gute Organisation, Leistungsgerechtigkeit, gereifte personale Bezüge

- belastende Konflikte und Konkurrenz
- Lebenszweifel durch Kritik u. Versagen
- frustrierende Lebenszeit
- Arbeit als Stress und Belastung
- fehlende angemessene Entlohnung
- Leistungsschwäche

Eigene persönliche Probleme und Schwächen, Organisations- u. Verteilungsprobleme, problematische Kontakte zu Kollegen und Vorgesetzten

*Richte den Blick auf das engagierte Tun und weniger auf den Erfolg!*

*Persönliche Offenheit und Freude vollenden den Wert unserer Leistung!*

## 4.5 Konkurrenz und Rivalität

*Der Mensch als Sozialwesen muss seine Stellung im gesellschaftlichen Gefüge suchen. Konkurrenz und Positionskämpfe sind unvermeidbar. Eine gereifte Gesellschaft hat humane Formen und Regeln, um die Rivalitäten zu moderieren!*

**Die humane Leistungskonkurrenz**

- achtsame Neutralität mit Anerkennung
- **Bezüge über Dritte**
- Mobbing durch Verleumdung und Herabsetzung

- natürlicher, respektvoller gegenseitiger Umgang
- **unmittelbares persönliches Verhalten**
- Mobbing durch Provokation, Ignoranz oder Herabwürdigung

- unverkrampfte Offenheit
- **allgemeines persönliches Verhalten**
- gekünstelte Freundlichkeit und Präsentation

- bewusste Konzentration auf die eigene Leistung
- **unmittelbarer Leistungsvergleich**
- gezieltes Herausstellen der eigenen Leistung

**destruktive Rivalität**

*Welche Erfahrungen hast du bisher mit Konkurrenz und Rivalität gemacht?*

*Welche Verhaltenstendenzen zeigst du selbst im Konkurrenzkampf?*

## 4.6 Der Umgang mit dem Geld

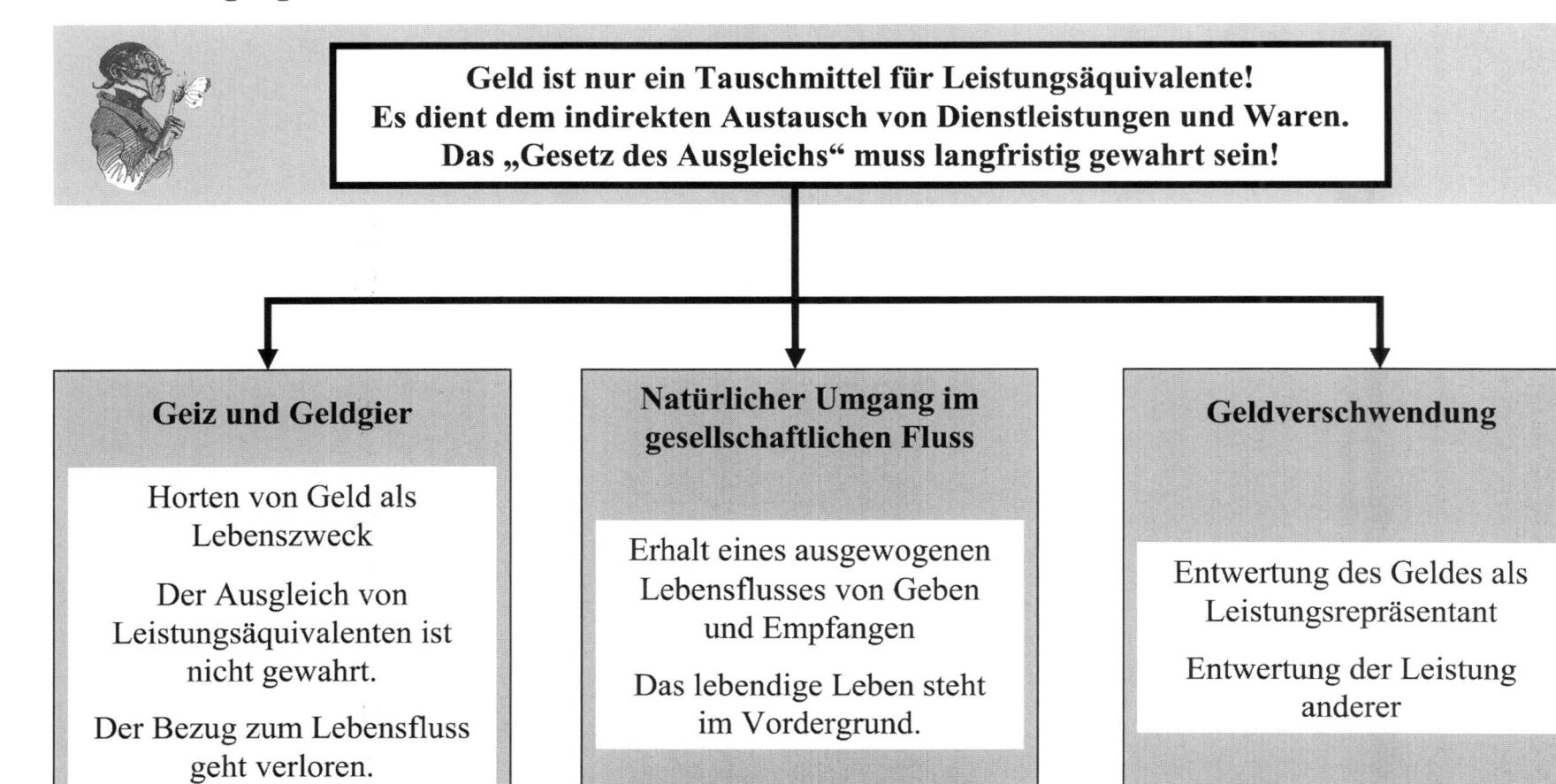

**Geld ist nur ein Tauschmittel für Leistungsäquivalente!
Es dient dem indirekten Austausch von Dienstleistungen und Waren.
Das „Gesetz des Ausgleichs" muss langfristig gewahrt sein!**

**Geiz und Geldgier**

Horten von Geld als Lebenszweck

Der Ausgleich von Leistungsäquivalenten ist nicht gewahrt.

Der Bezug zum Lebensfluss geht verloren.

**Natürlicher Umgang im gesellschaftlichen Fluss**

Erhalt eines ausgewogenen Lebensflusses von Geben und Empfangen

Das lebendige Leben steht im Vordergrund.

**Geldverschwendung**

Entwertung des Geldes als Leistungsrepräsentant

Entwertung der Leistung anderer

*Der Umgang mit dem Geld prägt erheblich die Einstellung zur Zwischenmenschlichkeit!
Das Geld wird leicht zum einzigen Maß für gesellschaftliches Tun!
Welche Bedeutung hat das Geld bei deiner persönlichen Lebensführung?
Welche gesellschaftliche Rolle spielt heute das Geld?*

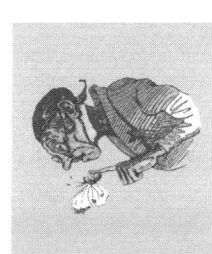

## 4.7 Kommunikation im Leistungsteam

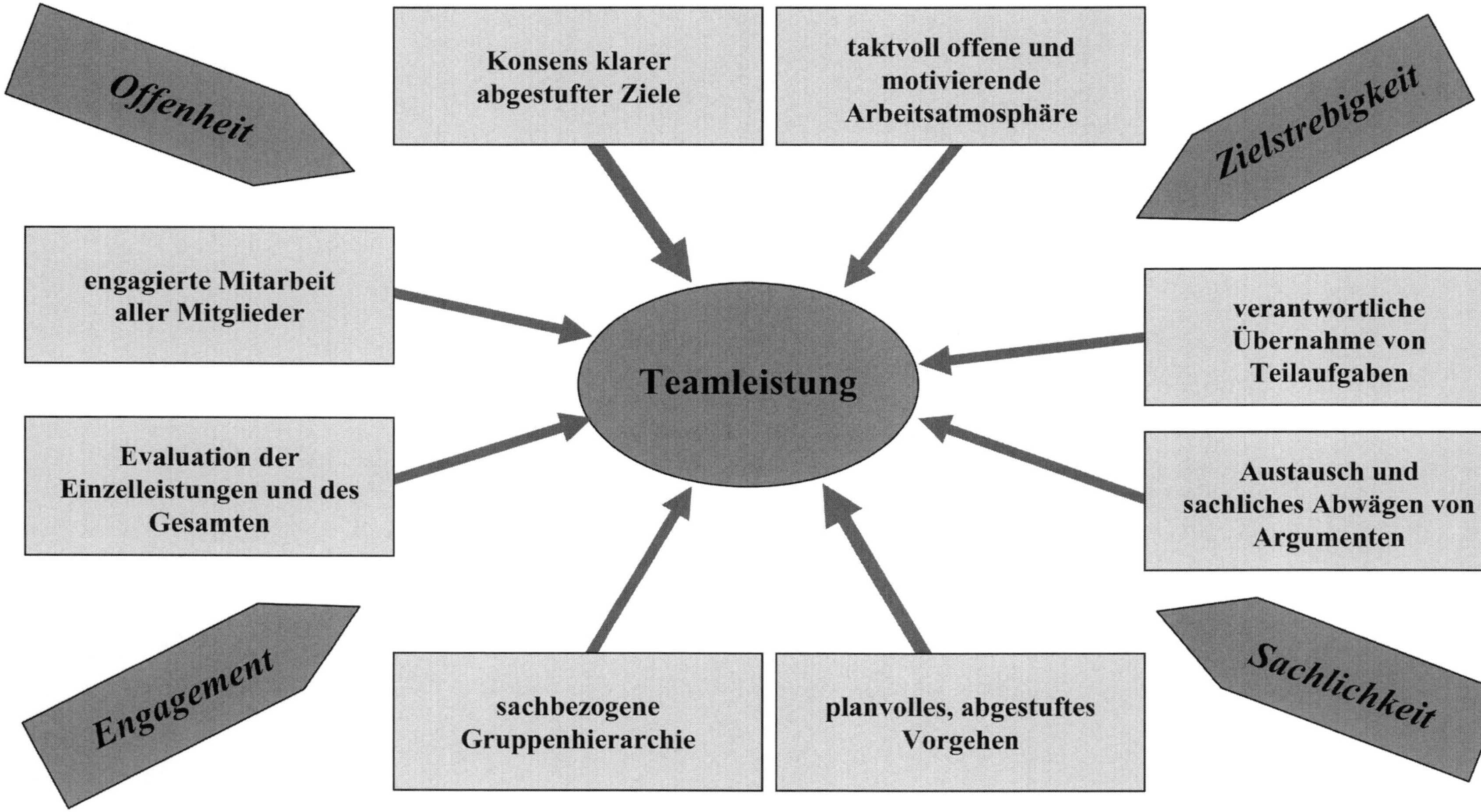

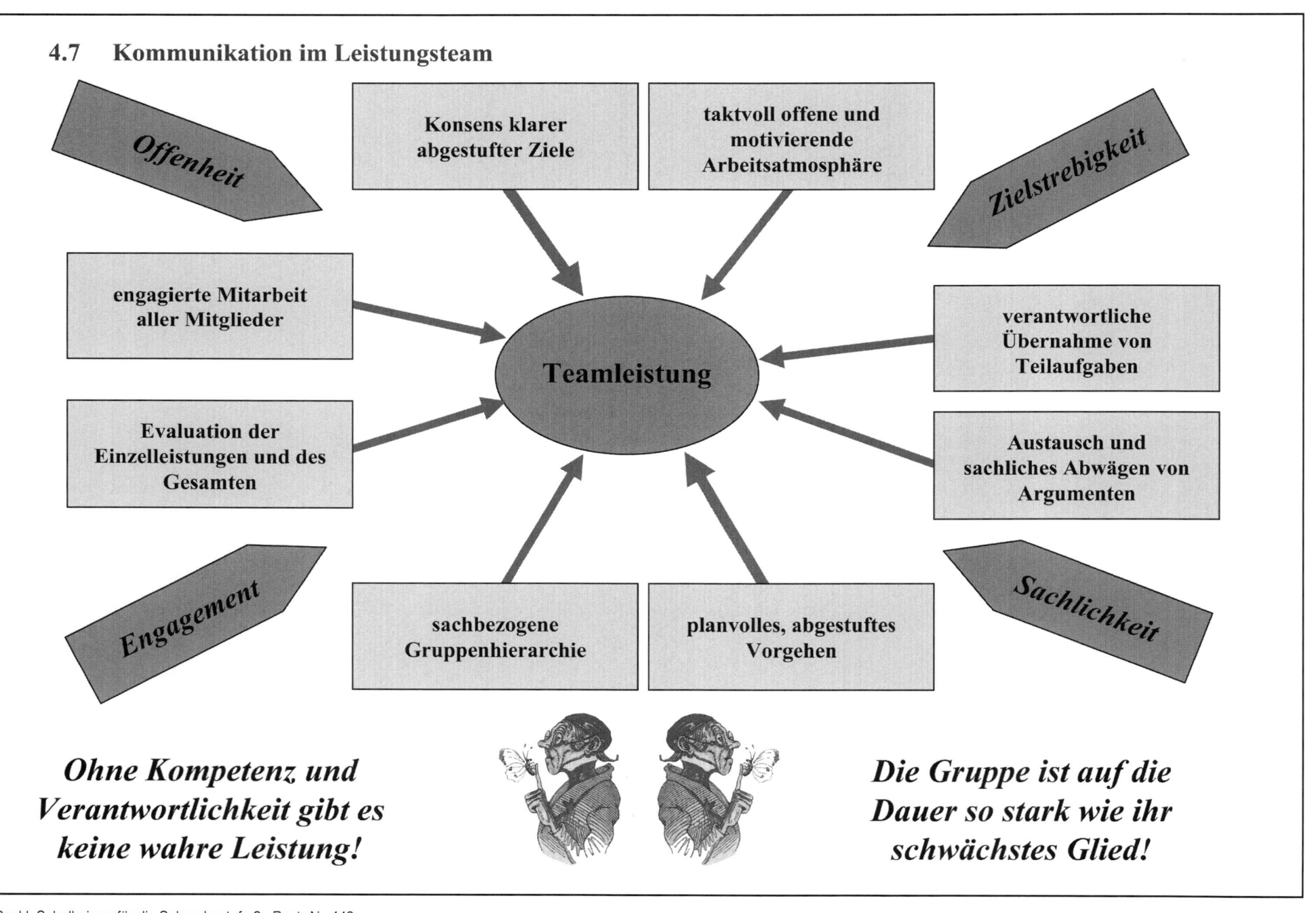

**Zielstrebigkeit**

**Sachlichkeit**

- verantwortliche Übernahme von Teilaufgaben
- Austausch und sachliches Abwägen von Argumenten
- taktvoll offene und motivierende Arbeitsatmosphäre
- planvolles, abgestuftes Vorgehen
- Konsens klarer abgestufter Ziele
- sachbezogene Gruppenhierarchie
- engagierte Mitarbeit aller Mitglieder
- Evaluation der Einzelleistungen und des Gesamten

→ **Teamleistung**

**Offenheit**

**Engagement**

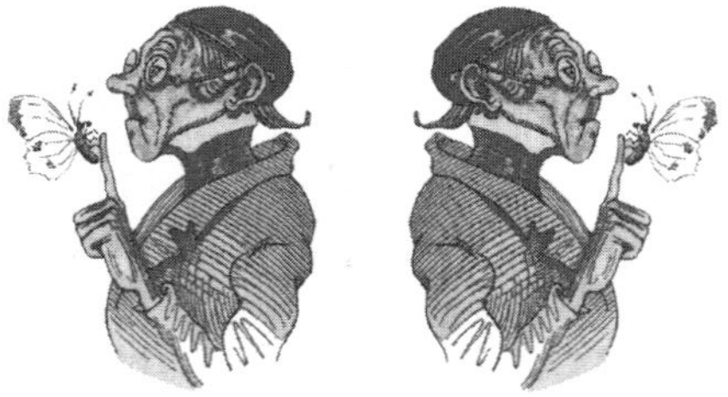

*Die Gruppe ist auf die Dauer so stark wie ihr schwächstes Glied!*

*Ohne Kompetenz und Verantwortlichkeit gibt es keine wahre Leistung!*

IV. Über den Umgang mit Menschen   129

## 4.8 Mediale Isolation

*Learning by watching*
**Beobachtung anderer oder medialer Scheinwelten**

Wahl nach subjektiven Reizbedürfnissen; scheinbares Selbsterleben; epigonenhafte Kreativität; passiver Erlebensbereich; illusionäre Realitätsferne; fehlender direkter personaler Bezug;

**Ich und Illusion Fixierung durch Reifung Interaktion**

*Learning by doing*
**reale Tätigkeit im Kontakt zu Mitmenschen**

eigenaktives Handeln mit allen Sinnen; kreatives Selbsterleben in der Aktion; unmittelbare Konfrontation mit anderen; Erleben von gemeinsamer Emotionalität; dynamisches Wechselspiel;

*Inwiefern kann Medienkonsum zu einseitiger Welt- und Menschensicht führen? Wie wirkt sich eine kontaktarme Freizeitgestaltung aus?*

*Worin liegt der Wert einer kreativen, vielseitigen Freizeitgestaltung? Inwiefern profitieren wir aus persönlichen Kontakten?*

# V. Die rechte Form des menschlichen Handelns

*Die Form als Repräsentant der Person*

Wie in den obigen Kapiteln betrachtet, erfordert ein gereiftes Menschsein eine bewusste Entfaltung der inneren Haltung. Diese geistige Ausrichtung ist eine Art Bearbeitungsprogramm für motivierende Impulse, die teils von inneren Trieben und teils von äußeren Reizen ausgehen. Für den Außenbeobachter ist jedoch nur die Verhaltensreaktion erkennbar, die der Willensimpuls auslöst. Das Umfeld sieht also nur die Reaktion in der äußerlich wahrnehmbaren Situation und zieht letztendlich Schlüsse über die innere Haltung der agierenden Menschen. Je nach Einstellung des Beobachters wird dieser das Verhalten als angemessen oder unangemessen, als angenehm oder unangenehm empfinden. Er wird seine Einstellung und sein Verhalten gegenüber der handelnden Person danach ausrichten.

*Die Entwicklung der Form*

Wie entstehen aber diese Verhaltensformen? Die Verhaltensweisen von uns Menschen sind nicht angeboren. Verhaltensgewohnheiten werden gelernt! Einen grundlegenden Anteil unseres Verhaltensinventars übernehmen wir schon in frühester Kindheit durch Beobachtungslernen aus unserem Umfeld. Alle wichtigen Bezugspersonen aber auch Mediengestalten wirken als Vorbilder. Je eindrücklicher die Personen in ihrem Agieren erscheinen, umso nachhaltiger sind die Spuren, die sie im Verhaltensinventar von Kindern hinterlassen. So entstehen „Normalitäten", wie man es eben macht. Erst mit reifendem Bewusstsein sind wir in der Lage, unsere Vorstellungen und Verhaltensweisen selbstkritisch zu betrachten. Bald begreifen wir auch das Spiel, mit Scheinverhalten Einstellungen und Inhalte vorzutäuschen oder zu verschleiern. Gefühlsmäßig durchleuchten wir die Reaktionen anderer Menschen, um Sein vom Schein zu unterscheiden.

Ein unverstelltes, natürliches Verhalten, das unmittelbar zeigt, wie es dem handelnden Menschen zumute ist, wirkt dagegen echt und ehrlich. In manchen Situationen kann so ein unverblümtes Verhalten jedoch in seiner Unmittelbarkeit brüskieren oder erschüttern. Dies gilt vor allem dann, wenn das Verhalten egoistische Züge trägt.

Ein diplomatisches Verhalten ist dagegen vorsichtiger angelegt, es beachtet behutsam die Situation und verläuft sehr kontrolliert, verliert jedoch dabei zunehmend an Wahrhaftigkeit. Eine besondere Verhaltensqualität erschließt eine Verhaltensweise, die von einer tiefen Zuneigung zu den Menschen und Gegebenheiten geprägt ist. Freiherr von Knigge bezeichnet diese sorgsame Verhaltensintention als Herzenstakt. Der Herzenstakt schließt die Menschen mit ein, die an der Situation beteiligt sind. Dieses Agieren ist eine hohe Form menschlichen Handelns!

Die innere Werthaltung des Menschen bezieht sich aber nicht nur auf die Kommunikation, sie findet ihre Darstellung auch in den verschiedensten äußeren Erscheinungen. Die gesamte Lebensgestaltung und Lebensführung von den Interessen, der Art der Berufsausübung über Wohnung, Kleidung bis zum sprachlichen und körperlichen Ausdruck, alles wird zur Form, die uns Menschen repräsentiert.

Wollen wir Ansehen haben, so pflegen wir die äußere Erscheinung, um im eitlen Vergleich mit anderen im schönen Licht zu erscheinen. Der Schein ist wichtiger als das Sein.

Erst, wenn uns das Sein bedeutender ist als der Schein, trachten wir um unser Ansehen vor uns selbst. Dies ist die Würde, die wir uns selbst geben, wenn wir in unserem Tun vor den besten eigenen Werten bestehen können.

*Form und Gesellschaft*

Die achtsame Umgangsform ist damit ein Ausdruck für kulturell verfeinerte Lebensweise. Sie wird für viele zum Vorbild und Zeichen kultivierten Lebens. Als „gute Manieren" waren und sind sie noch immer dazu angetan, menschliches Erscheinen und Begegnen in ein positives Licht zu setzen. Die guten Manieren gelten teilweise als Symbol für gesellschaftliche Stellung und Zugehörigkeit. Manieren unterliegen aber stets der Gefahr zu einem gekünstelten, rituellen Schauspiel zu verkümmern, da sie allzu leicht in floskelhafter Weise Inhalte vortäuschen. Gerade wenn das unmittelbare menschliche Interesse fehlt, verlieren diese Verhaltensweisen an Echtheit und werden zum Possenspiel. Die Manieren haben jedoch große zwischenmenschliche Bedeutung, wenn sie zum ungezwungenen individuellen Ausdruck einer authentischen Persönlichkeit heranreifen.

Dieses maßvolle Verhalten setzt aber Selbstdisziplin mit Gelassenheit sowie Achtsamkeit und Heiterkeit voraus. Es verleiht dem Menschen edle Ausdruckskraft. Die Ästhetik der menschlichen Erscheinung überragt letztlich alle kulturellen und gesellschaftlichen Unterschiede, sie ist zeitlos!

Diese hohe Form menschlichen Erscheinens muss jedoch in einem langen Reifungsprozess von jedem einzelnen Menschen mühevoll erworben werden. Traditionen können als Wegweiser helfen. Sie können jedoch durch ein zu starres Festhalten an überkommenen Formen, bzw. durch eine kommerzielle Verzweckung zu einer Abwehrhaltung führen, die letztlich Formlosigkeit als Zeichen der Abwehr nach sich zieht. Begleitet von einer medialen Vielfalt und Formbeliebigkeit wird es in unserer Zeit für Heranwachsende schwer, einen Ansporn und einen Weg für die eigene Formgebung zu finden. Die folgenden Tafelbilder sollen zu Wegweisern auf diesem Weg werden.

*In einer Zeit des gesellschaftlichen Wandels erkannte Freiherr von Knigge, dass in Teilen adeliger Kreise die Formen des Umgangs zu inhaltlosen Hüllen wurden. Während beim aufstrebenden Bürgertum neues pragmatisches Denken durch Formlosigkeit wenig Anerkennung fand. Knigge war bemüht, bewährte edle Umgangsformen mit den neuen Inhalten zu verbinden.*

*Auch in unserer Zeit geht es darum, den sich wandelnden Inhalten menschengerechte edle Formen zu geben!*

## V. Die rechte Form des menschlichen Handelns

**1. Auf der Suche nach der rechten Form** (Seite 133)

**2. Formen im Wandel** (Seite 141)

**3. Bezüge zwischen Lebenskultur und Gesellschaft** (Seite 145)

**4. Die Manieren** (Seite 151)

V. Die rechte Form des menschlichen Handelns

*Die besten Inhalte können nur dann Bedeutung erlangen, wenn sie sich in einer angemessenen, zeitgemäßen Form ausdrücken können!*

## 1. Auf der Suche nach der rechten Form

1.1 **Die Beziehung zwischen Inhalt und Form** (Seite 134)

1.2 **Das höfisch-humanistische Ideal** (Seite 135)

1.3 **Der Herzenstakt** (Seite 136)

1.4 **„Der Ton macht die Musik!"** (Seite 137)

1.5 **Das rechte Maß** (Seite 138)

1.6 **Alles hat seine Zeit** (Seite 139)

1.7 **Die Ästhetik der Form** (Seite 140)

## 1.1 Die Beziehung zwischen Inhalt und Form

### Form

Sprache, Ausdrucksweise, Verhalten, Gewohnheiten, Spontanitäten … *Alles, was ich rede und wie ich handle.*

**Formen sind Verhaltensweisen, sie sind teilweise bewusst steuerbar und formbar, sie können aber auch in Unbewusstheit und Gewohnheit erstarren!**

*Sei dir deiner Ausdrucksformen bewusst und achte auf eine Ausgestaltung, die deiner Einstellung entspricht!*

*Inhalte werden erst lebendig, wenn sie sich in einer passenden Form realisieren!*

### Authentizität

Die Echtheit durch Übereinstimmung von Denken und Handeln

**Lebensformen können Inhalte erlebbar machen, sie können aber auch Inhalte vortäuschen!**

*Echtheit verschafft bei dir selbst und anderen Klarheit, Sicherheit und Beständigkeit!*

### Inhalt

Triebe, Prägungen, Einstellungen, Werte, Glaube, Gewissen, Ziele, Wünsche …

*Alles, was mich bewegt und wonach ich strebe.*

**Inhalte können sich durch Reifung an den Lebenserfahrungen verändern!**

*Prüfe, ob deine Lebensinhalte durch dein Verhalten repräsentiert werden! Wohin sind deine Inhalte gerichtet?*

V. Die rechte Form des menschlichen Handelns           135

## 1.2 Das höfisch-humanistische Ideal

### „Sitte und Lebensart machen den Menschen!"
(Graf Baldesar Castilione, 1528)

**Der Entwurf eines Zusammenschlusses von Hofideal und humanistisch-rhetorischer Bildung**

- **Tugendhaftigkeit** — unter steter Orientiertheit an inneren Werten
- **Natürliche Konversation** — mit vornehmer Gesprächsführung ohne Extemposition
- **Souveränes Auftreten** — mit wohl angemessenem Verhalten
- **Universelle Bildung** — ohne einseitige, trockene Fachgelehrsamkeit
- **Anmut** — in der Erscheinung
- **Leichtigkeit** — im Verhalten und in allen Tätigkeiten

*Erörtere die einzelnen Aspekte hinsichtlich ihrer Bedeutung für die Erscheinung des Menschen! Welche Auswirkung haben die Aspekte auf die Persönlichkeit selbst? Welche Bedeutung haben diese Aspekte für das heutige Leben?*

## 1.3 Der Herzenstakt

### Herzenstakt
(nach Freiherr von Knigge)

*Der Umgang zwischen den Menschen sollte nicht von starren Verhaltensnormen, sondern vielmehr vom Takt der Herzen bestimmt sein!*

„taktvoller Umgang"

achtsame Begegnung, feine Umgangsform, Zuvorkommen, Eingehen auf individuelle Situation, Begegnung auf Augenhöhe, Diskretion

Form

„Herzensbezug"

menschliche Offenheit, Achtsamkeit, Empathie und Verständnis, Demut und Dankbarkeit, Zuneigung, Liebe

Inhalt

→ Basis einer humanen solidarischen Individualgesellschaft

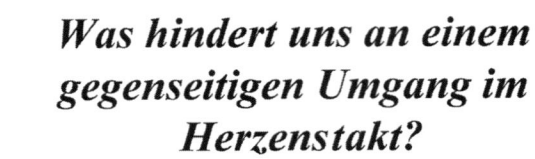

*Was hindert uns an einem gegenseitigen Umgang im Herzenstakt?*

*Wie kann sich der Herzenstakt in deinen Alltagsbegegnungen zeigen?*

V. Die rechte Form des menschlichen Handelns

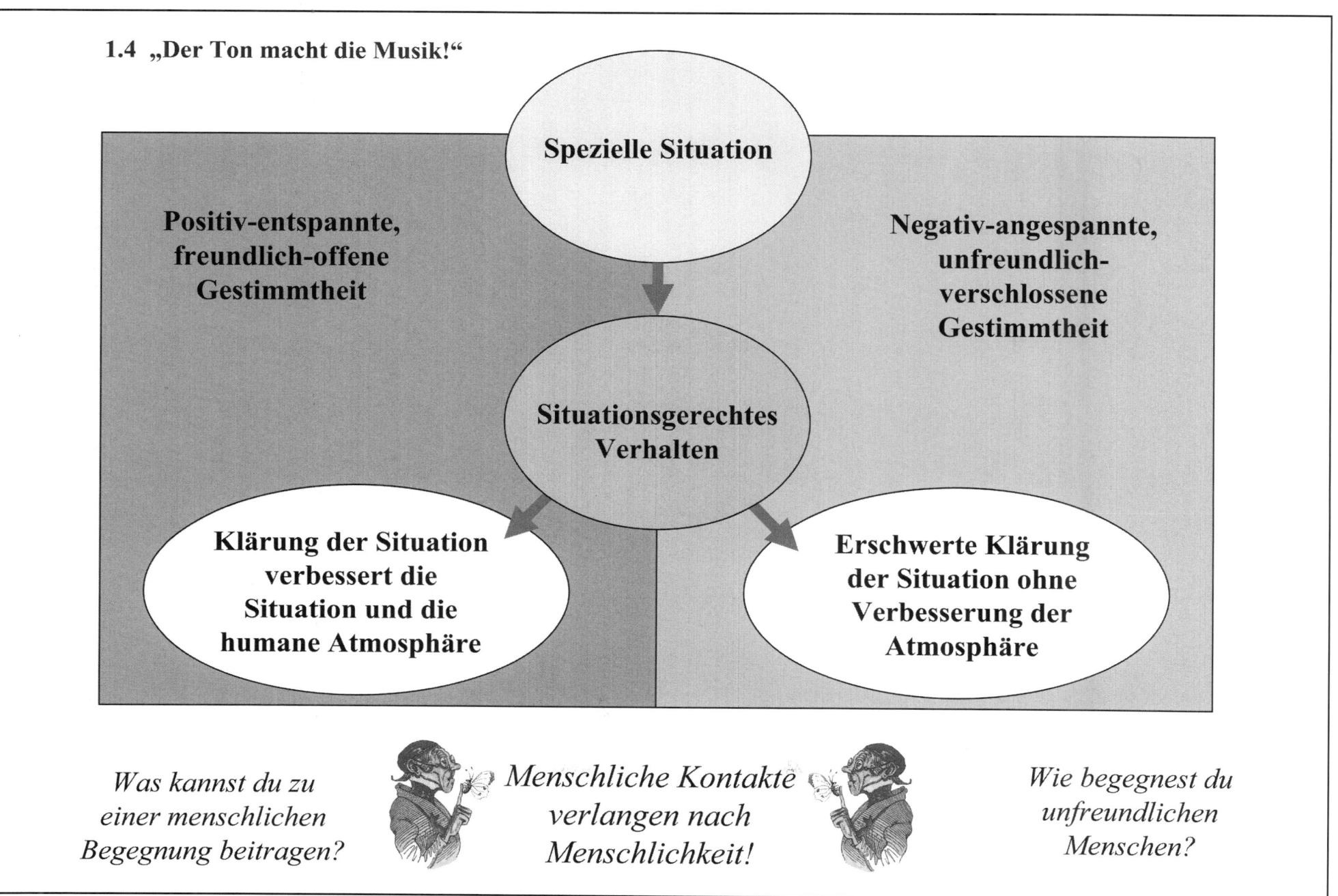

## 1.4 „Der Ton macht die Musik!"

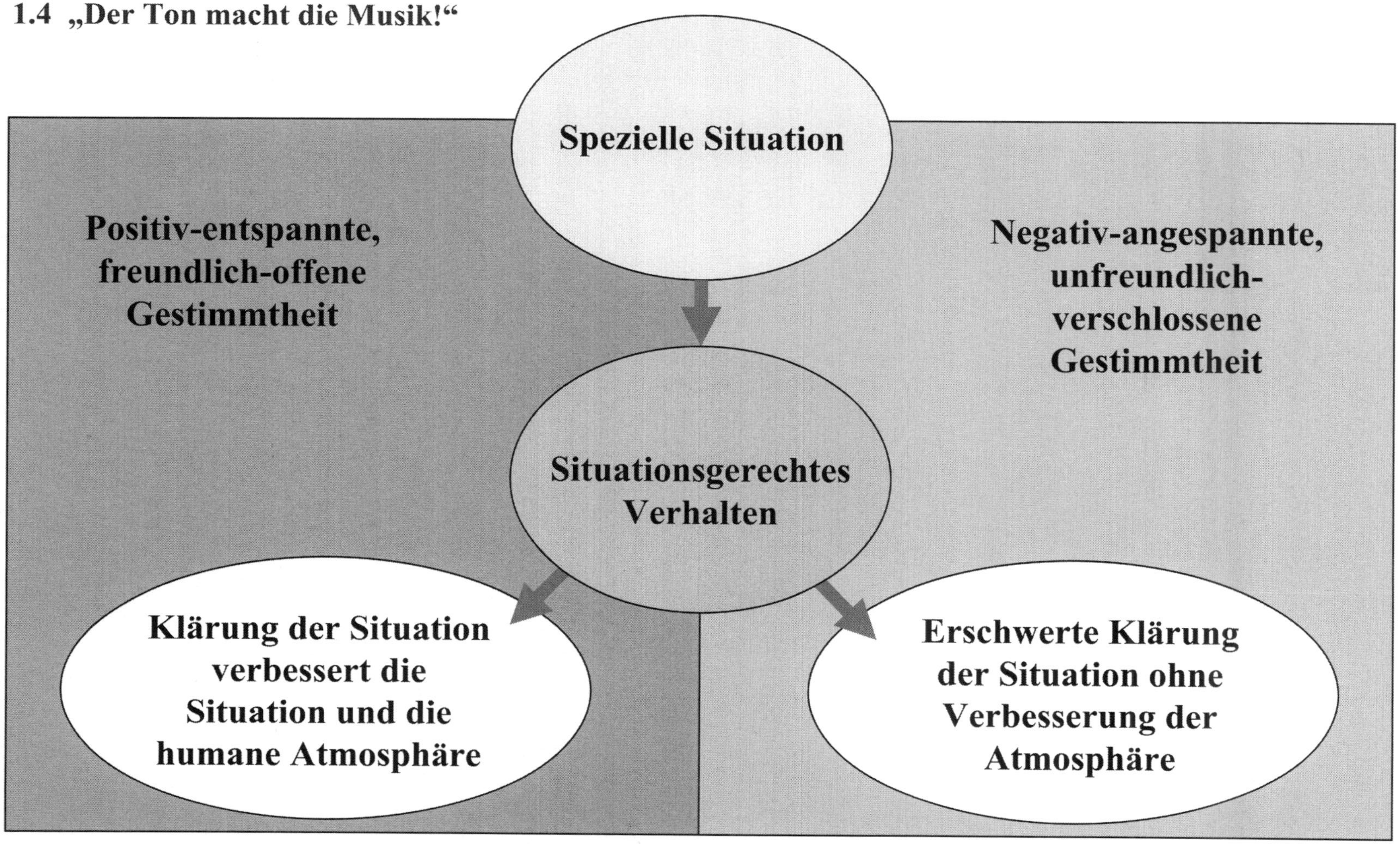

**Positiv-entspannte, freundlich-offene Gestimmtheit**

**Negativ-angespannte, unfreundlich-verschlossene Gestimmtheit**

**Spezielle Situation** → **Situationsgerechtes Verhalten**

→ **Erschwerte Klärung der Situation ohne Verbesserung der Atmosphäre**

→ **Klärung der Situation verbessert die Situation und die humane Atmosphäre**

*Wie begegnest du unfreundlichen Menschen?*

*Menschliche Kontakte verlangen nach Menschlichkeit!*

*Was kannst du zu einer menschlichen Begegnung beitragen?*

## 1.5 Das rechte Maß

### „Die Menge macht's!"

(Paracelsus prägte diesen Satz für die Aufnahme von chemischen Stoffen.)
*Welche Bedeutung hat diese Aussage für die Umgangsformen?*

**Die ungenügende, reduzierte Form**

Die Form wird so reduziert, dass Inhalte nicht repräsentiert werden können! Die Formlosigkeit erschreckt!

**Die maßvoll angepasste Form**

Die Form wird zum authentischen Repräsentanten des Inhalts!
Sie prahlt nicht mit sich selbst!

**Die maßlose, unangemessen übertriebene Form**

Die übertriebene Form zieht die Aufmerksamkeit so auf sich, dass der wirkliche Sinn schwindet!

*Suche nach Beispielen aus deinem Erfahrungsbereich!*
*Überlege, welche Empfindungen mit ungenügender bzw. übertriebener Form in dir aufkommen!*

V. Die rechte Form des menschlichen Handelns

## 1.6 Alles hat seine Zeit

**Die Situation löst sich langsam auf, sie verändert sich.**

**Die „reife" Situation verlangt nach aktivem Handeln.**

**Situationen entwickeln sich, sie zeichnen sich vage ab.**

*unachtsam*
*mutlos*

Das „Zu-spät"

*zögerlich*
*langsam*

Die Form bleibt wirkungslos. Der Impuls kommt zu spät, um zu wirken.

*Wer zu spät kommt, den bestraft das Leben!*

*einfühlend*

Der rechte Augenblick

*achtsam*

Die Form kann wirken. Der Impuls entspricht der Situation.

***Gibt es Kriterien, um den rechten Augenblick in bestimmten Situationen zu erkennen?***

*vorschnell*
*unbedacht*

Das „Zu-früh"

*ungeduldig*
*übereilt*

Die Form bleibt ohne Wirkung. Die Situation ist noch nicht bereit zur Lösung.

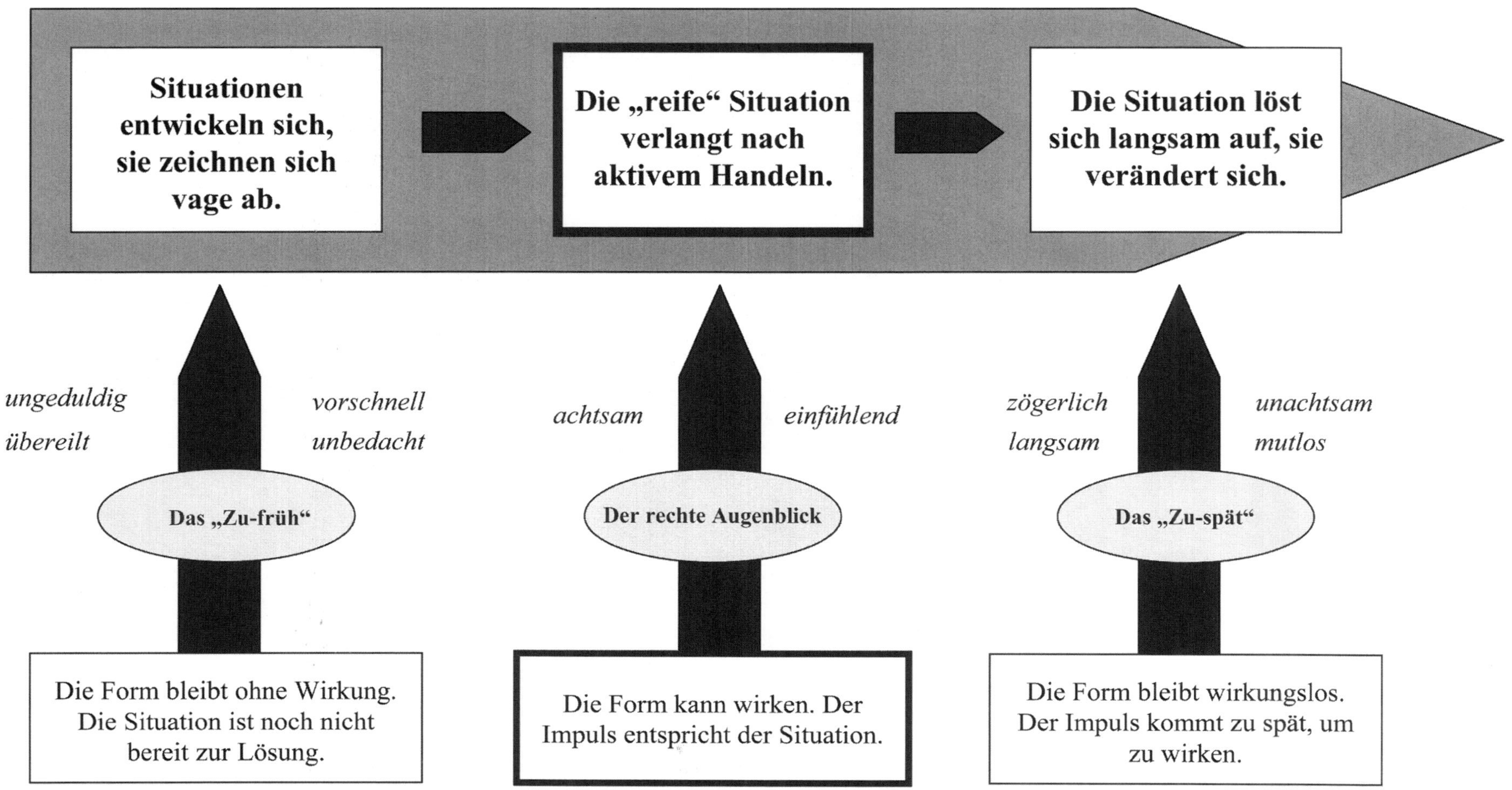

*Übereilt hat oft gereut!*

## 1.7 Die Ästhetik der Form

*Die Suche nach Ästhetik kann neben der Suche nach Harmonie, der Suche nach Liebe und der Suche nach Gott als grundlegender „Seelentrieb" betrachtet werden! Die animalen Triebe nach Gewinn, Besitz, Geltung und Lust kennen keine Ästhetik!*

### Ästhetik

Philosophisches Wissen von sinnlicher Erkenntnis

(A. G. Baumgarten, 1750)

Das Erkennen der universellen Vollkommenheit in den vielfältigen Erscheinungsformen des menschlichen Lebens

Wissen vom Schönen als zweckfreies Wohlgefallen des Betrachters

(J. Kautz, 1790)

**Eigene Motive, Werte und Vorstellungen**

**Einflüsse, Gegebenheiten, Möglichkeiten**

*Gelebte Form*
- Selbstgestaltung
- Gestaltung des Tuns
- Gestaltung der Kontakte
- Gestaltung des Umfeldes

## Universelle Vollkommenheit als ästhetisches Maß der gelebten Form

*Inwieweit fördern deine Motive und Werte die Ästhetik deines Verhaltens?*

*Wie ordnest du dein Alltagsverhalten aus der Sicht ästhetischer Ansprüche ein?*

*Inwieweit fördert oder behindert dein Umfeld die Ästhetik deines Handelns?*

V. Die rechte Form des menschlichen Handelns 141

*Die Lebensbedingungen verändern sich!*

*Der Wesenskern der Menschen verändert sich kaum!*

*Die Veränderungen nehmen Einfluss auf Lebenssicht, Lebensart und Lebensansprüche.*

*Die Ausdrucksformen müssen der veränderten Lebensart entsprechen, um ein authentisches Leben in der Zeit zu ermöglichen!*

## 2. Formen im Wandel

**2.1  Bezüge der Formgebung** (Seite 142)

**2.2  Die Entwicklung von Inhalt und Form** (Seite 143)

**2.3  Die Gefährdung von Inhalt und Form** (Seite 144)

## 2.1 Bezüge der Formgebung

**Form**

Authentische, individuelle Formen differenzieren sich aus den allgemeinen, gesellschaftlichen Formen.

Die Formen des „Miteinanders" entwickeln sich zwischen Tradition und Modernität.

**Individualität**

Sowohl die Motive als auch die Art des Handelns müssen authentisch der Artung der Person entsprechen.

**Gesellschaftlichkeit**

Motive und Art des Handelns bedürfen der Abgestimmtheit mit der Lebensgemeinschaft.

**Inhalt**

Grundlegende Werte müssen individuell geweckt und mit Lebensbezug gefüllt werden.

Gemeinsame Werte müssen als Konsens weitergetragen und vor Veräußerlichung bewahrt werden.

*Inwieweit entsprechen deine Verhaltensformen einem gesellschaftlichen Konsens, wo weichen sie in besonderer Weise ab?*

*Inwieweit siehst du Gemeinsamkeiten und Unterschiede zwischen deinen Wertvorstellungen und den Wertmaßstäben deines Umfeldes?*

V. Die rechte Form des menschlichen Handelns   143

## 2.2 Die Entwicklung von Inhalt und Form

**Sozialisation**

Überwindung der egozentrisch-narzistischen Triebfixierung und Selbstverhaftung. Öffnung für ein soziales Miteinander

**Gefahr der normativen Fixierung und der unsicheren Abhängigkeit**

**Enkulturation**

Einbindung in eine gesellschaftlich geformte, tradierte und sich weiterentwickelnde Lebensart und Lebenssicht durch Bildung und gesellschaftsbezogenes Erleben

**Gefahr der individuellen Auflösung im gesellschaftlichen Formenleben**

**Individuation**

Bewusste persönliche Reifung und emanzipative Entfaltung zu individuellen Einstellungen und Verhaltensformen

**Gefahr der individuellen Abkoppelung, Isolation und Vereinsamung**

*Welche Aspekte haben Sozialisation, Enkulturation und Individuation in dein Leben gebracht?*

*Durch welche Personen, welches Umfeld oder welche Erlebnisse wurden diese Entwicklungsprozesse bei dir angestoßen?*

*Inwiefern ist Individuation die Basis für Emanzipation?*

## 2.3 Die Gefährdung von Inhalt und Form

**Gefahr des Verlustes der Authentizität**

**Inhalt** ↕ **Form**

**Inhalt:**
Werteverlust durch Triebfixierung;
keine Werteentwicklung durch formlose Erziehung;
Mangel an Sozialisation;
Mangel an Selbstreflexion und Selbsterziehung;
unbewusst vordergründige Lebensweise;

**Form:**
Verselbstständigung der Form;
Gebrauch von Scheinformen;
Überalterung konventioneller Formen;
Weg in die Formlosigkeit;
mangelnde Enkulturation;
mangelnde Selbstbeobachtung;

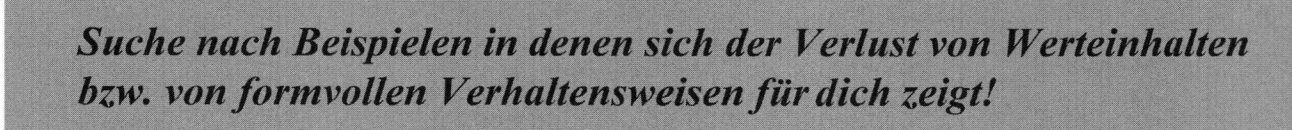

*Suche nach Beispielen in denen sich der Verlust von Werteinhalten bzw. von formvollen Verhaltensweisen für dich zeigt!*

*Suche nach formalen Verhaltensweisen, durch die Achtung und Respekt gegenüber anderen ausgedrückt werden können!*

V. Die rechte Form des menschlichen Handelns

*Im globalen Informations- und Warenaustausch zwischen Ländern und Völkern lösen sich lokale Abgrenzungen immer mehr auf. Traditionelle Kulturen und Betrachtungsweisen konkurrieren und vermischen sich. Multikulturalität breitet sich unaufhaltsam aus. Die Suche nach gemeinsamen Inhalten und Formen wird in modernen Gesellschaften immer wichtiger.*

*Gesellschaftliche Identität und Stabilität braucht einen grundlegenden Konsens!*

## 3. Bezüge zwischen Lebenskultur und Gesellschaft

| 3.1 Der gesellschaftliche Konsens | (Seite 146) |
| 3.2 Wirtschaftsethik | (Seite 147) |
| 3.3 Die Bedeutung der Tradition | (Seite 148) |
| 3.4 Grundlegende Entwicklungstendenzen von Lebenskultur | (Seite 149) |
| 3.5 Der Zeitgeist | (Seite 150) |

## 3.1 Der gesellschaftliche Konsens

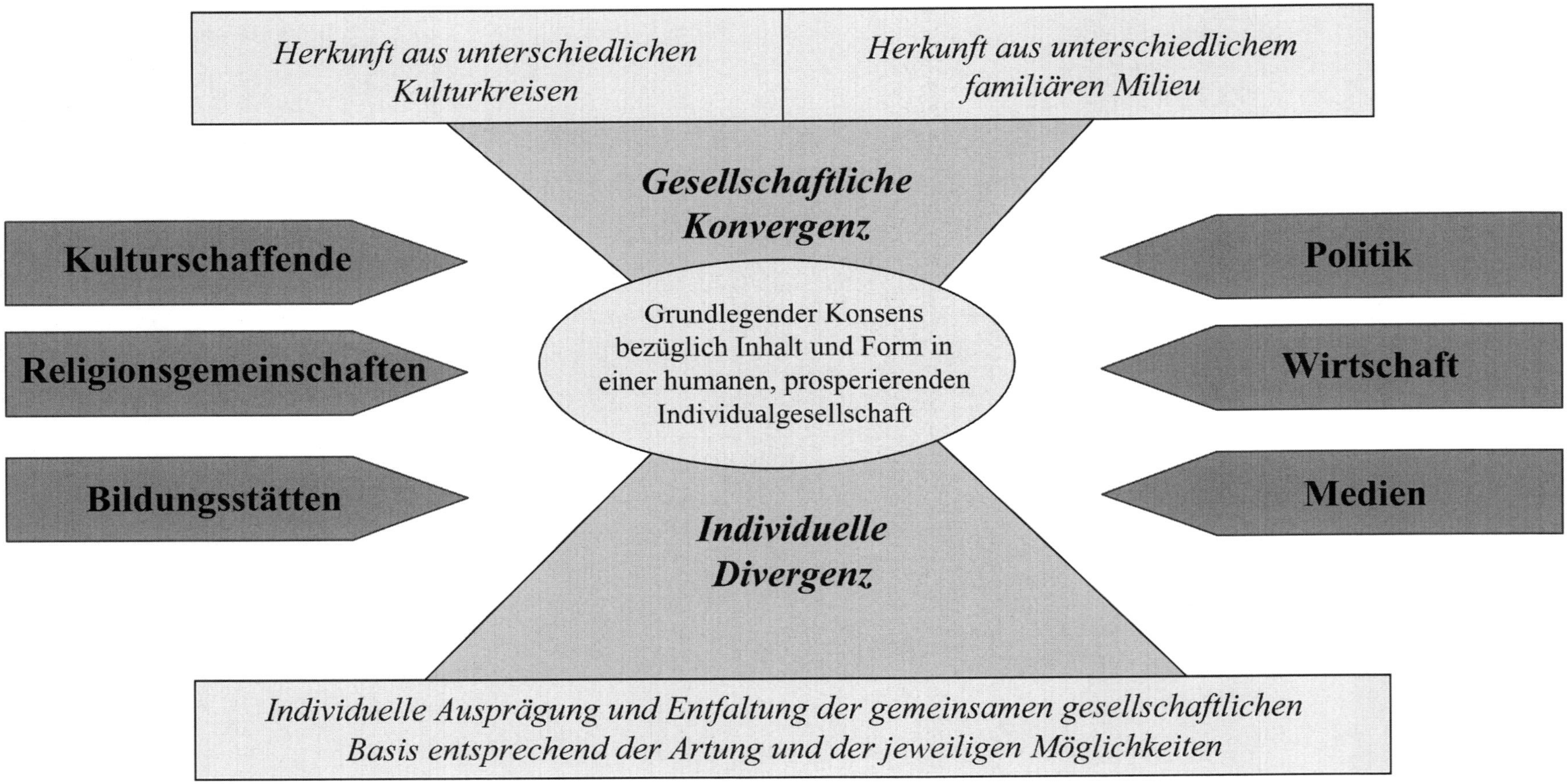

*Herkunft aus unterschiedlichem familiären Milieu*

*Herkunft aus unterschiedlichen Kulturkreisen*

**Politik**

**Wirtschaft**

**Medien**

**Kulturschaffende**

**Religionsgemeinschaften**

**Bildungsstätten**

***Gesellschaftliche Konvergenz***

Grundlegender Konsens bezüglich Inhalt und Form in einer humanen, prosperierenden Individualgesellschaft

***Individuelle Divergenz***

*Individuelle Ausprägung und Entfaltung der gemeinsamen gesellschaftlichen Basis entsprechend der Artung und der jeweiligen Möglichkeiten*

*Welche Beiträge liefern die verschiedenen gesellschaftlichen Gruppen? Überlege, welche Lebensbereiche nach einem Common Sense verlangen!*

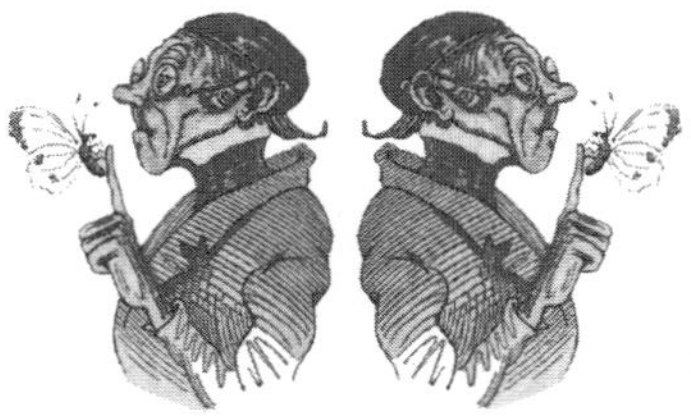

*Welchen Beitrag kann jeder Einzelne leisten? In welchen Lebensbereichen können sich die Lebensformen unterscheiden, ohne die Gemeinschaft zu gefährden?*

## 3.2 Wirtschaftsethik

### Wirtschaftsethische Bezugsfelder

**Innerbetriebliche Bezüge**
- Mitarbeiter
- Innerbetriebliche Hierarchie
- Betriebsleitung

**Außerbetriebliche Bezüge**
- Kunden
- Konkurrenten
- Zulieferer u. Subunternehmer
- Staatl. Solidaritätsgemeinschaft
- Umwelt

### Wirtschaftsethische Aspekte

**Die humane Basis des Handelns**
(Atmosphäre der mentalen Funktionalität)

Ehrlichkeit; authentisches Bemühen; Akzeptanz; Dankbarkeit; Achtsamkeit; Hilfsbereitschaft; Verantwortlichkeit; Integrität

**Die authentische Kommunikation**

Sachlichkeit; Vermeidung von unausgesprochenen Erwartungen; Die humane Gesprächsebene; Offenheit und Transparenz; Die positive Befreiung aus dem Negativen; Der Wert der positiven Kritik

**Der Umgang mit Hierarchie**

Hierarchie und Menschenwürde; Notwendigkeit und Grenzen der Hierarchie; Formen von Hierarchie; Hierarchische Kreativitäts- und Prozessblockade

**Die betriebliche Zielorientierung**

Die Bedeutung von außenliegenden Zielen; Der betriebliche Synergieeffekt; Transparenz von Zielen; Suche nach Gestaltungsfeldern; Loyalität; Das Prinzip von Ursache und Wirkung

**Ethik und Konkurrenz**

Der Wettbewerb durch Leistung; Ethische Grenzen im Konkurrenzkampf; Vergleich und Diffamierung; Der Umgang mit geistigem Eigentum

**Die Ethik des Angebots**

Humane Grenzen des Machbaren; Authentizität in Angebot, Werbung, Leistung und Gegenleistung; Die Leistungsgarantie; Manipulation durch Werbung

**Das „Gesetz des Ausgleichs"**

Die Relation von Leistung und Gegenleistung; Arbeitsbewertungsanalyse; Leistungsbezüge im Sinne des Ganzen; Leistung und Wirkungsdimension

**Der Wert von Arbeit und Geld**

Arbeit als „Humangut"; Die Arbeitskraft als „Begabung" des Menschen; Die humane Dimension des Kapitals; Wechselbezüge von Arbeit und Kapital

## 3.3 Die Bedeutung der Tradition

**Nachteile**

Schafft starre, fixierende Formen; fordert starke individuelle Anpassung und Einordnung; gibt wenig Freiräume; Veränderungen sind nur schwer möglich; geringe Flexibilität; starke regionale Fixierung; fördert Immobilität; hält Menschen fest und grenzt Gruppen voneinander ab

### Die Tradition
**Bewährte, verbindliche, teilweise ritualisierte Formen der Lebenssicht und Lebensgestaltung sowie des Gemeinschaftslebens**

**Tradierung**

Formgerechte Weitergabe an nachfolgende Generationen durch Prägung und Gewöhnung über Vorbild und Nachahmung sowie Unterweisung

**Vorteile**

Klar überschaubarer, formender Rahmen; bietet bewährte Inhalte und Formen der Enkulturation; gibt Sicherheit, Stabilität und „Heimat"; verhindert Orientierungslosigkeit; braucht keine umständliche und verunsichernde Neusuche; schafft eindeutige Unterscheidungsmöglichkeit und Abgrenzung; schafft Identität und „Verwurzelung"

*Auf welchen Gebieten empfindest du die Traditionen für dich als einschränkend?*

*Welche Auswirkungen hat die Tradierung auf Sozialisation, Enkulturation und Individuation?*

*Auf welchen Gebieten gibt dir die Tradition Heimat, Stabilität und Sicherheit?*

V. Die rechte Form des menschlichen Handelns

## 3.4 Grundlegende Entwicklungstendenzen von Lebenskultur

*Das kulturelle Leben entspricht einer gesellschaftlichen Drehscheibe, auf der sich lebendige Inhalte und Formen präsentieren. Ihr Inbild hinterlässt Zeitspuren in den Menschen. Eindrücklichkeit, Wahrhaftigkeit und Ästhetik der Impulse entscheiden über deren Nachhall!*

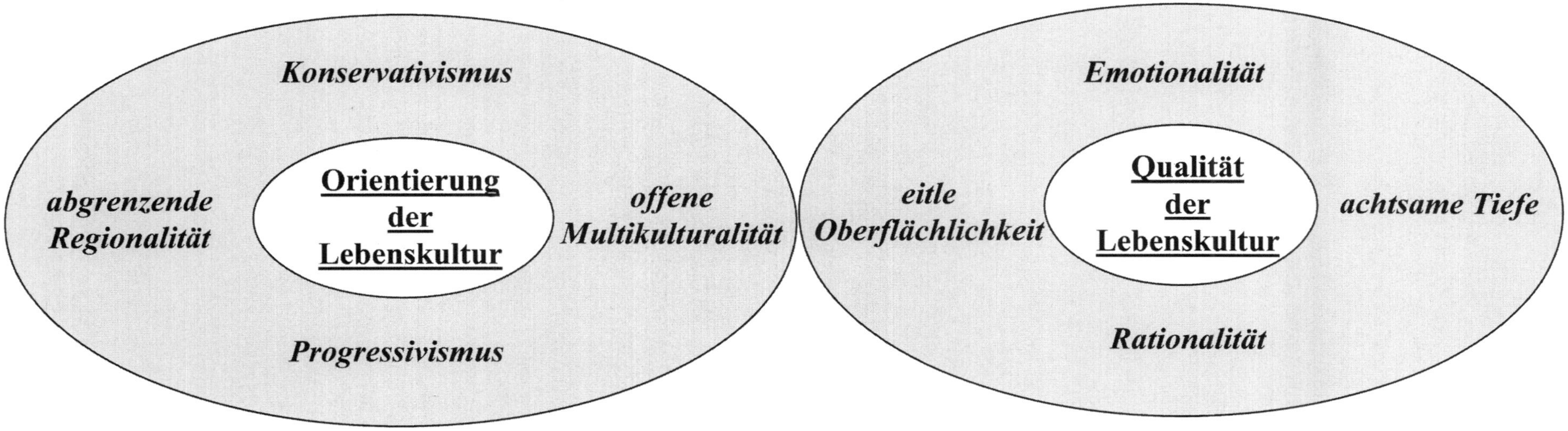

*Emotionalität*

*achtsame Tiefe*

**Qualität der Lebenskultur**

*Rationalität*

*eitle Oberflächlichkeit*

*Konservativismus*

*offene Multikulturalität*

**Orientierung der Lebenskultur**

*Progressivismus*

*abgrenzende Regionalität*

*Welche Bedeutung haben die verschiedenen Einflussqualitäten auf dich? Wo liegen für dich die Grenzen von Toleranz? Wie grenzt du dich ab? Was bedeutet für dich „Normalität"?*

## 3.5 Der Zeitgeist

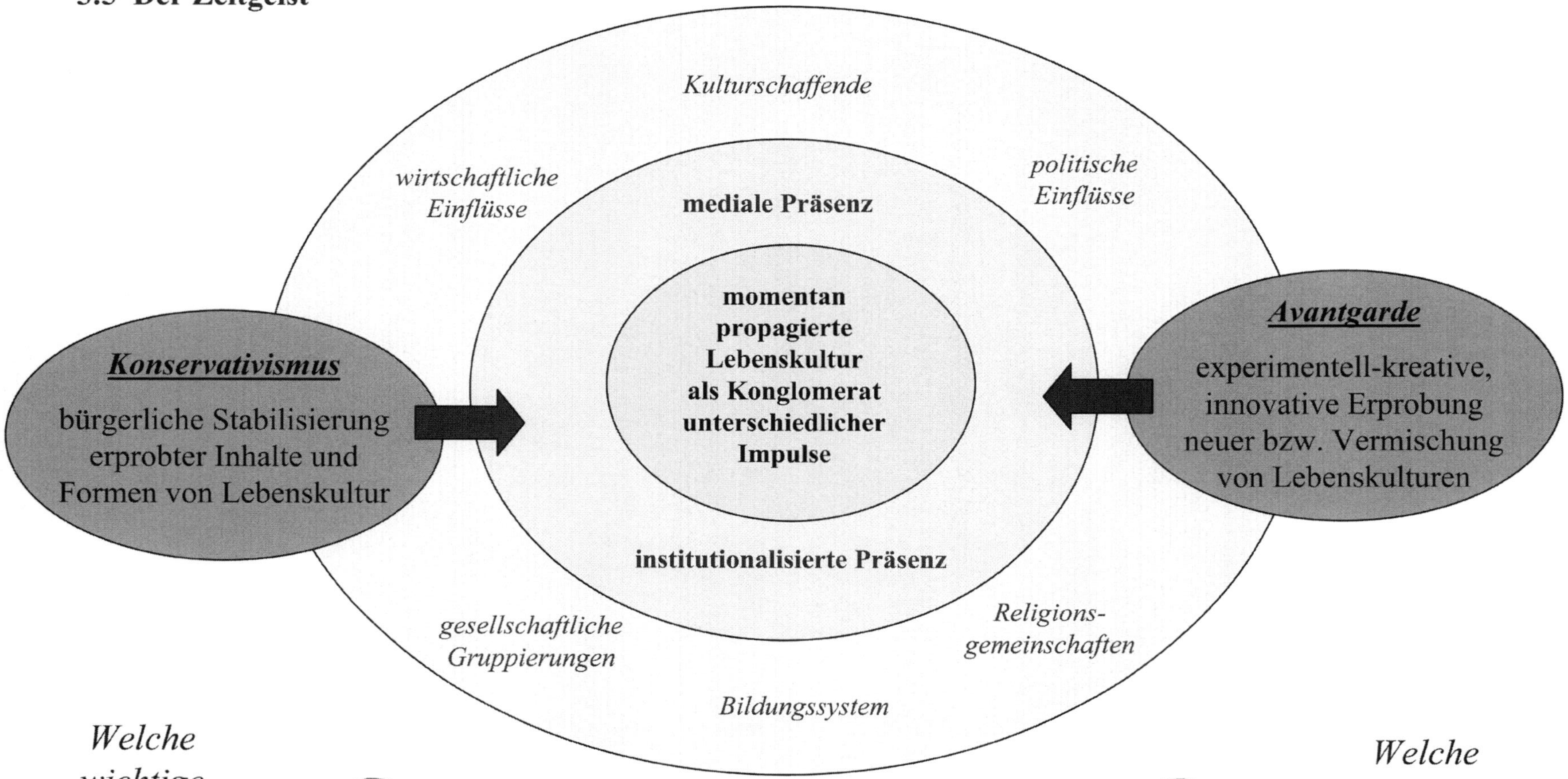

**Avantgarde**
experimentell-kreative, innovative Erprobung neuer bzw. Vermischung von Lebenskulturen

politische Einflüsse

Kulturschaffende

Religionsgemeinschaften

**mediale Präsenz**

**momentan propagierte Lebenskultur als Konglomerat unterschiedlicher Impulse**

**institutionalisierte Präsenz**

Bildungssystem

wirtschaftliche Einflüsse

gesellschaftliche Gruppierungen

**Konservativismus**
bürgerliche Stabilisierung erprobter Inhalte und Formen von Lebenskultur

*Welche wichtige Aufgabe erfüllt die Tradition für den Zeitgeist?*

*Welche Einflüsse haben die unterschiedlichen Kräfte derzeit auf den Zeitgeist? Suche nach Inhalten und Formen, welche die derzeitige Lebenskultur prägen!*

*Welche wichtige Aufgabe erfüllt die Avantgarde für den Zeitgeist?*

Franz Rackl: Schulknigge für die Sekundarstufe 2 · Best.-Nr. 440
© Brigg Pädagogik Verlag GmbH, Augsburg

V. Die rechte Form des menschlichen Handelns

*Begriffsdefinition:*

Manieren:

Die Art sich zu benehmen.
Die Art und Weise des angemessenen Verhaltens.

manieriert:

gekünstelt, unnatürlich, in einer bestimmten Manier erstarrt.

unmanierlich:

ein grobschlächtiges Verhalten ohne gute Manieren.

## 4. Die Manieren

### 4.1 Wichtige Grundbegriffe des zwischenmenschlichen Umgangs (Seite 152)

### 4.2 Die Universalität der Manieren (Seite 153)

### 4.3 Die Natürlichkeit im Umgang (Seite 154)

### 4.4 Grundprinzipien des manierlichen Menschentypus (Seite 155)

## 4.1 Wichtige Grundbegriffe des zwischenmenschlichen Umgangs

*Versuche die nachstehenden Begriffe zu definieren!*

Toleranz   Ehrfurcht   Höflichkeit   Entgegenkommen

Offenheit   Achtsamkeit   Formgewandtheit

Kommunikativität   Verständnis   Angstfreiheit   Mut

Dankbarkeit   Demut   Würde   Dezentheit

Diskretion   Gewissen   Zutrauen

Zuvorkommen   Vertrauen   Unaufdringlichkeit   Humor

Authentizität   Menschlichkeit   Individualität

Heiterkeit   Unverkrampftheit   Gelassenheit   Herzlichkeit

Eigenverantwortlichkeit   Mitverantwortlichkeit

*Welche Bedeutung haben die verschiedenen Aspekte für ein humanes Zusammenleben in einer emanzipierten Gesellschaft?*

V. Die rechte Form des menschlichen Handelns

## 4.2 Die Universalität der Manieren

*Gibt es eine angeborene Manierlichkeit beim Menschen?*

**Menschlichkeit**
authentisch, herzlich, unverkrampft, heiter, humorvoll, gelassen, eigenverantwortlich, mitverantwortlich, individuell

*Welche nonverbalen Zeichen der Manierlichkeit sind trotz unterschiedlicher Sprache und Kultur möglich?*

**Höflichkeit**
achtsam, zuvorkommend, entgegenkommend, formgewandt, dezent, unaufdringlich

*Die universelle Manierlichkeit*

**Situationsgerechtes Handeln**
schafft Vertrauen, verbindet die Menschen, entspannt Situationen, ermuntert zur Lebensfreude, nimmt Ängste, gibt Sicherheit und Mut.

*Gibt es Zeichen der Manierlichkeit bei Tieren?*

**Toleranz**
offen, kommunikativ, verständnisvoll, dankbar, demütig, anerkennend, achtungsvoll, fair

*Suche nach grundlegenden Formen manierlichen Verhaltens bei verschiedenen Völkern bzw. Kulturen!*

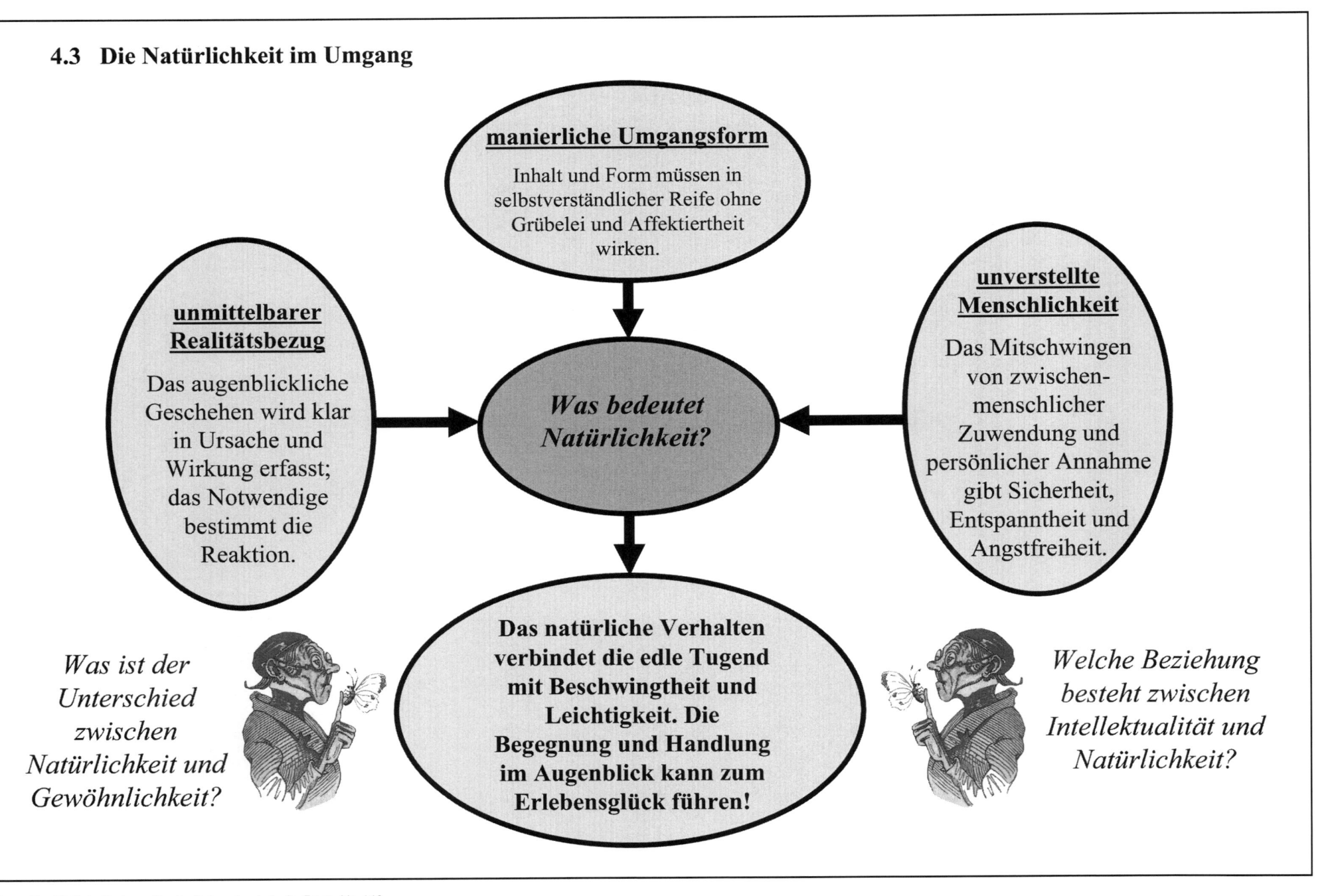

## 4.3 Die Natürlichkeit im Umgang

**manierliche Umgangsform**
Inhalt und Form müssen in selbstverständlicher Reife ohne Grübelei und Affektiertheit wirken.

**unverstellte Menschlichkeit**
Das Mitschwingen von zwischenmenschlicher Zuwendung und persönlicher Annahme gibt Sicherheit, Entspanntheit und Angstfreiheit.

**unmittelbarer Realitätsbezug**
Das augenblickliche Geschehen wird klar in Ursache und Wirkung erfasst; das Notwendige bestimmt die Reaktion.

*Was bedeutet Natürlichkeit?*

Das natürliche Verhalten verbindet die edle Tugend mit Beschwingtheit und Leichtigkeit. Die Begegnung und Handlung im Augenblick kann zum Erlebensglück führen!

*Welche Beziehung besteht zwischen Intellektualität und Natürlichkeit?*

*Was ist der Unterschied zwischen Natürlichkeit und Gewöhnlichkeit?*

V. Die rechte Form des menschlichen Handelns

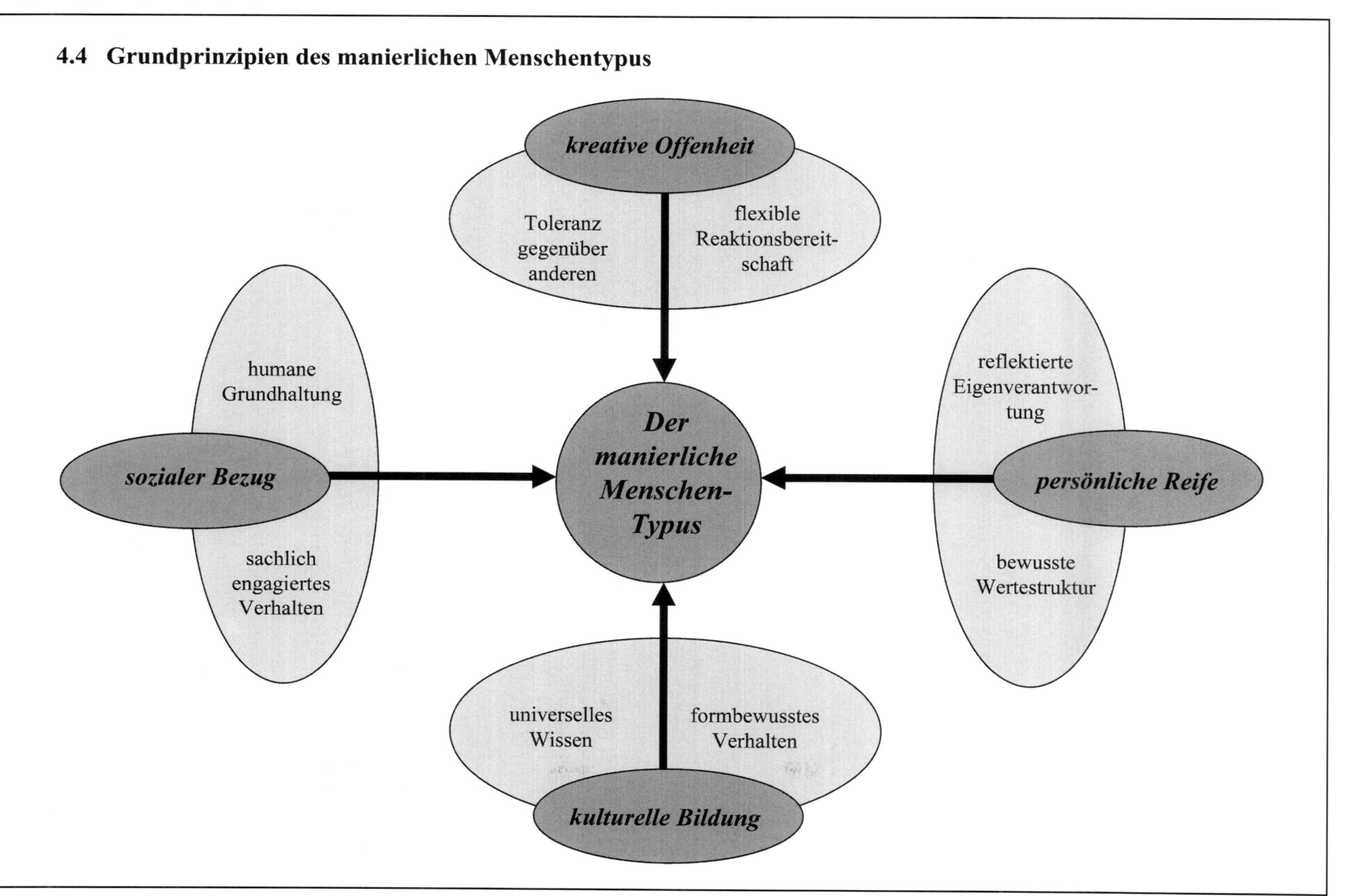

## 4.4 Grundprinzipien des manierlichen Menschentypus

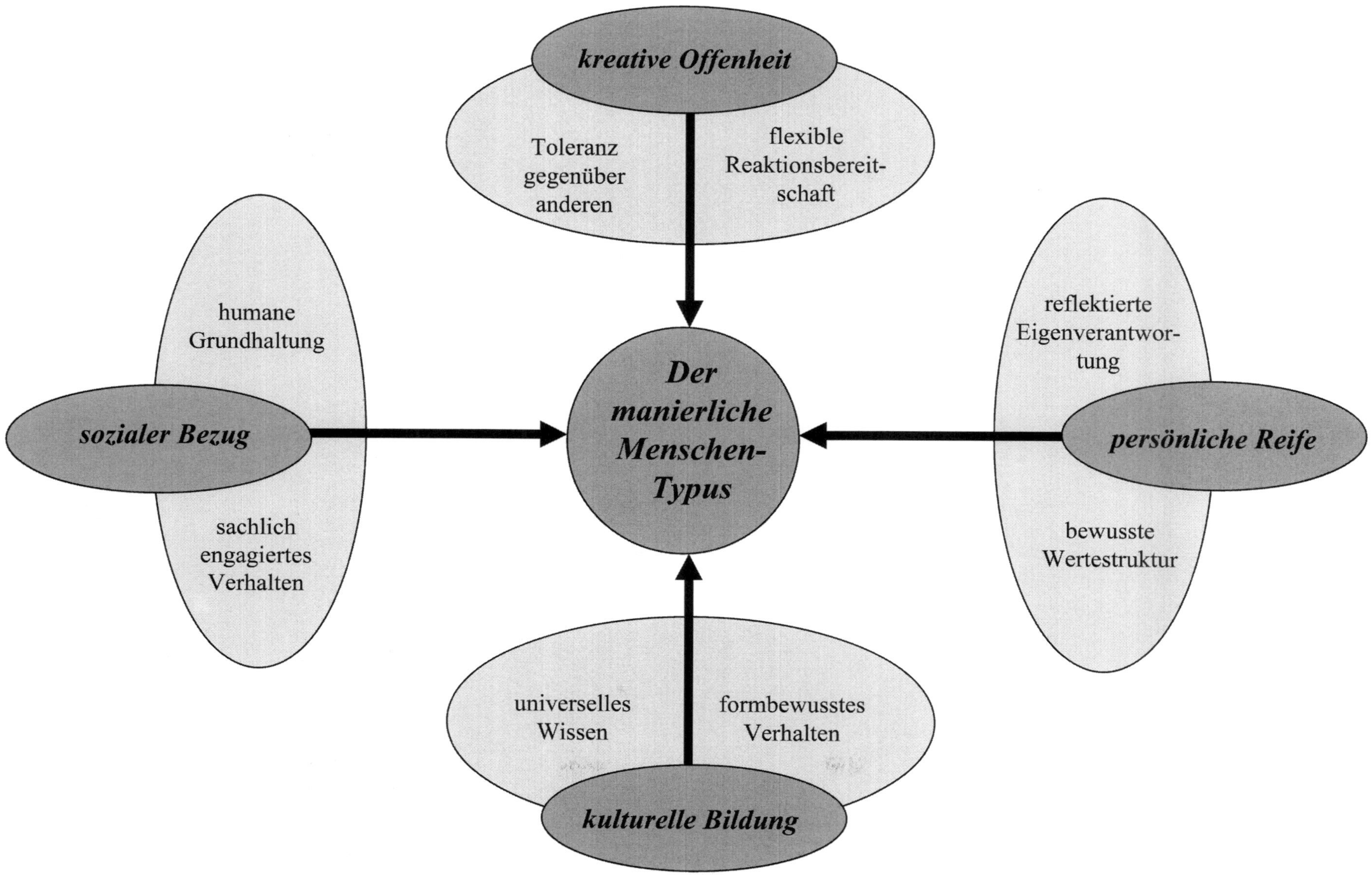

**persönliche Reife**
- reflektierte Eigenverantwortung
- bewusste Wertestruktur

**kreative Offenheit**
- flexible Reaktionsbereitschaft
- Toleranz gegenüber anderen

**kulturelle Bildung**
- formbewusstes Verhalten
- universelles Wissen

**sozialer Bezug**
- humane Grundhaltung
- sachlich engagiertes Verhalten

→ *Der manierliche Menschen-Typus*

# VI. Impulse zur Selbsterziehung

Betrachten wir die Beeinflussungen durch die Fremderziehung in der Kindheit, so erkennen wir einerseits, wie sich unsere jugendlichen Persönlichkeitsmerkmale entwickeln konnten. Andererseits sollte uns die Betrachtung im Vorgriff auf eine spätere Tätigkeit als Erzieher verdeutlichen, wie sich unser Verhalten vorbildhaft prägend auf die Kinder auswirken kann. Uns wird klar, wie sehr wir selbst und alle anderen Heranwachsenden ein Produkt unserer Charakteranlagen und unseres Umfeldes sind. Weltbilder, Wertvorstellungen, Anhaftungen und Normiertheiten, Ängste und Probleme, aber auch vielfältige Fähigkeiten, Interessen und Verhaltensweisen bestimmen unsere junge Persönlichkeit.

Mit der Pubertät vollzieht sich ein Entwicklungsvorgang, bei dem sich die Aufmerksamkeit der Heranwachsenden verstärkt den eigenen Gefühlen und Interessen zuwendet. Fremde Ansprüche, die jetzt eher als bedrängend und gängelnd empfunden werden, erfahren Ablehnung. Aus dem Drang nach Selbstständigkeit resultiert die Suche nach eigenen Wegen und Möglichkeiten. In dieser Neuorientierung steckt eine große Chance. Bleibt diese Abgrenzung zu den Ansprüchen und Vorgaben des Umfeldes nicht im bloßen Widerstand stecken, sondern wird sie als Einstieg in die Selbstgestaltung genutzt, so ist dies der rechte Zeitpunkt, die bewusste Entwicklung der eigenen Persönlichkeit einzuleiten. Dies kann jedoch nur gelingen, wenn die Fähigkeit zur kritischen Selbstbetrachtung und der Wille zur Selbstgestaltung und Selbstverantwortung sich manifestiert hat. Eine eigenwillige Abgrenzung ohne Selbstreflexion und Selbstverantwortung, muss früher oder später in einer Sackgasse enden!

Um auf dem Weg der Selbstgestaltung voranzukommen, müssen die individuellen Störfelder und Schwächen bewältigt werden, die einer emanzipativen Lebensführung im Wege stehen. Es gibt verschiedene Ansatzmöglichkeiten, um Persönlichkeitsstörungen aufzudecken und zu verändern. Einige Wege dazu sollen im folgenden Kapitel veranschaulicht werden. Jeder sollte versuchen, einen für ihn adäquaten Weg der Selbstanalyse zu finden. Der Weg der persönlichen Veränderung vollzieht sich üblicherweise nach Folgeschritten, wie sie von Graf Dürkheim im „Rad der Verwandlung" beschrieben werden. Diese Schritte gilt es im Leben immer wieder von Neuem zu bewältigen, da der Mensch nie vollendet sein wird. Der Weg verlangt somit Selbstdisziplin, Mut und Ausdauer. Das redliche Bemühen auf diesem Reifungsweg hält uns als Menschen lebendig und gibt unserem Leben einen Sinn!

# VI. Impulse zur Selbsterziehung

## 1. Menschlicher Wandel durch Erziehung (Seite 158)

## 2. Ansatzmöglichkeiten zur Selbsterziehung (Seite 163)

## 3. Das Rad der Verwandlung (Seite 174)

# 1. Menschlicher Wandel durch Erziehung

## 1.1 Veränderung der Erziehungseinflüsse (S. 159)

## 1.2 Die Fremderziehung in der Kindheit (S. 160)

## 1.3 Der pubertäre Erziehungskonflikt (S. 161)

## 1.4 Emanzipation durch Selbsterziehung (S. 162)

Schulknigge – Oberstufe

## 1.1 Veränderung der Erziehungseinflüsse

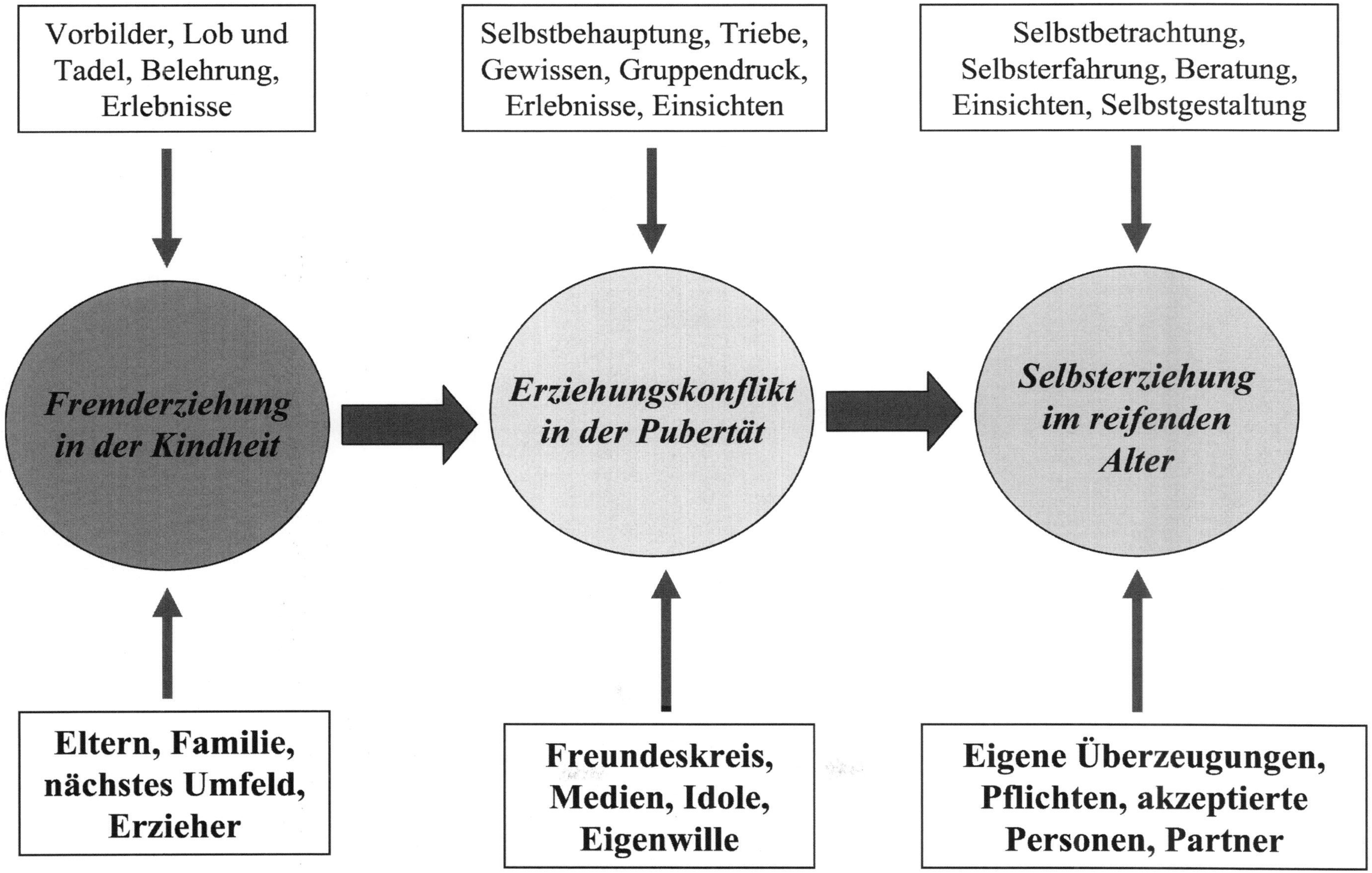

Vorbilder, Lob und Tadel, Belehrung, Erlebnisse

→ *Fremderziehung in der Kindheit* ←

Eltern, Familie, nächstes Umfeld, Erzieher

↓

Selbstbehauptung, Triebe, Gewissen, Gruppendruck, Erlebnisse, Einsichten

→ *Erziehungskonflikt in der Pubertät* ←

Freundeskreis, Medien, Idole, Eigenwille

↓

Selbstbetrachtung, Selbsterfahrung, Beratung, Einsichten, Selbstgestaltung

→ *Selbsterziehung im reifenden Alter* ←

Eigene Überzeugungen, Pflichten, akzeptierte Personen, Partner

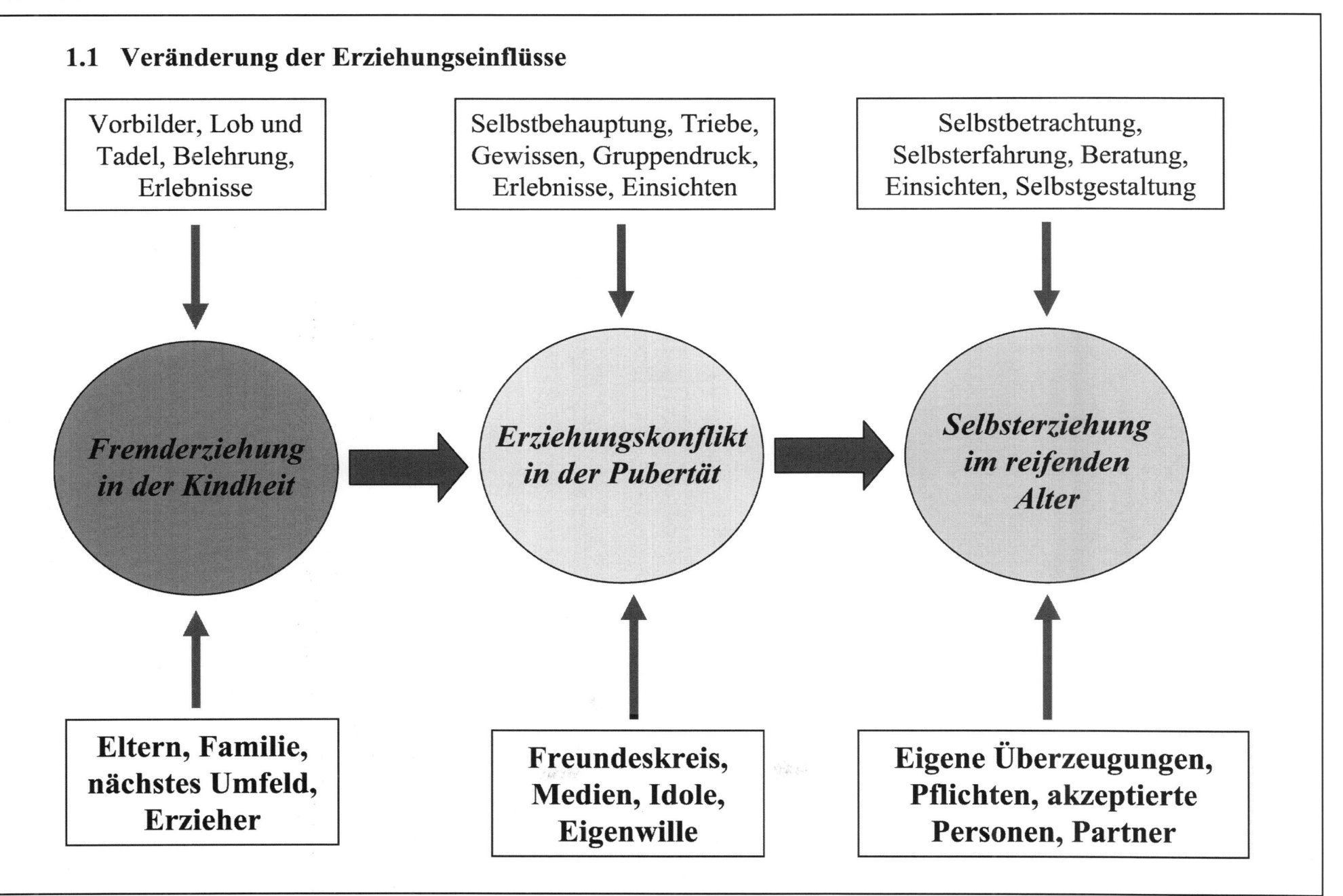

## 1.2 Die Fremderziehung in der Kindheit

**Innere Bedürfnisse**

- Körperliches Wohl durch Triebbefriedigung
- Neugierde, Erlebnishunger
- Altersbedingte Entwicklungsfragen
- Geistiges Wohl durch Anerkennung u. Liebe

**Psychische Folgen**

- Einstellung zu Körper und Lust
- Mut und Zuversicht durch Selbstvertrauen u. Interesse
- Zwänge und Ängste
- Individuelle und soziale Verhaltensgewohnheiten
- Geschlechtsrolle

**Äußere Einflüsse**

- Bewusste u. unbewusste Vorbilder
- Psychische Spiegelung
- Erlebnisse mit emotionaler Betroffenheit
- Lob und Tadel für Verhalten

## 1.3 Der pubertäre Erziehungskonflikt

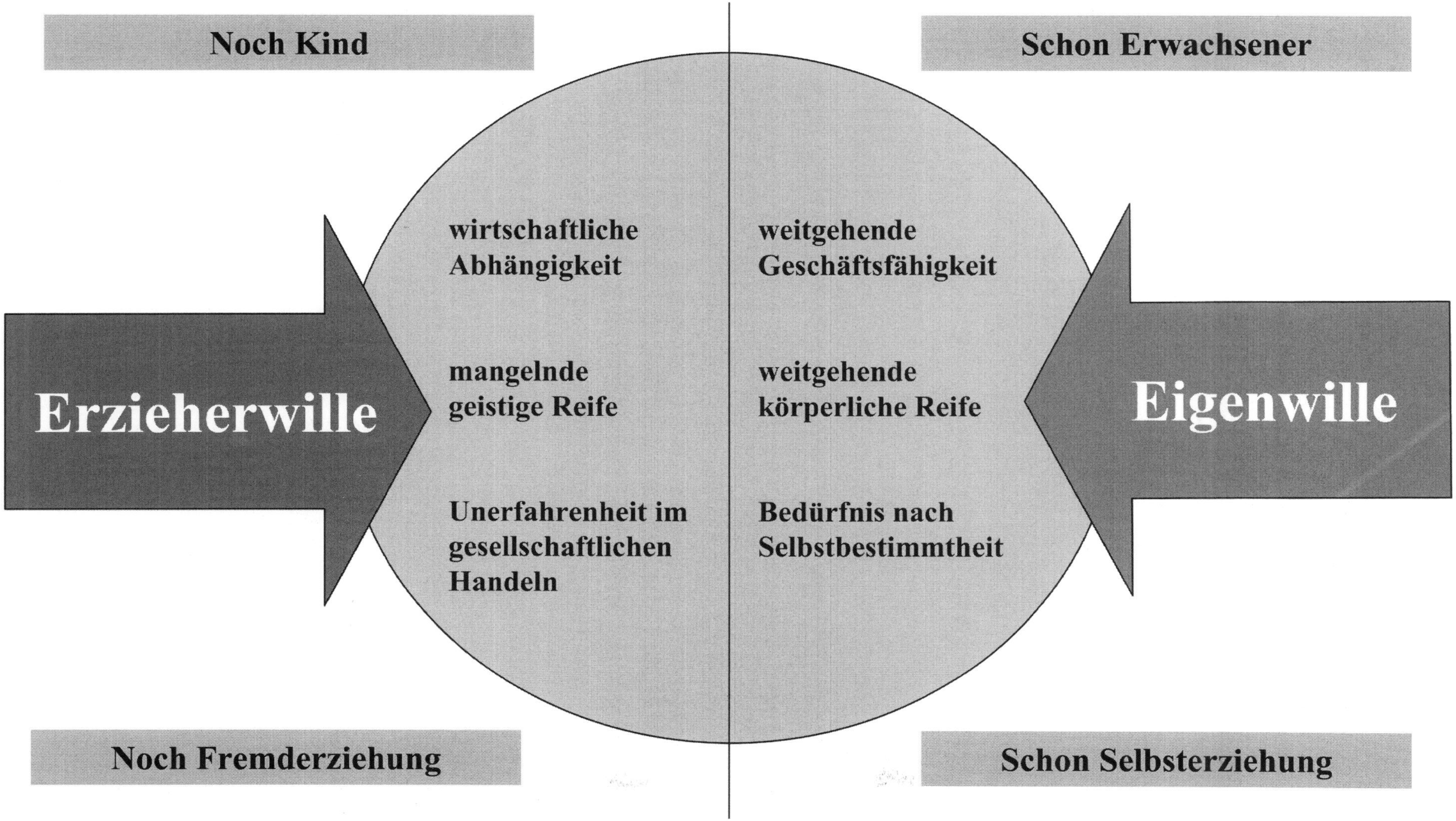

**Eigenwille** ↓

Schon Erwachsener — Schon Selbsterziehung

- weitgehende Geschäftsfähigkeit
- weitgehende körperliche Reife
- Bedürfnis nach Selbstbestimmtheit

---

- wirtschaftliche Abhängigkeit
- mangelnde geistige Reife
- Unerfahrenheit im gesellschaftlichen Handeln

Noch Kind — Noch Fremderziehung

**Erzieherwille** ↑

## 1.4 Emanzipation durch Selbsterziehung

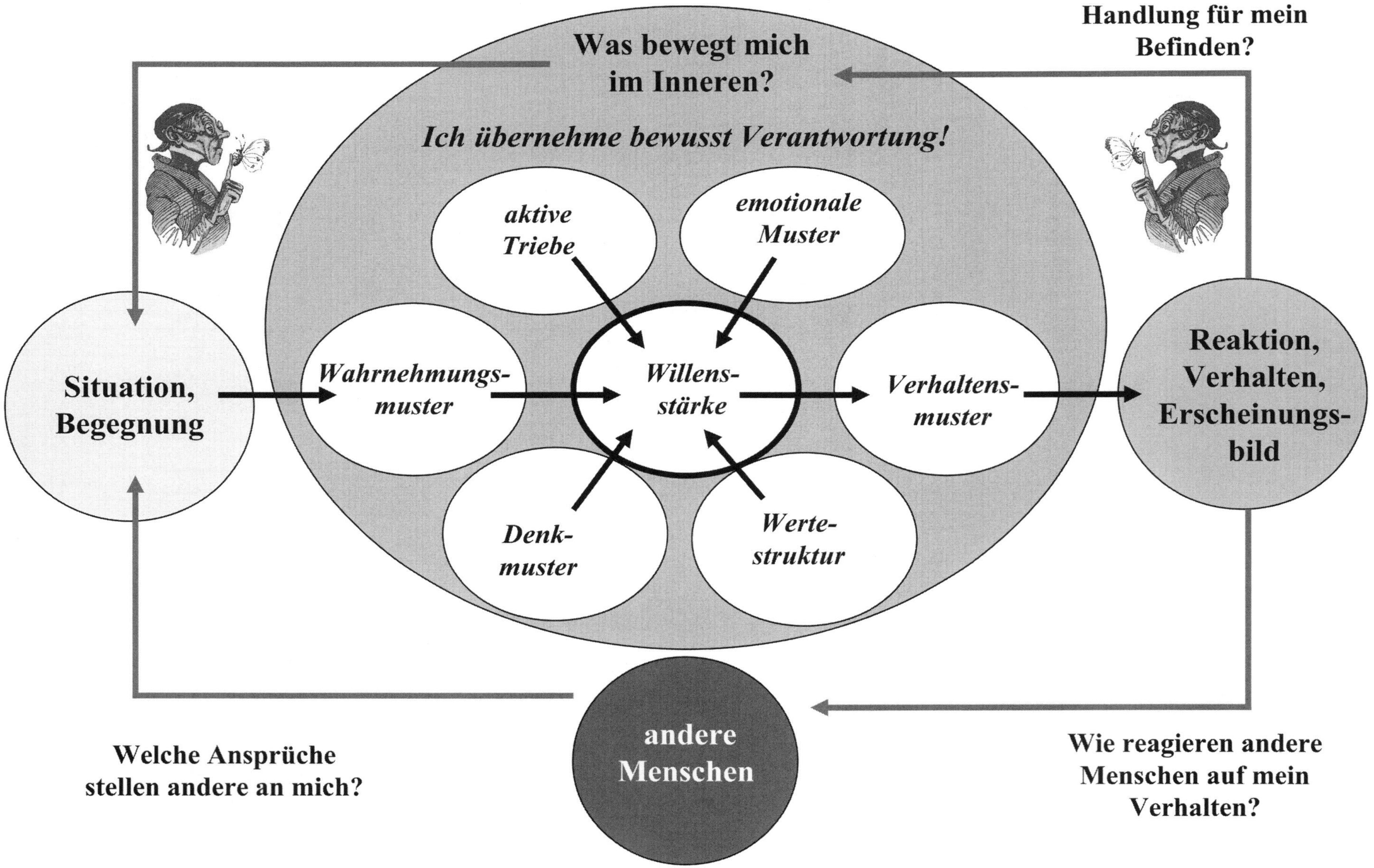

**Welche Wirkung hat die Handlung für mein Befinden?**

**Was bewegt mich im Inneren?**

*Ich übernehme bewusst Verantwortung!*

- Reaktion, Verhalten, Erscheinungsbild
- Verhaltensmuster
- emotionale Muster
- Wertestruktur
- aktive Triebe
- Willensstärke
- Denkmuster
- Wahrnehmungsmuster
- Situation, Begegnung
- andere Menschen

**Wie reagieren andere Menschen auf mein Verhalten?**

**Welche Ansprüche stellen andere an mich?**

Franz Rackl: Schulknigge für die Sekundarstufe 2 · Best.-Nr. 440
© Brigg Pädagogik Verlag GmbH, Augsburg

# 2. Ansatzmöglichkeiten zur Selbsterziehung

| | | |
|---|---|---|
| 2.1 | Hauptschritte der Selbstgestaltung | (S. 164) |
| 2.2 | Überblick über Möglichkeiten der Selbstgestaltung | (S. 165) |
| 2.3 | Die Selbstanalyse | (S. 166) |
| 2.4 | Die Körperpsychotherapie | (S. 167) |
| 2.5 | Die Gesprächstherapie | (S. 168) |
| 2.6 | Gestalttherapeutische Ansätze | (S. 169) |
| 2.7 | Logotherapeutische Ansätze | (S. 170) |
| 2.8 | Die kognitive Verhaltenstherapie | (S. 171) |
| 2.9 | Die Werteimagination | (S. 172) |
| 2.10 | Die Übergabe | (S. 173) |

## 2.1 Hauptschritte der Selbstgestaltung

**Situationsanalyse**

Betrachte die wirklichen allgemeinen Bedingungen und deine persönlichen Bedingtheiten von speziellen Lebenssituationen!

↓

**Neuorientierung**

Suche nach inneren und äußeren Möglichkeiten einer positiven, lebensoffeneren Veränderung!

↓

**Praktische Umsetzung**

Bemühe dich um eine schrittweise und dauerhafte Umsetzung deines Trachtens, Denkens und Handelns!

## 2.2 Überblick über Möglichkeiten der Selbstgestaltung

**Gesprächstherapeutische Selbstanalyse**

**Körperpsychotherapeutische Sensibilisierung**

**Hypnotherapeutische Selbstanalyse Dereflexion**

**Psychodramatische Verhaltensflexibilisierung**

**Gestalttherapeutische Neuorientierung**

Aktuelles Lebensskript – „Ich"  →  Angestrebtes Lebensskript – „Ich-Ideal"

- Gefühle, Emotionen, Körperlichkeit
- Ängste, Blockaden, Gedankenkreisel
- Fähigkeit, Anstrengungsbereitschaft
- Rollenverhalten, Verhaltensmuster
- Einstellungen, Haltung, Werte
- Interessen, Wünsche, Ziele

**Individualkritische Selbstanalyse**

**Logotherapeutische Zielorientierung**

**Werteimagination Übergabe**

## 2.3 Die Selbstanalyse

**Gedankenkarussell**
- Was geht mir immer wieder durch den Kopf?
- Welche Rolle spielen andere?
- Könnte ich die Situation auch anders sehen?

**Beweggründe**
- Was wünsche ich mir? Warum?
- Wogegen wehre ich mich? Warum?
- Welche Erwartungen hege ich?

**Lebenssituation**

**Verhaltensdrehbuch**
- Welches Verhalten würde ich spontan zeigen?
- Wie und warum verhalte ich mich in bestimmter Weise?
- Welche anderen Verhaltensmöglichkeiten sehe ich?

**Gefühlsschaukel**
- Wie fühle ich mich nach der gewohnten Handlung?
- Wie fühlen sich andere Beteiligte?
- Welche Gefühlslage strebe ich an?

Schulknigge – Oberstufe

## 2.4 Die Körperpsychotherapie

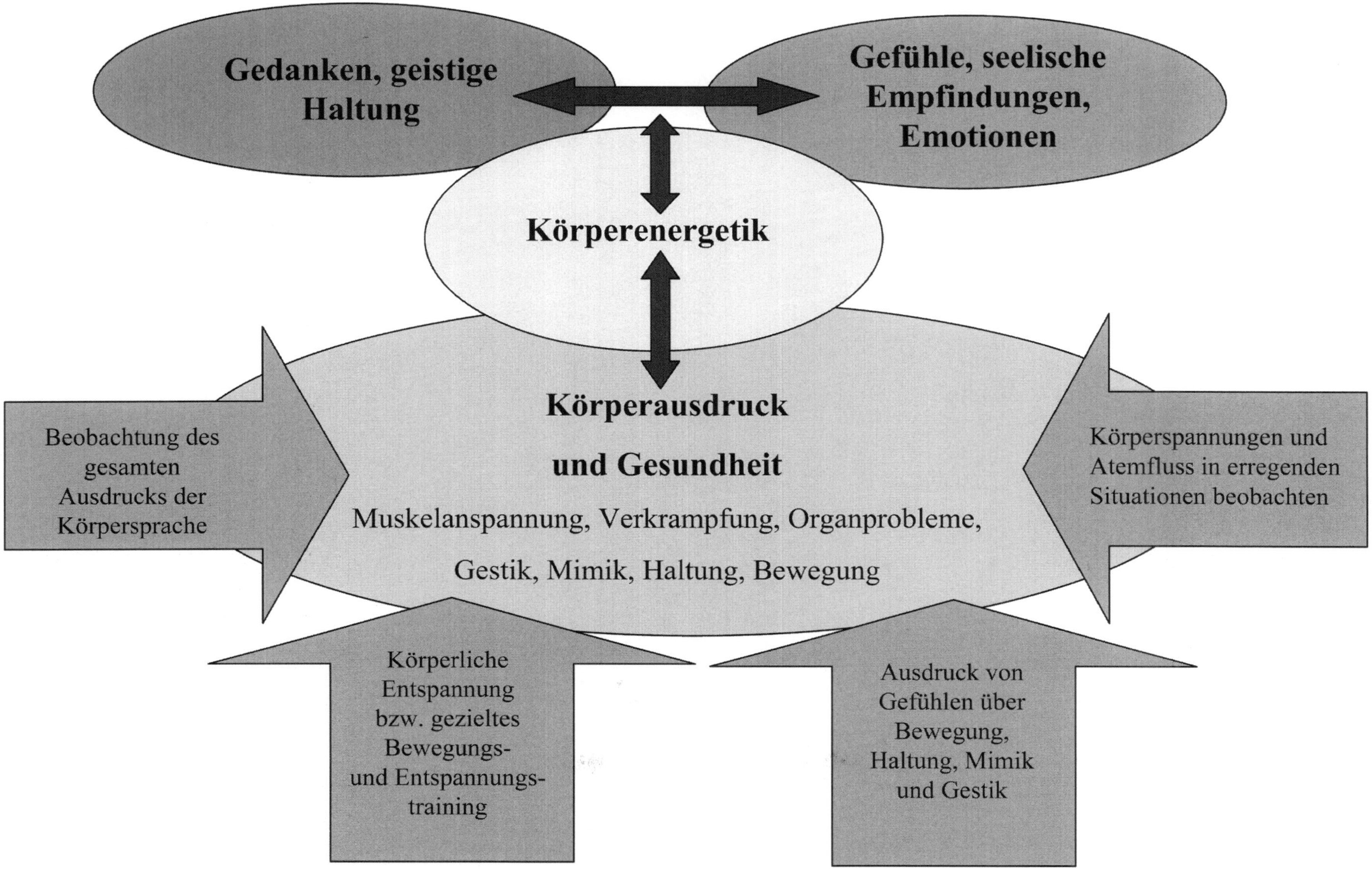

**Gefühle, seelische Empfindungen, Emotionen**

**Gedanken, geistige Haltung**

**Körperenergetik**

**Körperausdruck und Gesundheit**
Muskelanspannung, Verkrampfung, Organprobleme,
Gestik, Mimik, Haltung, Bewegung

Körperspannungen und Atemfluss in erregenden Situationen beobachten

Ausdruck von Gefühlen über Bewegung, Haltung, Mimik und Gestik

Körperliche Entspannung bzw. gezieltes Bewegungs- und Entspannungstraining

Beobachtung des gesamten Ausdrucks der Körpersprache

## 2.5 Die Gesprächstherapie

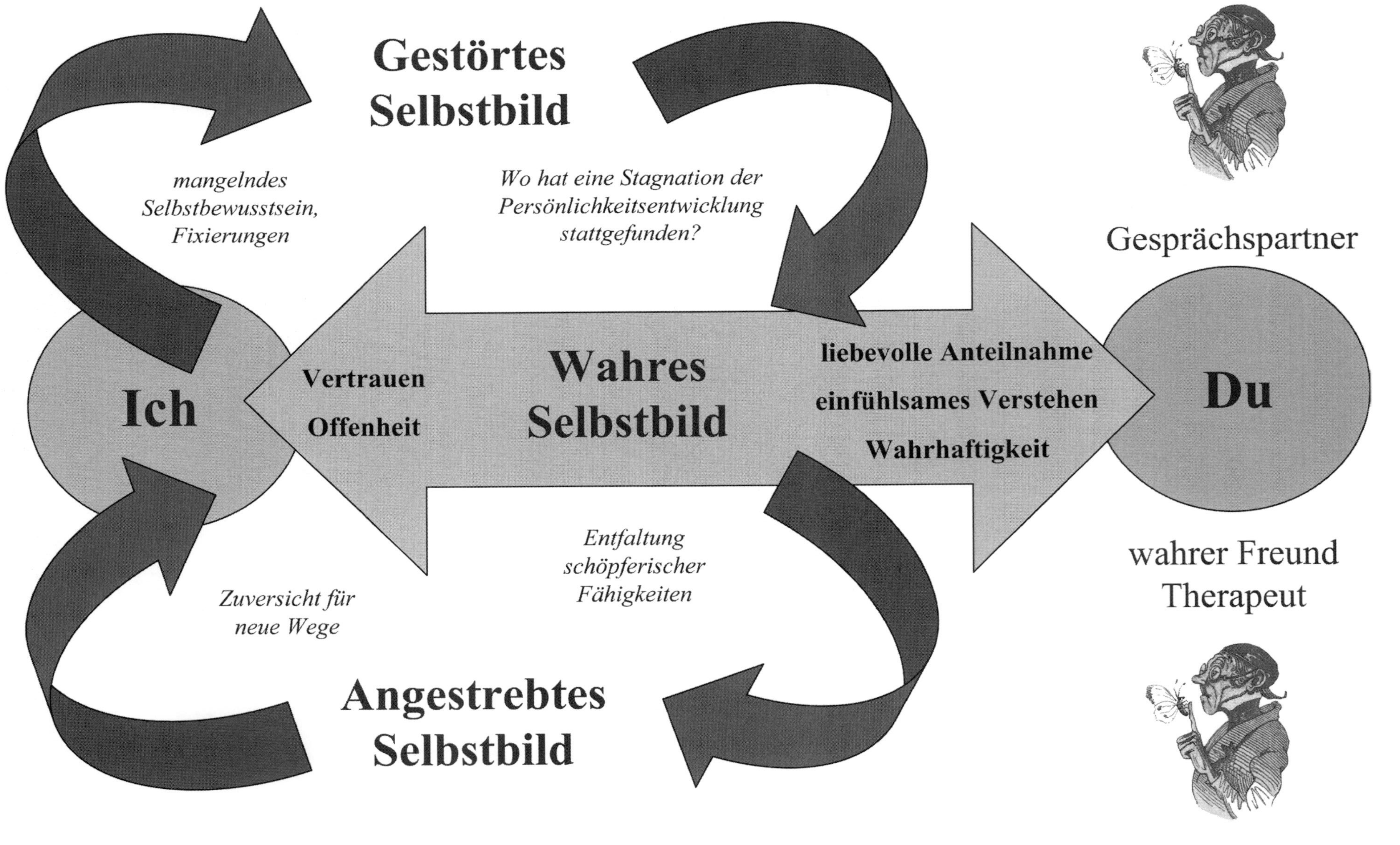

**Gesprächspartner**

**Du**

wahrer Freund
Therapeut

liebevolle Anteilnahme
einfühlsames Verstehen
Wahrhaftigkeit

**Gestörtes Selbstbild**

*Wo hat eine Stagnation der Persönlichkeitsentwicklung stattgefunden?*

**Wahres Selbstbild**

*Entfaltung schöpferischer Fähigkeiten*

**Angestrebtes Selbstbild**

**Vertrauen
Offenheit**

*mangelndes Selbstbewusstsein, Fixierungen*

*Zuversicht für neue Wege*

**Ich**

Gesprächstherapie

## 2.6 Gestalttherapeutische Ansätze

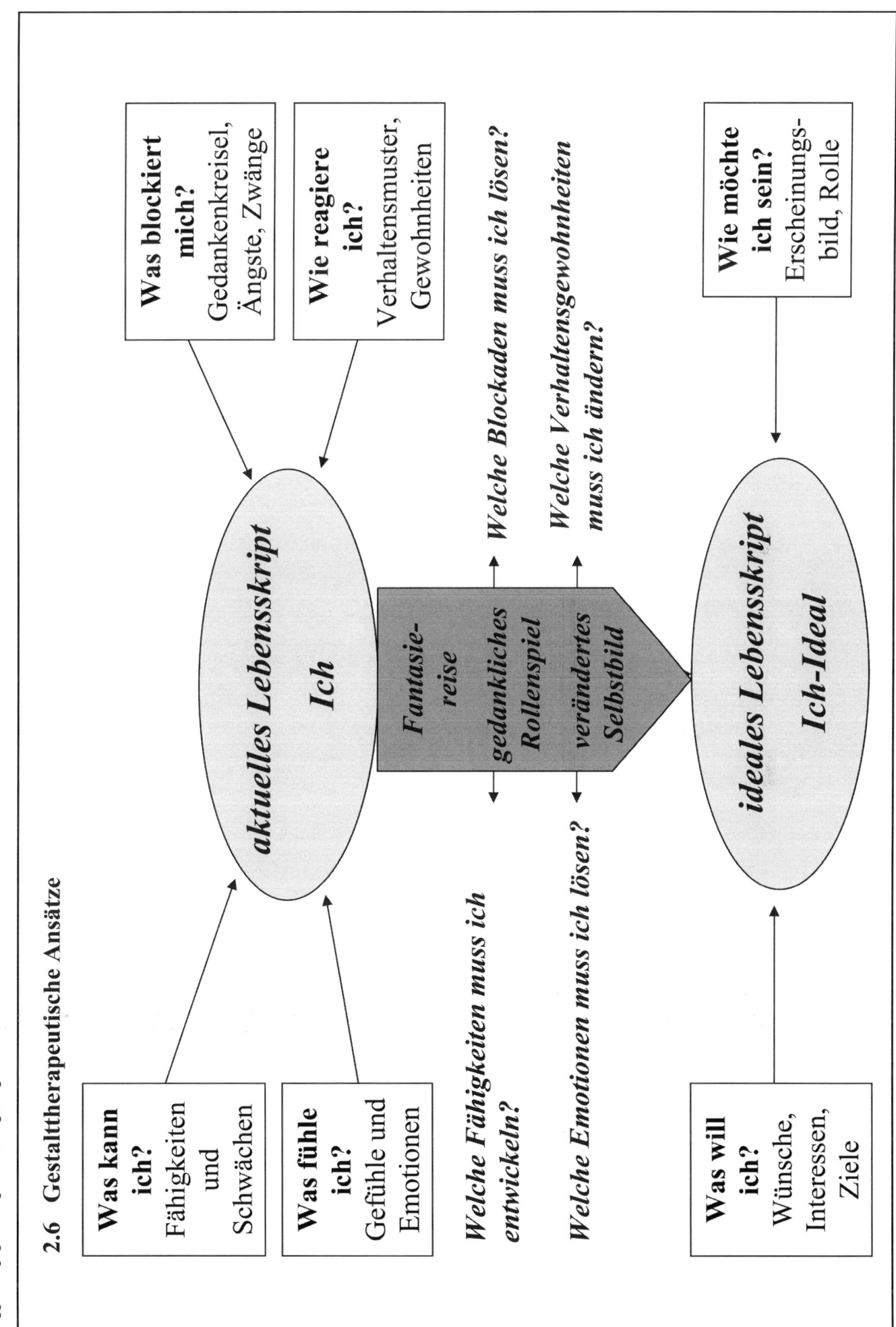

**Was kann ich?**
Fähigkeiten und Schwächen

**Was fühle ich?**
Gefühle und Emotionen

**Was blockiert mich?**
Gedankenkreisel, Ängste, Zwänge

**Wie reagiere ich?**
Verhaltensmuster, Gewohnheiten

**aktuelles Lebensskript**
**Ich**

*Fantasiereise*
*gedankliches Rollenspiel*
*verändertes Selbstbild*

*Welche Blockaden muss ich lösen?*
*Welche Verhaltensgewohnheiten muss ich ändern?*

*Welche Fähigkeiten muss ich entwickeln?*
*Welche Emotionen muss ich lösen?*

**ideales Lebensskript**
**Ich-Ideal**

**Wie möchte ich sein?**
Erscheinungsbild, Rolle

**Was will ich?**
Wünsche, Interessen, Ziele

## 2.7 Logotherapeutische Ansätze

**Selbstreflexion**

Bewusste Situationsanalyse:

- Was sind eigentlich die Ziele meines täglichen Handelns?
- Was erreiche ich mit meinen Aktivitäten?
- Was ist Ursache und Wirkung meines Verhaltens?

**Selbsttranszendenz**

Kreative, realistische Veränderungsmöglichkeit:

- Welche Ziele habe ich wirklich?
- In welche Teilziele muss ich meinen zukünftigen Weg aufteilen?
- Wie muss ich mein Handeln verändern?

**De-Reflexion**

- Hingabe an die Aufgabe in Selbstvergessenheit.
- Emotionale Schwankungen auf dem Weg werden wenig beachtet.

**Ziel als Handlungsimpuls**

*Die Sinnfindung des Alltags liegt in zielgerichteten, situationsgerechten Handeln.*

## 2.8 Die kognitive Verhaltenstherapie

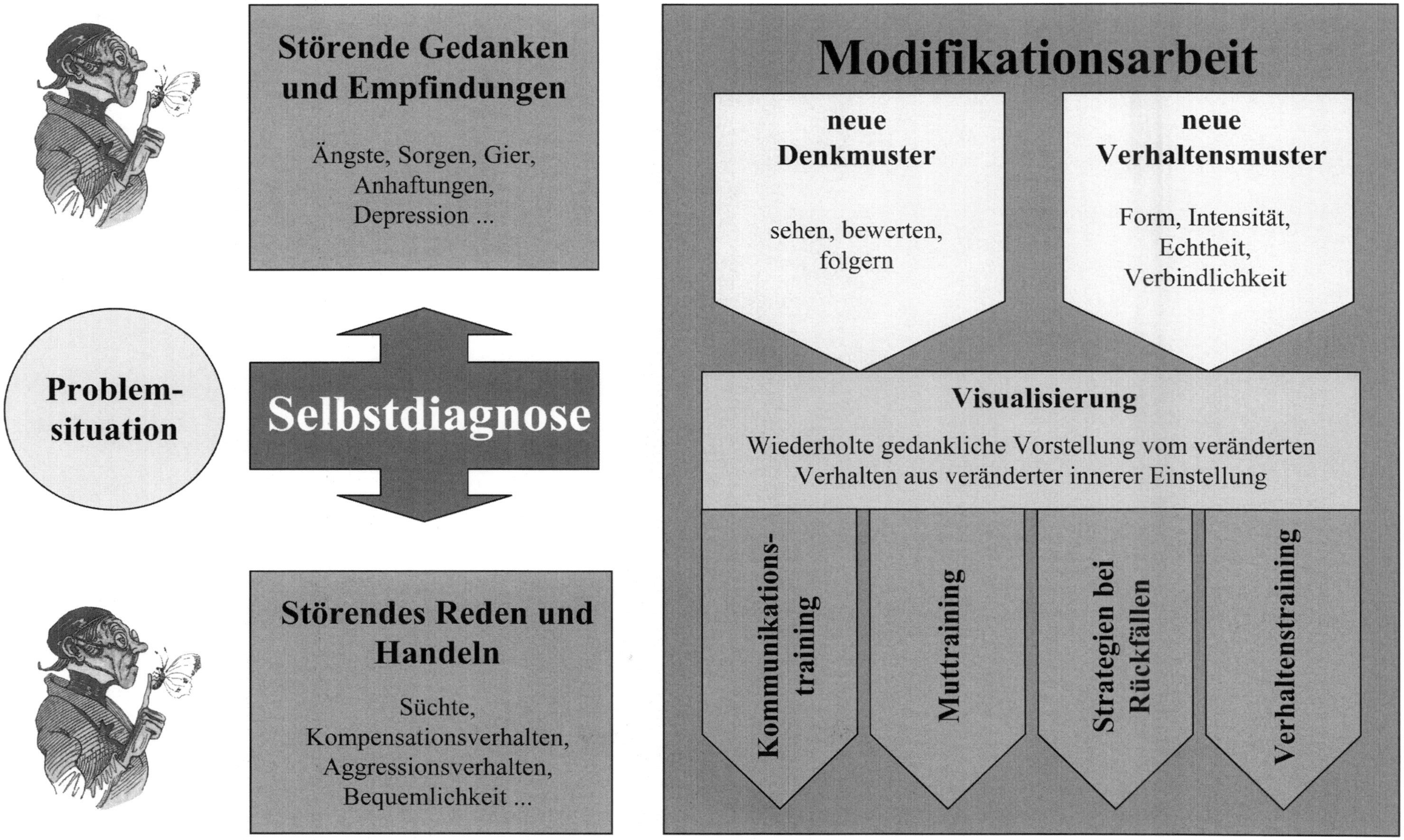

### Modifikationsarbeit

**neue Denkmuster**
sehen, bewerten, folgern

**neue Verhaltensmuster**
Form, Intensität, Echtheit, Verbindlichkeit

**Visualisierung**
Wiederholte gedankliche Vorstellung vom veränderten Verhalten aus veränderter innerer Einstellung

- Kommunikationstraining
- Muttraining
- Strategien bei Rückfällen
- Verhaltenstraining

### Selbstdiagnose

**Störende Gedanken und Empfindungen**
Ängste, Sorgen, Gier, Anhaftungen, Depression …

**Störendes Reden und Handeln**
Süchte, Kompensationsverhalten, Aggressionsverhalten, Bequemlichkeit …

**Problemsituation**

## 2.9 Die Werteimagination

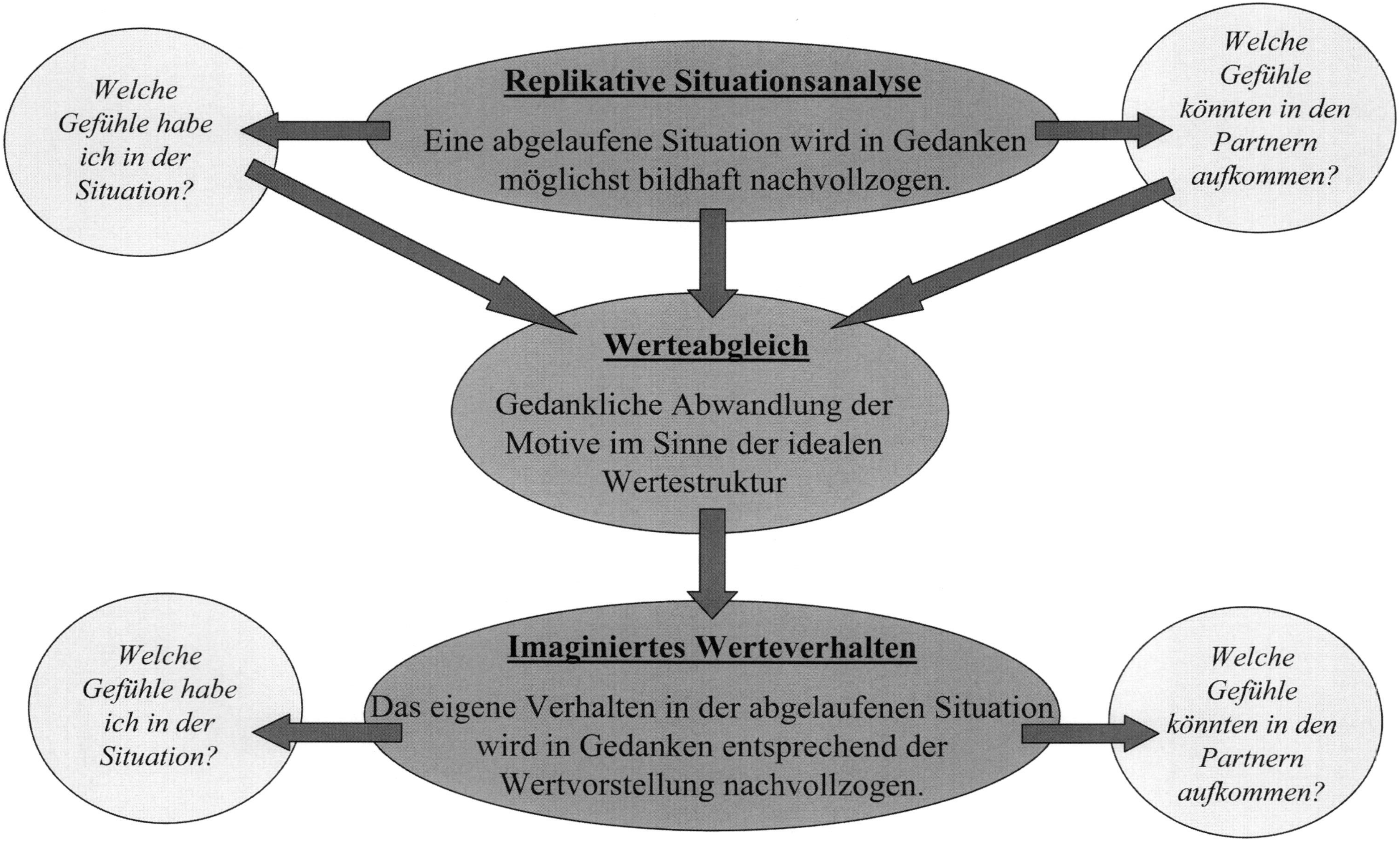

**Replikative Situationsanalyse**
Eine abgelaufene Situation wird in Gedanken möglichst bildhaft nachvollzogen.

**Werteabgleich**
Gedankliche Abwandlung der Motive im Sinne der idealen Wertestruktur

**Imaginiertes Werteverhalten**
Das eigene Verhalten in der abgelaufenen Situation wird in Gedanken entsprechend der Wertvorstellung nachvollzogen.

*Welche Gefühle könnten in den Partnern aufkommen?*

*Welche Gefühle habe ich in der Situation?*

*Welche Gefühle könnten in den Partnern aufkommen?*

*Welche Gefühle habe ich in der Situation?*

## 2.10 Die Übergabe

# Universeller, heilender, unbedingter Geist

Weitung der individuellen Geisteshaltung

Heiliger, göttlicher Geist

Gebet

Geistige Öffnung durch Übergabe der einengenden Geisteshaltung an ein geistiges Ganzes

Bedingter individueller Geist, der aus dem Denken resultiert und das Weiterdenken beeinflusst.

Bedingter Eigenwille mit starrem Denken und starker emotionaler Beteiligung

Entspannung der fixierenden Geisteshaltung

# 3. Das Rad der Verwandlung

(vgl. Graf Dürkheim)

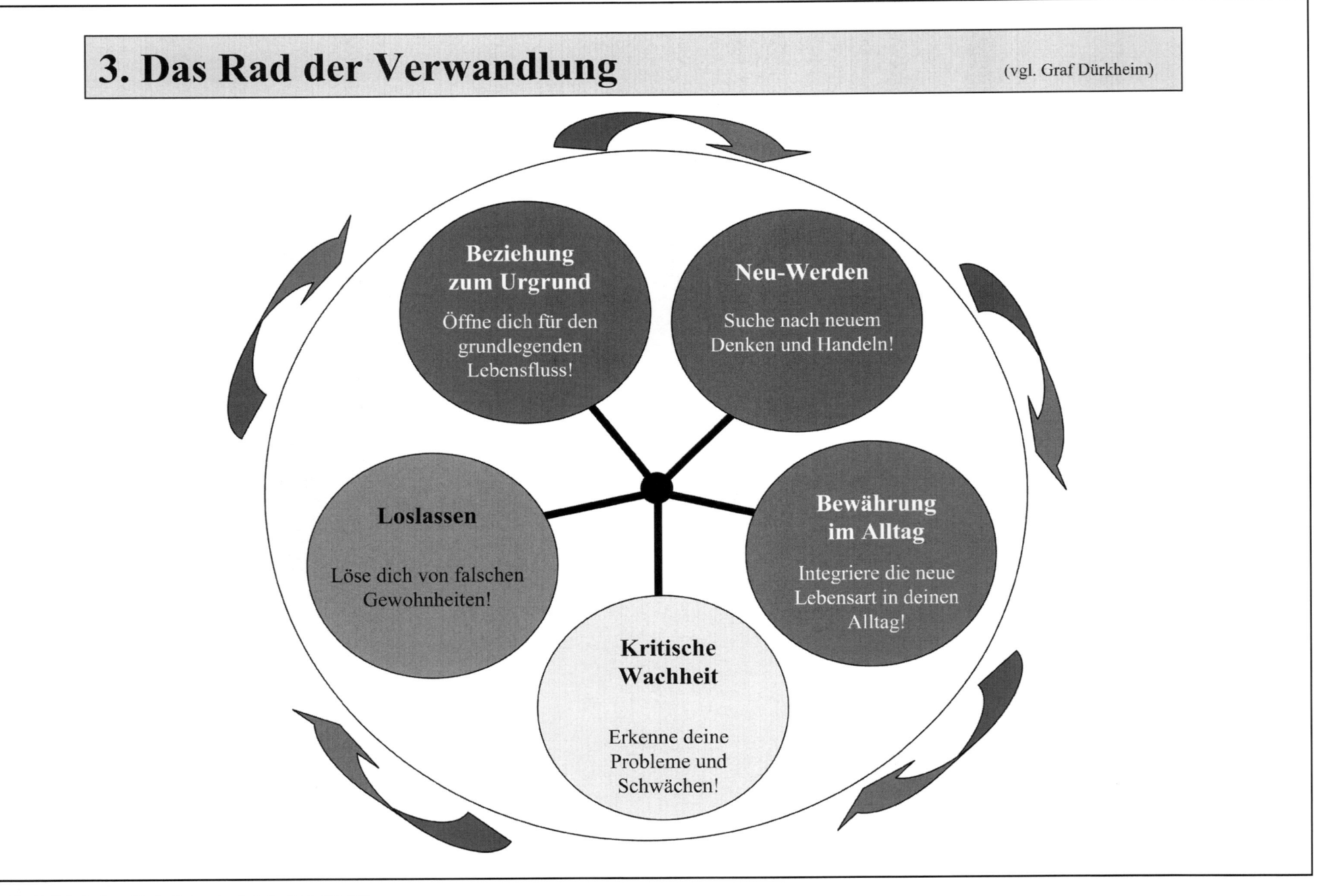

**Neu-Werden**
Suche nach neuem Denken und Handeln!

**Bewährung im Alltag**
Integriere die neue Lebensart in deinen Alltag!

**Kritische Wachheit**
Erkenne deine Probleme und Schwächen!

**Loslassen**
Löse dich von falschen Gewohnheiten!

**Beziehung zum Urgrund**
Öffne dich für den grundlegenden Lebensfluss!

## Desiderate

Gehe ruhig und gelassen durch Lärm und Hast und erinnere dich, welcher Friede in der Stille liegt. Sei bemüht, allen Menschen gerecht zu werden, aber gib dich dabei selbst nicht auf. Sage deine Wahrheit ruhig und klar; höre auf das, was andere dir zu sagen haben; auch die Einfältigen und Unwissenden haben ihre Botschaft.

Meide laute und aggressive Menschen, sie sind eine Qual für den Geist. Werde nicht stolz oder bitter, wenn du dich mit anderen vergleichst; denn bedenke, es wird immer stärkere und schwächere geben als dich. Freue dich über deine Erfolge und Pläne.

Gehe zielstrebig deinen Weg und sei er noch so bescheiden; hier liegt der wahre Reichtum im sich wandelnden Glück der Zeit. Sei vorsichtig in deinen Geschäften; die Welt ist voll Gaunerei. Doch lasse dich nicht verleiten, dabei die Tugenden zu übersehen; viele Menschen streben nach hohen Idealen und überall ist das Leben voll von Heldentum.

Sei du selbst. Vor allem heuchle keine Zuneigung und spotte nicht über die Liebe; in einer abgestumpften und ernüchterten Welt ist sie so unvergänglich wie das Leben selbst. Nimm freudig an, was dich die Jahre lehren und gib die Jugend dankbar hin. Nähre die Kraft deines Geistes, um in plötzlichem Unglück gewappnet zu sein. Aber quäle dich nicht mit Fantasiegebilden. Viele Ängste sind Folge von Erschöpfung und Einsamkeit. Sei maßvoll und diszipliniert, aber sei auch gut zu dir selbst.

Du bist ein Teil des Universums, genauso wie die Bäume und die Sterne; du hast ein Recht hier zu sein. Und ob es dir klar ist oder nicht, entfaltet sich das Universum so, wie es soll. Darum mache deinen Frieden mit Gott, was immer er dir bedeutet und was deine Werke und Ziele auch sein mögen, halte Frieden mit deiner Seele in der lärmenden Wirrnis des Lebens. Trotz aller Täuschung, Plagen und zerbrochenen Träume: Die Welt ist wunderschön. Sei vorsichtig, strebe danach glücklich zu sein.

(Der Text stammt aus dem Jahr 1692 und wurde in der Old Saint Paul's Church in Baltimore gefunden.)

# BRIGG Pädagogik VERLAG

**Der neue Pädagogik-Fachverlag für Lehrer/-innen**

Aktuelle Materialien zur gezielten Persönlichkeitsentwicklung!

---

**Franz Rackl**

### Schulknigge für die Sekundarstufe 1

Ein Lernkonzept zur Persönlichkeitsbildung und Werteerziehung für die Praxis

104 S., DIN A4
Kopiervorlagen
**Best.-Nr. 439**

Dieses **Lernkonzept leitet die Schüler/-innen der Unter- und Mittelstufe zur Selbstreflexion** sowie zur **genauen Betrachtung** gesellschaftlicher Bezüge an. Gezielte Fragestellungen und Impulse regen die Schüler/-innen dazu an, ihre individuelle Situation bewusst zu erkennen, einzuschätzen und daraus für ihr weiteres Verhalten Schlüsse zu ziehen.

---

**Franz Rackl**

### Werte altersgerecht vermitteln

Integratives Schulkonzept zur Persönlichkeitsbildung und Werteerziehung

100 S., DIN A4
Kopiervorlagen
**Best.-Nr. 409**

Dieses Praxishandbuch zeigt detailliert **grundlegende pädagogische** und **methodische Überlegungen** zur Umsetzung eines schuleigenen Konzepts zur Persönlichkeitsbildung und Werteerziehung auf. Der organisatorische Rahmen dafür wird schrittweise und klar dargestellt. Mit zahlreichen prägnanten und übersichtlichen Thementafeln.

---

**Gertrud Häußler (Hrsg.)/
Jutta Kieler-Winter**

### Ethik für die Sekundarstufe
### Wahrnehmung und Wirklichkeit

116 S., DIN A4,
Kopiervorlagen
**Best.-Nr. 410**

**Anspruchsvolle Ethikthemen** der Sekundarstufe mit allen benötigten Materialien umfassend und klar aufbereitet! Die Schüler werden sich bewusst, wie sie über **Sinneseindrücke zu Wahrnehmungen** und **Urteilen** über die Wirklichkeit gelangen. Ziel ist, die Schüler/-innen zu einem **selbstkritischen Umgang mit der Wahrnehmung** und **Bewertung** ihrer eigenen Person und ihrer Mitmenschen anzuleiten.

---

**Jochen Korte**

### Höflich währt am längsten!

Gezielte Schulaktionen zur nachhaltigen Verbesserung der Sozialkompetenz

128 S., DIN A4
Ideen für die Praxis
**Best.-Nr. 387**

Gegenwirken statt gewähren lassen! Dieser Band liefert außergewöhnliche, aber höchst effektive Vorschläge für **Projekte und Schulaktionen**, um das Verhalten der Schüler/-innen zu verbessern und in gewünschter Weise zu steuern. Nach einer kurzen Einführung in das Thema machen **konkrete Stundenentwürfe** mit Schritt-für-Schritt-Anleitungen die Umsetzung von Aktionen leicht.
Mit Projektskizzen, Arbeitsmaterial, Kopiervorlagen und vier ausführlichen Praxisbeispielen!

---

## Bestellcoupon

Ja, bitte senden Sie mir / uns mit Rechnung

_____ Expl. Best.-Nr. _____

_____ Expl. Best.-Nr. _____

_____ Expl. Best.-Nr. _____

_____ Expl. Best.-Nr. _____

Meine Anschrift lautet:

Name / Vorname

Straße

PLZ / Ort

E-Mail

Datum/Unterschrift        Telefon (für Rückfragen)

Bitte kopieren und einsenden/faxen an:

**Brigg Pädagogik Verlag GmbH
zu Hd. Herrn Franz-Josef Büchler
Zusamstr. 5
86165 Augsburg**

☐ Ja, bitte schicken Sie mir Ihren Gesamtkatalog zu.

Bequem bestellen per Telefon / Fax:
Tel.: 0821 / 45 54 94-17
Fax: 0821 / 45 54 94-19
Online: www.brigg-paedagogik.de